餐饮开店投资运营
从入门到精通

方辉 编著

化学工业出版社

·北京·

《餐饮开店投资运营从入门到精通》一书，对于餐饮开店投资运营进行了详细的描述和解读。具体包括：前期筹备，选好地段，设计装修，办理手续，树立品牌，控制菜品，提升服务，花样推广，食品安全，搭建外卖十个方面内容。

本书进行模块化设置，内容实用性强，着重突出可操作性，为新手创业做餐饮提供了基本的信息和指导。本书可供有志于创业开家餐饮店的创业者、餐饮店店长参照学习，也可供餐饮培训机构、酒店类职业院校的老师和学生参考学习。

图书在版编目（CIP）数据

餐饮开店投资运营从入门到精通/方辉编著.—北京：化学工业出版社，2020.5
ISBN 978-7-122-36315-2

Ⅰ.①餐… Ⅱ.①方… Ⅲ.①饮食业-商业经营
Ⅳ.①F719.3

中国版本图书馆CIP数据核字（2020）第032189号

责任编辑：陈　蕾　　　　　　　　　　装帧设计：尹琳琳
责任校对：宋　夏

出版发行：化学工业出版社（北京市东城区青年湖南街13号　邮政编码100011）
印　　装：三河市延风印装有限公司
787mm×1092mm　1/16　印张17$\frac{1}{2}$　字数352千字　2020年5月北京第1版第1次印刷

购书咨询：010-64518888　　　　　　　售后服务：010-64518899
网　　址：http://www.cip.com.cn
凡购买本书，如有缺损质量问题，本社销售中心负责调换。

定　　价：88.00元　　　　　　　　　　　　　　　　版权所有　违者必究

前言

根据《中国餐饮报告2019》预测，餐饮行业未来的发展趋势是行业结构转向、供给侧数字化、商业模式升维、智能商业、餐饮零售、精细化运营。

"民以食为天，食在安为先"，无论经济发展如何，每个人都离不开美食，很多的创业者因此看好餐饮行业。另外，餐饮行业是接纳度很高的行业，万元即可起航，如果创业者有钱，可以开个豪华餐厅，如果没钱，也可以做小吃店创业，股资低，回本快，因此一直以来，餐饮业总是吸引着无数投资者跟进。但也正因为此，餐饮行业的竞争非常激烈。

目前，餐饮业在发展的同时，也面临着食品原材料成本上升、劳动力成本提升、管理人才匮乏、成本控制难等多方面问题。而且餐饮业务构成复杂，既包括对外销售，也包括内部管理；既要考虑根据餐饮企业的内部条件和外部的市场变化，选择正确的经营目标、方针和策略，又要合理组织内部的人、财、物提高质量、降低消耗。另外从人员构成和工作性质来看，餐饮业既有技术工种，又有服务工种；既有操作技术，又有烹调、服务艺术，是技术和艺术的结合，这必然给餐饮管理增加一定的难度。尤其是餐饮用工成本高、年轻劳动力紧缺，有人预言："至少在未来10年内，餐饮业用工难的问题都会一直存在。"因此餐饮业的经营者、管理者需要不断优化管理方式，增强团队领导力，凝聚人心，提高管理成效和团队效能，才能抓住机遇，迎接挑战，立于不败之地。

基于此，我们从多年的实战经验中，总结了一套基本的开店创业套路，编写了《餐饮开店投资运营从入门到精通》一书，供读者参考学习。本书由导读和十章内容组成，对于餐饮开店投资运营进行了详细的描述和解读。具体包括：

◇前期筹备，让顾客认识你的店

◇选好地段，让顾客看见你的店

◇设计装修，让顾客看上你的店

◇办理手续，让顾客相信你的店

◇树立品牌，让顾客记住你的店

◇控制菜品，让顾客爱上你的店

◇提升服务，让顾客享受你的店

◇花样推广，让顾客知道你的店

◇食品安全，让顾客放心你的店

◇搭建外卖，让顾客选择你的店

本书进行模块化设置，内容实用性强，着重突出可操作性，为新手创业做餐饮提供了基本的信息和指导。本书可供有志于创业开家餐饮店的创业者、餐饮店店长参照学习，也可供餐饮培训机构、酒店类职业院校的老师和学生参考学习。

由于笔者水平有限，加之时间仓促、参考资料有限，书中难免出现疏漏与缺陷，敬请读者批评指正。

编著者

目录

导读　投身餐饮，开店创业

01

第一章　前期筹备，让顾客认识你的店

一直以来，餐饮业总是吸引着无数投资者跟进。这是因为餐饮这个行业，不仅进入门槛低，而且回笼资金也很快。但是开一家餐饮店前期准备工作也比较多，如果能够在开业之初就做好万全的准备，那离成功就不远了。

第二章　选好地段，让顾客看见你的店

　　　餐饮店成功绝大部分取决于选址的好坏。餐饮店的选址并不是以租金为依据，不能认定那些租金高的店铺生意就一定好，更不能靠运气选择餐厅的地理位置，而是要考虑多种因素，考察各方面的综合条件。

03

第三章　设计装修，让顾客看上你的店

　　对于餐饮店来说，合适的装修设计和布局能够显著提升客人的用餐体验，丑陋的店面装饰，可能会把顾客"赶走"，而不是留住他们。可以这样说，装修就是餐饮店将自己的品牌展现给客户的第一张脸。若是成功抓住了客户的心，那么开店就成功了一半。

04

第四章　办理手续，让顾客相信你的店

在决定要经营餐饮行业之前，我们先要了解一下，开一间餐饮类的店，根据国家的法律法规我们究竟需要什么的手续和证件，只有了解清楚了，才能让我们的餐饮店合法合规，顺利经营。

05

第五章　树立品牌，让顾客记住你的店

在消费追求日益多元化、个性化的新形势下，餐饮品牌的功能越来越重要。对于餐饮企业来说，餐饮品牌的树立能够引发顾客的消费心理偏好，建立客户的友好感情，增强消费者的认同感和对品牌的忠诚度。品牌知名度是餐饮业最有价值的竞争资源。

06

第六章　控制菜品，让顾客爱上你的店

现在的消费者尤其注重饮食健康，注重产品品质，所以对于餐饮经营者来说，从原料供应到产品的加工制作过程都要非常注意，要保证食材的新鲜，保证餐品味道的稳定性。

第七章 提升服务，让顾客享受你的店

　　餐饮业是传统的服务业，提升服务质量是餐饮管理的核心内容。要提高餐饮店的服务质量，必须首先弄清楚服务质量的含义，找准顾客的真正需求，然后再有针对性地提出应对措施，而不是一味地改进设施设备。

08

第八章　花样推广，让顾客知道你的店

餐饮业的推广从广义上说分为线下推广和网络（线上）推广。在互联网发展迅速的情况下，餐饮企业要灵活运用各种方式，最大限度地提升餐饮企业的知名度，推广自己的产品，让顾客知道你的店，知道你店的特色。

09

第九章　食品安全，让顾客放心你的店

对于一家餐饮店来说，食品安全至关重要，它会带来不可逆转的严重后果和负面影响，不仅仅是在用户体验感上，它甚至能毁掉一个知名品牌。经营者可从人员管理、设备管理、物料管理、环境管理、食品管理这几个方面加强餐饮店安全管理，让顾客吃得放心。

10

第十章　搭建外卖，让顾客选择你的店

目前餐饮业已经发展到了一个经营多元化、收入多元化的阶段，"堂食＋外卖＋可流通食品商品"成为未来的发展趋势。外卖在餐饮中的地位越来越高，竞争也日趋激烈。因此餐饮店应重视外卖业务，搭建好外卖系统。

导读

投身餐饮，开店创业

当今世界给有志之士孕育了极佳的创业环境。人们日益增长的物质文化需求，使得创业项目琳琅满目，以中餐为代表的小本创业项目日益受到投资者的钟爱，成为创业致富的一种方式。

一、认清餐饮创业的优势

很多人心里都会有个创业梦，如果让大部分的创业者选择创业项目，十有八九会选择做餐饮。为什么会有那么多人选择餐饮行业创业呢？这是因为做餐饮的优势非常多，具体如导图-1所示。

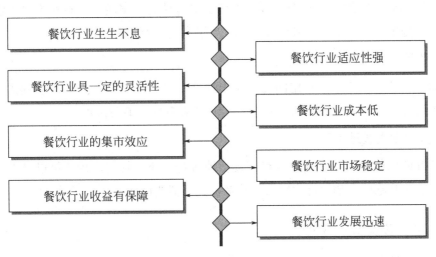

导图-1 做餐饮的优势

1.餐饮行业生生不息

民以食为天，所以有人的地方肯定就离不开餐饮行业，餐饮业与人们的生活密切相关，是一个永续发展的产业。无论我们的世界如何变化，餐饮行业是永远不会倒下去的。

2.餐饮行业适应性强

只要创业投资者能够给自己的餐饮店找到一个好的店铺，餐饮行业就可以一直地发展下去，适应性比较强。特别是在一些人流量比较大的地方，餐饮业的经济效益会更高，餐饮店就可以扎稳脚跟，在市场中占有一定的地位。

3.餐饮行业具有一定的灵活性

如果一个餐饮店很难经营下去，那么投资者就可以立刻停止营业，不用再继续交租金，如果投资者是买的一个店铺的话，就可以把店铺租出去。如此看来，餐饮行业具有一定的灵活性和抗风险性，一旦发生意外，比如说经济大萧条，投资者就可以根据情况及时地作出反应，并且不会给自己的餐饮店带来什么巨大的影响。

4.餐饮行业成本低

在开餐饮店时投资者花费较多的应该是在店铺租金或购买上，如果这些确定的话，其实食材是花费不了多少资金的。选好地址之后，餐饮店可以好好经营、培养自己的固定客户，这样就可以为自己的餐饮店带来持续的收益。

5.餐饮行业的集市效应

很多餐饮业都会选择在一个城市热闹的地段，其实其他店铺所带来的集市效应，也可以为餐饮行业带来经济效益。投资者可以推出适合当地消费者口味的食品进行销售。

6.餐饮行业市场稳定

现在人们对餐饮的需求越来越多，市场中餐饮种类越来越多，相对来说餐饮行业的市场是非常稳定的，主要就是餐饮经营者推出了有自己特色的菜品。

7.餐饮行业收益有保障

据数据统计，一般经营稳定的餐饮业的收益率在6%～9%，而一些店铺的收益率甚至高达了15%～17%，由此可见，餐饮行业的收益确实是有保障的。

8.餐饮行业发展迅速

随着互联网的发展，餐饮行业也在逐步地崛起，通过外卖，顾客可以享受不用出门就可吃到自己想吃的食物，这为餐饮经营者扩大了消费群体。

二、抓住餐饮创业的机遇

根据《中国餐饮报告2019》预测，餐饮行业未来的发展趋势是行业结构转向、供给侧数字化、商业模式升维、智能商业、餐饮零售、精细化运营。

1.新营销——创新体验，链接消费者，产生共鸣

2018年，拥有2.5亿日活的抖音不仅制造了餐饮界的网红，也催生了不少分得红利的餐饮品牌。此外，日活同样达到2亿的小程序作为连接线下消费场景和线上营销的新工具，也赢得了餐饮商家们的青睐。

未来，对于头部餐饮品牌来说，采用新工具、造节等多种方式，为的就是借助新场

景营销，链接消费者特别是年轻人产生共鸣。今后相信还会有更多的营销手段和工具出现，可以预见的是餐饮品牌的新场景营销将会更加多元化。

2.新需求——私人化、个性化的定制服务

随着时代的转变，餐饮消费结构年轻化，80后、90后成餐饮消费市场的中坚力量，这意味着许多餐饮行业将会出现一大批为迎合这一庞大消费群体的个性化、私人化餐饮服务，之前小部分需求的私厨上门、晚宴定制、派对定制、家庭聚餐定制服务将日益兴盛，越来越多的人愿意接受这种形式。

3.新模式——餐饮O2O规模飞速增长

互联网浪潮冲击下，餐饮行业的互联网化飞速发展。从最初的点评模式开始，团购、外卖等诸多模式不断涌现。当前，餐饮行业已成为本地生活服务行业中互联网化程度最高的行业之一，订外卖、在线预订、团购都已成为消费者就餐的常规选择。2012年中国餐饮O2O行业市场规模417.2亿元，2018年增至11357.3亿元，发展速度惊人。

未来，O2O的模式可能会发生巨大裂变，餐饮O2O不再局限于外卖，可能是餐饮晚宴私人化上门定制服务、私厨上门、共享厨房、在线订座，甚至会出现更多类似盒马鲜生、永辉超市、基于LBS技术的营销方案等O2O闭环业务。

4.新逻辑——小吃快餐仍是最大品类

美团点评发布《中国餐饮报告2019》显示，小吃快餐门店数量优势仍无可撼动，以44.3%的门店数量占比持续稳居第一。小吃快餐是最大品类，无论在一线、新一线城市，还是在二线城市、三线城市，小吃品类崛起的速度非常快。

小吃品类的人均消费金额在升级，客单价集中在30～45元，像肉夹馍这个品类，过去可能是三五元钱的街头小吃，现在包装、产品等都进行了升级。过去大家分析小吃，会把它定位在10元钱上下，但现在大家愿意花40元、50元左右吃小吃。这个变化的背后就是小吃升级的逻辑。

另一个表现亮眼的细分品类是茶饮。饮品店行业具有准入门槛低、制作标准化、模式易复制、品牌扩张快这四大特征，全国各级别城市饮品店市场都处于增长期。近一年，饮品的投资事件不断，投资金额在千万元甚至亿元级。下一步，这些在一线城市做得风生水起的品牌，将开始陆续向二三线城市下沉。

5.新增长——快速增长的餐饮业全面承载消费升级

这两年餐饮行业的连锁化率越来越高，2018年连锁门店的增长率是23%，远远高于餐饮大盘的增长速度。这就导致大餐饮企业发展的速度越来越快，小餐饮品牌每年以80%的速度在消失，像海底捞这样的连锁巨无霸上市之后快速扩张，小餐饮越来越难做。

未来，餐饮行业将出现三个转向，如导图-2所示。

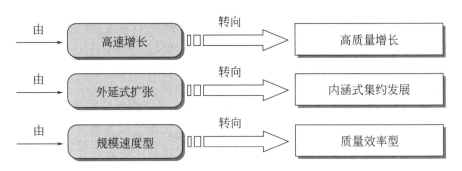

导图-2　餐饮行业的转向趋势

中国餐饮业走向品牌化、连锁化的发展趋势已经明确。接下来是中国连锁餐饮巨大的机会期，同时也意味着各大连锁餐饮品牌来到了竞争最激烈的时候。未来，少量优质企业将借助品牌和规模优势赢得更多红利。

三、把握餐饮创业的要点

每个人都离不开美食，很多的创业者都看好餐饮行业。但在餐饮行业中，同样也竞争激烈。做好餐饮应把握导图-3所示的三个要点，这也是一家餐饮店从无到有、从小到大必须要具备、加强和完善的三个方面。

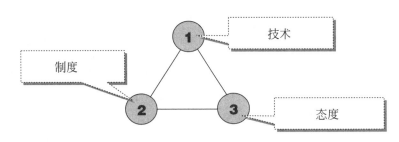

导图-3　做餐饮要把握的要点

1.技术

从技术上讲，首先就是要做好充足的市场调研和前期准备，对门店的定位、选址、装修、厨房布局、消费群体等要做到心中有数。其中定位是核心，包括产品线定位、包装定位、餐厅环境定位、价格定位，消费群体定位等，每一次策划一个餐饮项目，最重要的就是先做好这个事情。

其次就是选址，俗话说："选址对了成功一半"，可见选址是多么的重要。选址一定要考虑到所选区域的商圈、顾客的消费习惯、房租情况；还要对商圈的人流、竞争对手、交通流量等考虑到位，总之是以利益最大化为首要原则。切忌只凭借感觉盲目自信，妄想着餐饮店只要开起来就能够红红火火。

再次，就是涉及专业的经营策略和技巧，也就是你要懂餐饮经营中的"道道"。比如选址、动线、经营额、定价、活动设计等专业知识；成本是多少，抗风险能力如何，后

续资金缺乏怎么办，对行业了解多少等。这些都是前提，如果做不到，或者做不好，后续经营就很乏力，遇到问题就容易手足无措、自乱阵脚。

2.制度

从制度上讲，制度、标准、规范、要求、考核等这些都属于制度的范畴，也都是餐饮店正常运营的根本，如果这些做不到位，或者缺失，餐饮店就会面临风险，甚至关门倒闭。

一般来讲，主要表现在以下几个方面。

（1）家族人参与，导致职责不清。很多餐饮店无论采购还是仓库、财务，甚至前厅或者厨房人员都有或多或少的家族人参与，然后就是乱插手做事、不懂装懂，甚至指责一些外聘的管理人员，最后导致人才流失，店铺难以为继。

（2）部门划分不规范。尤其是采购和财务两个部门，常有采购拿回扣、财务账目不详细的现象出现，使得运营成本无法详知。

（3）厨房管理不明确。厨师更换频率太高，甚至一个月换两三次；厨师所做菜品缺乏"特色"；厨师乱插手，导致厨房管理混乱、浪费严重等。

上述情况最容易在合伙餐饮店中出现。店铺创办之初，合伙人以感情和义气去处理相互关系，制度和股权没有确定，或者即使有却模糊。当企业做大后，制度变得重要，利益开始惹眼，于是出现"排座次、分金银、论荣辱"，弄得剑拔弩张内耗不止，最后导致店铺倒闭。

3.态度

从态度上讲，除了塑造企业文化和品牌外，最重要的是创业者要能忍，要忍受住餐饮创业过程中出现的沟沟坎坎。

众所周知，餐饮创业的过程纷繁复杂，除了要考虑餐厅日常的经营策略外，还要面临房租上涨、员工离职、核心员工被挖等各种问题的困扰。

谁在这时候忍住了，扛过去了，谁也就离成功不远了。

第一章

前期筹备，让顾客认识你的店

导言

一直以来，餐饮业总是吸引着无数投资者跟进。这是因为餐饮这个行业，不仅进入门槛低，而且回笼资金也很快。但是开一家餐饮店前期准备工作也比较多，如果能够在开业之初就做好万全的准备，那离成功就不远了。

第一节 自己是否适合开店

在你想要开一家餐饮店时，最好先对自己的实力有一个客观合理的评估，确定自身条件是否适合开餐饮店。

一、是否喜欢餐饮业

兴趣与爱好是做好工作的前提，经营者真正喜欢餐饮业、乐于服务、善于助人对开好一家餐饮店是非常有帮助。

新手指南：

如果你既是餐厅的投资者又是经营者，还应做好吃苦耐劳的准备，餐饮业被称为"勤行"，"懒人"往往做不到最后。

二、是否有足够的资金

经营餐饮店可能要支付数额不菲的接管费用、押金、加盟费、管理费，或者是新店的租金、装修费用、设备费用、人员工资等，如果没有足够的资金准备，即使开业了也会难以为继。所以在开店前，经营者应该盘点一下自己的"家底"是否能够满足餐饮店经营初期的开支。

一般来说，开餐饮店需支付的费用大致包括以下几项。

（1）房屋租金，约占营业额的10%。

（2）材料设备费，约占营业额的35%。

（3）员工工资，约占营业额的20%。

（4）税金和杂费，约占营业额的10%～15%。

（5）水电燃料和消耗品费，占营业额的8%～10%。

（6）设备折旧费，约占营业额的5%。

无论经营者投资金额多少，都可以参考以上比例进行估算。

三、是否有经营的能力

所谓经营能力，对于经营者来说就要具备开餐饮店的能力和特质。通常而言，餐饮店经营者应具备如图1-1所示的能力及特质。

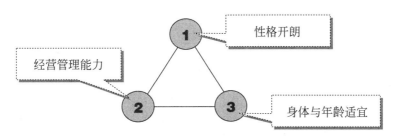

图1-1　餐饮店经营者应具备的能力及特质

1.性格开朗

经营者的性格会反映在餐饮店的氛围中，如果经营者性格不够开朗，店内的氛围也会显得比较沉闷，消费者也不愿光顾。

2.经营管理能力

经营管理能力一般表现在图1-2所示的几个方面。

图1-2　经营管理能力的表现

市场经济的竞争性很强，餐饮店要想在竞争中处于有利的地位，就必须使经营活动独具特色、不断创新。这需要餐饮经营者对新事物高度敏感，不但要有丰富的想象力和开阔的视野，还要有锐意进取的雄心和勇气。

3.身体与年龄适宜

开餐饮店是一项十分艰苦的工作，既需要进行复杂的脑力劳动，又需要进行较强的体力劳动；既要把握经营节奏，又要保持连续性。尤其是经营小型餐饮店，通常餐饮店的大小事务都要经营者亲力亲为。因此，经营者必须具备较好的身体素质，保持身体健康，这样才能更好地经营餐饮店。

四、是否了解餐饮常识

餐饮投资者应当掌握一些必要的餐饮知识，这样才不至于轻易陷入投资失败的境地。对于刚入行的新人来说，掌握相关的餐饮知识尤为重要。

1.餐饮业的定义

餐饮行业是一个历史悠久的行业，古今中外餐饮业承担为客人提供饱食就餐服务的社会职能并没有改变。具体来说，餐饮业是集即时加工制作、商业销售和服务性劳动于一体，向消费者专门提供各种酒水、食品、消费场所和设施的食品生产经营行业。

有些学者认为，餐饮业基本上应该涵盖图1-3所示的三个组成要素，而提供餐饮的场所，古今中外有很多称呼，如酒馆、餐馆、菜馆、饮食店、餐厅等，不一而足。

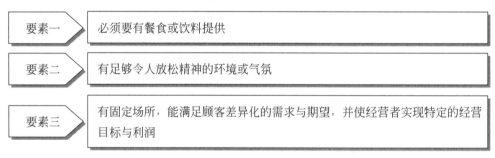

要素一	必须要有餐食或饮料提供
要素二	有足够令人放松精神的环境或气氛
要素三	有固定场所，能满足顾客差异化的需求与期望，并使经营者实现特定的经营目标与利润

图1-3　餐饮业应该涵盖的要素

2.餐饮行业的基本特征

总的来说，餐饮行业的基本特征有图1-4所示几个方面。

| 特征一 | 产品以提供菜肴及其他食品、酒水、消费场所及与餐饮相关的劳务服务为主，属于第三产业、劳动密集型产业 |
| 特征二 | 既有生产加工产品（如菜肴、酒水、小吃、糕点）的工业生产属性，又有提供有偿劳务服务、方便顾客购买、消费的商业交易属性 |

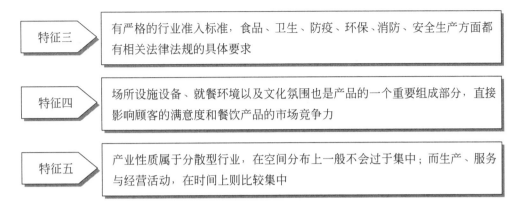

图1-4　餐饮行业的基本特征

3.餐饮服务的基本特征

餐饮服务具有图1-5所示的基本特征。

图1-5　餐饮服务的基本特征

（1）不可量化性。服务质量无法进行量化分析，但可以通过客人用餐后的感觉评判服务质量的优劣。服务员必须接受专业化的服务训练，为客人提供优质的服务，尽可能满足其不同的消费需求。

（2）不可储存性。餐饮服务具有不可储存性，客人每次用餐结束后离开餐厅，服务也随之结束，不能储存给下次使用，只有客人亲临餐厅用餐才能享受服务。

（3）不可转让性。每位就餐的客人都无法把其接受的服务转让给第三方，且仅以"当时"为限，等到下次光临时，则会因服务员不同或是就餐环境等的不同，获得另外的就餐服务。

（4）同步性。餐饮服务的特点之一就是服务员在接受客人提出的要求后才可提供相应的服务。当客人指定菜单后，就确定了其消费形态和类别，同时厨房也依据菜单的内容开始整理、制作。因此，餐饮服务的生产、销售、消费三个环节是同时进行的。

（5）有价性。餐饮服务是一种有偿服务，其本身具有价值，能为企业带来利润。优质的服务是餐饮企业成功的重要因素之一，它能够为企业创造利润、带来效益。

（6）直接性。由于餐饮服务的生产、销售和消费是同步进行的，所以其效果能直接体现出来。这一特点决定了餐饮服务不同于一般商品。因此，在服务过程中如果出现差错，如服务员上菜时不小心把汤汁洒在了客人身上，造成的不良影响，只能通过其他途径予以适当弥补。

（7）灵活性。客人来自不同的民族、不同的国家和地区，处于不同的层次、不同的文化背景之中，有着不同的年龄、不同的职业、不同的思想意识和道德规范，并且有不同的宗教信仰、风俗礼仪、饮食习惯、生活禁忌和就餐目的、就餐心理，以及不同的性情、口味偏好等。于是不同的客人必定会在就餐过程中有着不同的需求。

（8）差异性。不同的餐饮企业之间的服务存在差异性，即使在同一家餐厅也会因服务对象、服务员、厨师、菜单等的差异或时间的不同，而出现多种多样的服务模式和形态。

（9）规范性。随着餐饮业的发展，餐饮服务必须制定统一的服务标准和规范，以不断提高整体服务水平。餐饮店制定了服务标准和规范，就能有章可循，对服务进行规范化管理，使每位服务员遵照标准，认真贯彻执行各项服务规程，形成统一、规范的服务水准，显示门店的面貌和特色。

4. 中餐菜系基础知识

我国的菜系是指在一定区域内，由于气候、地理、历史、物产及饮食风俗的不同，经过漫长历史演变而形成的一整套自成体系的烹饪技艺和风味，并被全国各地所承认的地方菜肴。菜肴在烹饪中有许多流派，其中最有影响和代表性的也为社会所公认的有：鲁、川、粤、闽、苏、浙、湘、徽等菜系，即人们常说的中国"八大菜系"，其口味特点如表 1-1 所示。

表 1-1 八大菜系口味特点

序号	菜系	口味特点
1	鲁菜	口味咸鲜为主。讲究原料质地优良，以盐提鲜，以汤壮鲜，调味讲求咸鲜纯正，突出本味。火候精湛，精于制汤，善烹海味
2	川菜	口味麻辣为主，菜式多样，口味清鲜醇浓并重，善用麻辣调味（鱼香、麻辣、辣子、陈皮、椒麻、怪味、酸辣诸味）
3	粤菜	口味鲜香为主。选料精细，清而不淡，鲜而不俗，嫩而不生，油而不腻。擅长小炒，要求掌握火候和油温恰到好处。还兼容许多西菜做法，讲究菜的气势、档次
4	闽菜	口味鲜香为主，尤以"香""味"见长，有清鲜、和醇、荤香、不腻的风格。三大特色：一长于红糟调味，二长于制汤，三长于使用糖醋
5	苏菜	口味清淡为主。用料严谨，注重配色，讲究造型，四季有别。烹调技艺以炖、焖、煨著称；重视调汤，保持原汁，口味平和。善用蔬菜，其中淮扬菜讲究选料和刀工，擅长制汤；苏南菜口味偏甜，注重制酱油，善用香糟、黄酒调味
6	浙菜	口味清淡为主。菜式小巧玲珑，清俊逸秀，菜品鲜美滑嫩，脆软清爽。运用香糟、黄酒调味。烹调技法丰富，尤在烹制海鲜河鲜有其独到之处。口味注重清鲜脆嫩，保持原料的本色和真味。菜品形态讲究，精巧细腻，清秀雅丽。其中北部口味偏甜，西部口味偏辣，东南部口味偏咸

续表

序号	菜系	口味特点
7	湘菜	口味香辣为主，品种繁多。色泽上油重色浓，讲求实惠；香辣、香鲜、软嫩。重视原料互相搭配，滋味互相渗透。湘菜调味尤重酸辣。相对而言，湘菜的煨功夫更胜一筹，几乎达到炉火纯青的地步。煨，在色泽变化上可分为红煨、白煨，在调味方面有清汤煨、浓汤煨和奶汤煨。小火慢炖，原汁原味
8	徽菜	口味鲜辣为主。擅长烧、炖、蒸，而爆、炒菜少，重油、重色、重火功。重火工是历来的，其独到之处集中体现于擅长烧、炖、熏、蒸类的功夫菜上，不同菜肴使用不同的控火技术，形成酥、嫩、香、鲜独特风味，其中最能体现徽式特色的是滑烧、清炖和生熏法

第二节 独资经营还是加盟连锁

常见的经营投资方式主要有个体独资经营、合伙经营以及投靠加盟体系。如果经营者拥有成熟的经营体系及管理经验，那么就可以考虑独立开店；若经营者无经验，可以选择合适的加盟体系，边经营边学习管理技巧，这也不失为降低经营风险的好方法；若经营者有经验但资金不足，可以邀请有投资意向的人合伙经营。

一、独资经营

个体独资经营餐饮店是指由一位自然人投资，投资资产为投资者个人所有，并以其个人财产对餐饮店债务承担无限责任的餐馆经营实体。

1.适合类型

这类餐饮店往往规模较小，以大排档、快餐店、小吃店、茶餐馆、中低档酒楼居多。

2.优势

个体独资经营的优势主要如图1-6所示。

优势一	经营上的制约因素少，开设、转让与关闭等一般仅需向工商部门登记即可，手续简单。业主在决定如何管理方面有很大自由，经营方式灵活多样，处理问题简便、迅速。由于是个人独资，有关餐饮产品销售数量、利润、出品、财务状况等均可保密，这无疑有助于餐饮店在竞争中保持优势
优势二	与法人企业不同，个人独资企业只需交纳个人所得税，不需双重课税，税后利润归个人所有，不需要和别人分摊
优势三	对投资者而言，在经营中获得的主要是个人满足，而不仅仅是利润，这是个人独资经营特有的优势

图1-6 个体独资经营的优势

3.劣势

个体独资经营的劣势主要是经营者个人要负无限财产责任。当经营者所投资产不足以清偿债务时，法律规定企业主不是以投资的财产为限，而是要以投资者的个人财产来清偿债务。也就是说，一旦经营失败，经营者就有可能倾家荡产。

二、合伙经营

合伙经营是由两个以上合伙人订立合伙协议，共同出资、合伙经营、共享收益、共担风险，共同对合伙投资的餐馆债务承担无限连带责任的经营形式。

1.合伙方式

合伙人可以货币、实物、房地产使用权、知识产权或者其他财务权利出资，经全体合伙人协商一致，合伙人也可以劳务出资，各合伙人对执行合伙企业事务享有同等的权利。

2.优势

与个体独资餐饮店相比，合伙经营餐饮店的资金来源更广，信用度也较高，更易筹措资金，如从银行获得贷款、从供货商赊购产品等；合伙人之间集思广益，决策和经营管理水平也更强，可以大大提高餐馆的市场竞争力。

3.劣势

合伙经营餐饮店的劣势具体包括图1-7所示的几点。

劣势一	合伙人要承担无限连带责任，使其家庭财产具有经营风险，因此合伙关系必须要以相互之间的信任为基础
劣势二	影响餐饮店存亡的因素较多，如果合伙人之间产生意见分歧，互不信任，就会影响餐饮店的有效经营
劣势三	根据法律规定，合伙人不能自由转让自己所拥有资产份额，产权转让必须经过全体合伙人同意；同时接受转让者也要经过所有合伙人的同意，才能成为新合伙人

图1-7　合伙经营的劣势

4.注意事项

餐饮店合伙经营时应注意以下几点。

（1）谨慎选择合伙人。选择合伙人的四大标准有人品、价值观、工作态度和才能，经营者在选择合伙人时这四个条件缺一不可。

（2）时刻掌握核心信息。在合伙经营中，经营者必须要掌握餐馆经营的核心信息，如人事、财务、客户材料、上游供应商等。这样当经营出现问题时经营者才有能力去处置，防止合伙人之间互相扯皮，最大限度地减少损失。

（3）签订具有法律效力的合作协议及商业保密协议。在合伙人合作期间签订合同，可以有效防止因追求个人利益而导致的分裂。如果餐饮店拥有商业核心机密，合伙人还应签订商业保密协议，即便是与好朋友合伙也应如此。

（4）留住有能力的人。有些人很有能力，但不适合作为合伙人。这时经营者可以采用"高薪＋分红"的方式来留住人才，而不必用股份合伙的方式。

（5）建立良好的沟通方式。在合作过程中最为忌讳的是互相猜忌、各自打小算盘，这样的合作肯定不会长久。出现问题时，合伙各方要本着真诚、互信、公正的态度来解决，就事论事，大家都是出于公心，分歧很容易就能解决。

（6）处理冲突时做好最坏的打算。合伙人出现分歧时经营者应做好最坏的打算，心中有数，理性、平和地处理问题，才能让事情得到圆满解决。

（7）尽量避免亲属在店里上班。在店里最好不要雇用合伙各方的亲属，以免导致公私不分，动摇合伙人之间的合作基础。

三、加盟连锁

对于没有经验及资金不太充裕的投资者而言，加盟一家资质好、运营模式成熟的连锁餐饮品牌就是他们的首选。不过机会与风险是并存的，投资者加入餐饮连锁店，既可从中发掘出令人惊喜的"金矿"，也有可能掉进危险的陷阱。

1.选择加盟品牌

当下市场上的加盟品牌数不胜数，要想选择一个好的加盟品牌也是需要讲究技巧的，需要综合自身的资金、能力、经验及其加盟品牌的市场行情等多方面来分析，具体如图1-8所示。

图1-8　选择加盟品牌的技巧

（1）看品牌影响力。一个好的品牌由品牌知名度和品牌美誉度构成。

① 品牌知名度。根据《营销三维论》中的"强势品牌论"，品牌知名度包括品牌辨识和品牌回忆的呈现。具有品牌识别能力的消费者，在获得某种提示后，便能正确地指出先前是否曾经看过或听过该品牌。品牌回忆指的是当消费者想到某种产品时，不经任何

提示，便有能力回想起某特定品牌。

如今餐饮行业竞争已不再是以物与物间的竞争来表现，而是以品牌竞争的方式表现出来。换句话说，当消费者决定进餐时，他往往要先决定去哪家酒店或餐厅吃，然后才决定吃什么。即便他先做出了吃什么的决定，也有必要决定在什么地方吃。因此，挑选一家具有杰出知名度和优异公司品牌形象的餐饮加盟店，是创业成功的必要条件之一。

② 品牌美誉度。品牌美誉度是社会和消费者对这个品牌的评价，常常是消费者决定购买的重要动力。比如有人想吃汉堡，他们的优先选择可能是麦当劳和肯德基。

品牌的知名度越高，品牌能够带来的客流和销售就越高，加盟者拓展市场时才更省心省力。

◆ 新手指南：

投资者在加盟时，一定要摸清品牌情况，选择一家有着较高知名度和美誉度的品牌，在一定程度上才能实现"背靠大树好乘凉"。

（2）看企业文化。企业文化是企业信奉并付诸实践的价值理念，是在生产经营实践中逐步形成的，为全体员工所认同并遵守的、带有本组织特点的使命、愿景、宗旨、精神、价值观和经营理念。从本质上说，它包括企业职工的价值观念、道德规范、思想意识和工作态度等；从外在表现上说，它包括企业的各种视觉传播体系、文化教育、技术培训、娱乐联谊活动等。培育良好的企业文化，可以做到决策精明、信息灵敏、团结融洽、配合默契、效率快捷、勇于进取；可以在企业成员中造成强大的凝聚力和创业的动力。

加盟者在选择品牌时，要从图1-9所示的两方面来考虑品牌和企业文化。

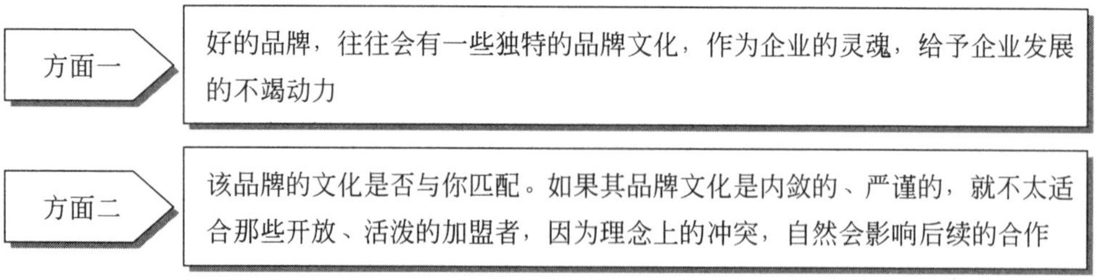

方面一	好的品牌，往往会有一些独特的品牌文化，作为企业的灵魂，给予企业发展的不竭动力
方面二	该品牌的文化是否与你匹配。如果其品牌文化是内敛的、严谨的，就不太适合那些开放、活泼的加盟者，因为理念上的冲突，自然会影响后续的合作

图1-9　选择加盟品牌要考虑的品牌和企业文化

（3）看服务体系。投资地产重要的是"地段、地段、地段"，而经营加盟项目成功的秘诀之一也是"地段、地段、地段"。"酒香不怕巷子深"的思想已经落伍，没有好的地段，再好的项目也有明珠暗投的可能，即使成功了，盈利的时间也会大大推迟。因此，如何选择合适的经营地段，就成为投资商头疼的问题。

如果你选择了一家好的加盟总部，这时优势就体现出来了。正如大家所熟知的，麦当劳的选址几乎没有失败的案例。

① 在选址时出谋划策。好的总部在选择加盟商之前，都会对市场考察和加盟店选址投入大量的精力。因此他们通常有能力为加盟商出谋划策，选定合适的地段，以此保证加盟店的客流量，为未来的经营埋下良好的伏笔。

② 提供店面规划。好的总部会站在加盟商的角度，为其提供合理的店面面积规划。店面面积过大，容易使店面的有效资源得不到充分的利用，造成单位面积的管理成本高、盈利能力低；面积过小，则不能满足高峰期间的经营。

③ 后续服务有保障。正如销售产品的企业，其优良的售后服务能体现其品牌一样，好的加盟总部，往往都有完备的后续服务机制，这为加盟店的长足发展提供了有力保障。

比如，总部会根据加盟店的销售情况，由专业人员为其制订营销计划，以适应消费者的喜好。

④ 总部巡店考察。有些总部还定期或不定期去各加盟店进行巡察，这既体现了总部对加盟商事业的关注程度，同时也表明其对各加盟店运营情况的关心。从另一个角度来看，总部通过巡视过程，还能收集到许多市场信息，从而进一步采取策略，提高其竞争力。跟随这样的加盟总部，无疑是加盟商的福气。

（4）看运营体系。有许多连锁加盟总部的负责人并不具备经营管理的专业知识，只是因为开了一两家生意很好的店，遇到许多人想要加盟开分店，于是就草率地成立一个加盟总部。

连锁加盟的总部需要具备的专业知识相当多，包括市场的开发与管理，商圈的经营、行销与广告宣传活动，人员的招募与管理，财务的规划与运作等。这些都是协助加盟店妥善地长期经营店面的必要知识。说起加盟，投资者关心的无疑是投资回报，部分连锁企业大力宣扬其高额投资回报，有的甚至在宣传资料上标明投资回收期仅为一个月，都是不负责任的宣传活动。

好品牌通常会对加盟商作出一个全面的评价，给出一个客观、有效的投资回收期以及投资利润率。根据行业惯例，大多数连锁加盟行业1～2年的投资回收期应该是合理的。

（5）看培训支持。总部给予加盟商的培训支持是连锁加盟正常运转的核心要素之一。培训可以促进加盟商与总部之间的相互了解，提高加盟店成功的概率。对于投资新手来说，如何进行人员招聘，如何进行店面的日常管理，如何打开销售局面、提高营业额等，都是迫切需要学习的内容。只有真正好的品牌，才拥有一套完善和有效的培训体系，为加盟商扫清障碍。

新手指南：

了解一个品牌的培训能力，可以看它是否拥有自己的培训部门，有哪些培训课程，培训人员的实践经验和专业素养，培训期的长短，以及是否到店培训等。同时还可以通过了解已经加盟者的受训情况来判断总部培训的有效性。

（6）看广告投入。根据《营销三维论》培训课程中的"有效传播论"，广告是现代商战中必不可少的手段，也是先声夺人的有力武器。广告是信息传播的使者，是企业的介绍信，是产品的敲门砖，它在有效地传递商品信息和服务信息的同时，也为企业树立良好的形象，刺激消费者的购买欲望，引导消费者进行消费活动。

广告的投入及实施，也是加盟总部综合实力的一个体现。有实力的总部，为了进一步开拓市场，进一步配合加盟店的推广，往往会在中央电视台、各地卫视、各大门户网站以及各种重要的平面媒体上进行强势投入，同时在各个地区精耕细作，根据各个地区市场状况采用多种媒体组合方式进行宣传。而总部投入的大量广告，加盟商都是直接的受益者。

（7）看网点分布。好品牌会合理地控制连锁布点的密度。密度过高就会导致自相残杀；而密度过低，就会导致顾客不便，令竞争对手趁机进入。

（8）看经营能力。卖什么要像什么，所以加盟店要能够针对主力商品的消费模式来设计，但是商品是有生命周期的，所以加盟店的装潢与格调也要随同做调整。外在环境是一直在改变的，如果加盟总部不具备商品开发的应变能力，当现有的商品组合走到衰退期，不能满足消费者求新求变的需求时，加盟店的生存能力就会产生问题。

有些加盟总部并没有长久经营的想法，只想在市场上面捞一票就跑，或者自己就对本行业的前景没有信心，因此虽然现有的连锁加盟体系还在持续扩展，不过又转投其他的行业或是发展其他的品牌。而负责任的总部会珍惜连锁加盟系统建立的不易，遇到经营瓶颈时会设法找出加盟店与总部的因应之道，领导着加盟商一起渡过难关、开创新局面。

投资者在选择加盟品牌时，应该多了解加盟品牌对于事业发展的未来规划是否注重在本业上，以及其所投入的重点是否与本业相关。如果发现加盟品牌的真正兴趣并不是在本业上，那么是否值得加入就要很慎重地考虑了。

🌐 新手指南：

投资者应谨记，"品牌的实力与支持，永远是优先位的"，只有选对品牌，加盟成功才具基础。

2.考察加盟项目

创业选择加盟，自然少不了实地考察这一步骤。实地考察除了能让总部招商人员和加盟商能够有效联系外，也是加盟商确认品牌是否值得加盟的关键。一般来说，投资者应重点考察图1-10所示的几项。

（1）考察项目的正当性。对项目方需要考察以下信息。

①项目方是否有工商登记，工商登记是否在有效期内。

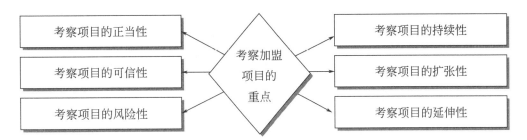

图1-10 考察加盟项目的重点

② 项目方所持执照是否为项目方本人所有，项目方提供资料中的企业名称、经营范围与其营业执照上的是否一致。

③ 按国家对加盟连锁的有关规定，项目方必须满足"2＋1"的条件（2个直营店，经营1年以上）才可以进行对外招商，这是国家为保护投资者利益出台的专门政策。

新手指南：

目前相当数量正在积极进行加盟连锁招商的项目方达不到"2＋1"的要求，这是违反国家有关规定的，投资者必须保持警惕。

 相关链接

项目方应向投资方提供的信息

根据《商业特许经营管理条例》第二十二条的规定，特许人应当向被特许人提供以下信息。

（一）特许人的名称、住所、法定代表人、注册资本额、经营范围以及从事特许经营活动的基本情况。

（二）特许人的注册商标、企业标志、专利、专有技术和经营模式的基本情况。

（三）特许经营费用的种类、金额和支付方式（包括是否收取保证金以及保证金的返还条件和返还方式）。

（四）向被特许人提供产品、服务、设备的价格和条件。

（五）为被特许人持续提供经营指导、技术支持、业务培训等服务的具体内容、提供方式和实施计划。

（六）对被特许人的经营活动进行指导、监督的具体办法。

（七）特许经营网点投资预算。

（八）在中国境内现有的被特许人的数量、分布地域以及经营状况评估。

（九）提供最近2年的经会计师事务所审计的财务会计报告摘要和审计报告摘要。

（十）提供最近5年内与特许经营相关的诉讼和仲裁情况。

（十一）特许人及其法定代表人是否有重大违法经营记录。

（十二）国务院商务主管部门规定的其他信息。

（2）考察项目的可信性。鉴于目前加盟连锁中骗局连连发生，部分投资者损失惨重，在考虑加盟之前，有必要对项目方进行可信性考察。考察的内容主要包括以下内容。

① 项目方提供的办公地址是否真实，是否与营业执照上的地址一致。投资者需要考察项目方企业的存续期，已经经营了多长时间。一般来说，一个企业经营存续期越长，从业历史越久，就越可靠。必要的时候，可以向所在物业查询项目方的租赁期限，交了多长时间的租金，租期到什么时候为止，还可以查询项目方是否按期交纳房屋租金；从对项目方注册资金的大小，也可以看出其实力和承担违约责任的能力，这都是很细致的工作。

② 项目方是否经营过别的企业，进行过别的项目招商，结果如何。目前一些骗子习惯于打一枪换一个地方，已经形成一种经营"模式"，只要投资者够细心，就不难看出破绽。

③ 一些项目方很乐意在口头和广告、资料上宣传已加盟者的数字，这个数字往往很大，以增加对投资者的吸引力，要注意考察其真实性。

④ 一些项目方常常宣传自己获奖的情况，比如"十佳""最优""白金""白银""最具吸引力""投资者最满意"等。事实上，这些奖项往往由某些行业机构、招商组委会和媒体颁发，可信度不高。

（3）考察项目的风险性。为了让项目做到"保赚不赔"，投资者一定要对项目的风险性进行充分的考察。考察的内容包括以下几项。

① 对项目可行性及已加盟者的经营状况进行考察。当你看中一个连锁加盟项目时，可以考察该项目已加盟者的经营状况，考察对象可由项目方提供，但最好由投资者自己选择，在不告知对方的前提下，首先以消费者的身份进行观察。考察内容包括店址、每小时客户流量、全天客户流量、产品受欢迎程度、经营者的经营方式、雇员多少、业务熟练程度，估算其成本和投入产出。

然后，以投资者的身份出现，直接向对方询问，大多数时候如果对方经营状况不佳，对项目方有情绪，反而会向你介绍真实情况，如果经营状况甚好，有可能对你隐瞒，或者介绍情况不真实，以防备竞争，在这种时候，需要投资者有良好的判断力。

最后，可以将考察的情况与项目方的介绍进行比较，基本可以得出符合实际的判断。

要注意的是，一般对项目方样板店的考察均不可靠；投资方在对经营状况不佳的加盟店进行考察时，要弄清楚对方为什么经营状况不佳，有时候是加盟者自己的原因，或是能力不足，或是不听从项目方的指导。

投资者也不可听信加盟者的一面之词，因为对方和自己的身份类似，同病相怜之下容易同仇敌忾，以致错过好项目。

　　② 了解项目方在知识产权方面（技术、商标等）和品牌方面是否存在纠纷，是否拥有完全的所有权。

　　③ 了解项目方的禁忌，在什么情况下可能被解除加盟连锁资格，了解项目方所设禁忌是否合情合理，在合同中要明确这些细节，如果合同中没有这些内容，可以补充合同进行说明。

　　④ 了解项目方的收费，如加盟费、管理服务费、保证金等，明确这些费用的数额，收取的频率，必要时还要明确已交费用的退还问题，如在什么情况下投资者退出加盟，项目方必须退还保证金，这些要在合同中写清楚。对于要求加盟者一次性交清若干期限费用，比如一次交齐2～3年管理费、服务费的项目方，投资者须保持警惕，防止对方在收钱后卷款走人，或在事情不顺利时溜之大吉。为提高投资的安全性，投资者可与项目方商量分期付款的办法，比如学会技术时交多少费用，拿到设备时交多少费用，生产出合格产品时交多少费用等。

　　（4）考察项目的持续性。对于投资者来说，好不容易选对了一个项目，当然希望能够比较长时间地经营，给自己带来效益，为此投资者还需要对项目方的运作进行持续支持能力方面的考察，内容包括以下几方面。

　　① 运作是否规范。项目方运作是否规范，包括行为规范和章程规范。如图1-11所示。

行为规范	章程规范
是否有统一的内外标志；操作流程是否规范；工艺流程是否规范，服务流程是否规范等，是否对加盟者提供统一规范的培训，培训的项目、时间，培训是否收费，收费的标准	项目方是否提供统一的操作手册、服务手册、管理手册、培训手册，手册的编制是否规范，是否切实可行，是否便于执行，是否不让人产生歧义

图1-11　运作规范的内容

　　② 配送系统是否完善。如需配送，配送设备是否完整、是否先进，是否有统一的配送中心，配送人员的素质如何、管理如何，配送中心是否能及时响应加盟者的要求，配送原材料是否经常短缺，配送价格是否合理、是否变化无常。

　　有一些项目方收很少的加盟费，将利润点全部放在后期的原材料配送上，这很正常，但随着投资者的投入越来越多，已经不能轻易脱身时，项目方在配送原辅材料的时候随意要价，价码越来越高，条件越来越苛刻，以致令加盟者产生被勒索的感觉，这就很不正常了。因此应该跟项目方将配送价格说清楚，将各种可能发生的情况和处置办法、可能发生的损失和索赔条件备录于合同。

还有一种是项目方不给你配送，你所需要的原材料很容易自己找到，那么对于这样的项目一定要提高警惕。这说明这个项目的门槛很低，被模仿的可能性很大，可能要面对竞争泛滥的局面。一般这样的项目都缺乏可持续发展的潜力。

（5）考察项目的扩张性。谁都希望生意越做越大，如果一个项目做上三五年，每个月仍旧只有几千元的收入，就说明这样的项目缺乏扩张性。项目扩张性的基础来自两个方面，如图1-12所示。

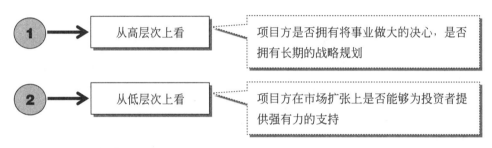

图1-12　项目扩张性的基础

目前加盟连锁项目普遍对广告的依赖性都非常强，投资者要考察清楚项目方在广告投放上是否能持续，是否能使广告覆盖一定范围，必要的时候，项目方能否提供强有力的促销支持，如物质方面的支持和政策方面的支持。这些都对投资者的扩大经营起着直接的影响。

（6）考察项目的延伸性。在对项目方进行考察的时候，除了要考察项目主导人的人品、性格、经历、知识结构、拥有的企业资源和社会资源外，还要着重考察项目方的团队。在各种招商会上，我们可以看到，不少招商团队是由草台班子临时拼凑成的，这样的一个团队，能为你未来的投资项目提供什么样的保证，不难想象。对加盟项目方团队的考察，可从图1-13所示的几个方面着手。

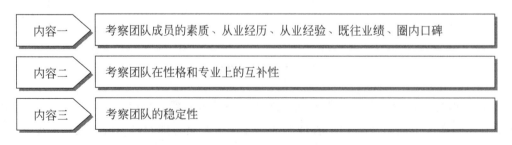

图1-13　对加盟项目方团队的考察内容

对于一些比较有经验的投资者，通过对项目方团队的察言观色和对项目方的突袭式访谈，可以得出可靠的结论。

3.评估加盟费用

　　加盟任何特许经营机构，都必须付出一笔加盟费用。特许人收取一定数目的加盟费用其实是必要的，也是合理的。对于投资人来说，就需要考察和评估其收费是否合理、合法。常见的收取费用方式有以下几种。

　　（1）加盟费。加盟费即"特许经营权使用费"，这是受许人为取得特许经营权，在签订合约时向特许人一次交纳的一笔费用，它体现的是特许人所拥有的品牌、专利、经营技术诀窍、经营模式、商誉等无形资产的价值，合约期满或中途退出也不退还。这笔费用一般占受许人全部投资的5%～10%。

　　一般来说，加盟费的高低与特许企业的知名度、特许项目的获利能力相关，特许人的知名度越高、获利能力越强，则加盟费就有可能越高；反之亦然。

　　如果一家资历尚浅的总店，市场尚不知其为何许人也，初涉特许经营，便在加盟费上开出一个"天价"，那么投资者就得小心求证，免得误上"贼船"。

　　（2）保证金。为确保受许人履行特许经营合同，特许人可要求受许人交付一定的保证金，合同到期后保证金应退还受许人。

　　保证金与加盟费的区别如图1-14所示。

含义不同

> 加盟费是一种独特的商业经营形式，它是品牌持有人将企业品牌的无形资产按合同规定，在统一的经营模式下从事业务活动，加盟人向品牌持有人支付一定的费用。保证金是为合同的履行所提供的一种金钱保证，并在双方合同到期或者依法解除时才予以退还

退还方式不同

> 加盟费是不可以退还的，是加盟某品牌所需要缴纳的费用。而保证金是在规定的时间内或合同规定的时间内退还给加盟者的

图1-14

担保不同 ....

加盟费是只作为加盟某品牌而设立的规定。而保证金是需要达到某品牌所要求或规定的 程度内才给予退还或抵消的一种担保风险

费用不相同 ....

一般保证金的数目要大于合同预付款数目，以规避可能存在的风险。而加盟费都是全国或者某一地区统一的费用，加盟费可能比保证金便宜，但也不能排除加盟费要高于保证金

图1-14 保证金与加盟费的区别

（3）其他费用。某些特许人在受许人的加盟费之外收取的费用，一般用于总店向属下的加盟店提供各种支援服务方面。

比如，举办培训课程、提供属于集团专利的设备、筹办推广计划、做推销广告、进行市场调查、提供财务服务等。

这种收取附加费用的做法，一般都会在双方所订的契约中有所说明，受许人在研究契约之时，应特别注意弄清楚这方面的内容。

（4）收取利润。没有固定数目的加盟费，而在契约中订明，在加盟店开业后逐月收取若干个百分点的利润，作为特许经营的代价。这种方式也是很常见的。

（5）股份。规定每一间加盟店的若干成的股份属特许人所有，一般是15% ～ 20%左右。

4.签订加盟合同

从事特许经营活动，特许人和被特许人应当采用书面形式订立特许经营合同。合同的签约是对双方权益的保障，同时也是对双方权责的划分。

特许经营合同应当包括图1-15所示的主要内容。

内容一 ▷ 特许人、被特许人的基本情况

内容二 ▷ 特许经营的内容、期限

内容三 ▷ 特许经营费用的种类、金额及其支付方式

内容四 ▷ 经营指导、技术支持以及业务培训等服务的具体内容和提供方式

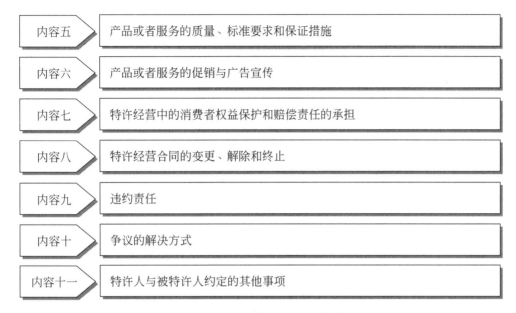

内容五	产品或者服务的质量、标准要求和保证措施
内容六	产品或者服务的促销与广告宣传
内容七	特许经营中的消费者权益保护和赔偿责任的承担
内容八	特许经营合同的变更、解除和终止
内容九	违约责任
内容十	争议的解决方式
内容十一	特许人与被特许人约定的其他事项

图1-15 特许经营合同应包括的内容

新手指南：

　　特许人和被特许人应当在特许经营合同中约定，被特许人在特许经营合同订立后一定期限内，可以单方解除合同。特许经营合同约定的特许经营期限应当不少于3年。但是被特许人同意的除外。

相关链接

签订加盟合同应注意的事项

　　对于投资者来说，在签订加盟合同时，应注意下面所述的事项。

1.关于服务项目

　　合同中要详细说明特许者将对加盟店提供哪些服务项目，这些服务包括开业前的初始服务和开业后的后续服务。

　　（1）初始服务。主要有选址、加盟店装修、培训、开店设备的购置、融资等。

　　（2）后续服务。包括总部对加盟店活动实施有效指导，以帮助保持标准化和企业利润；总部继续进行操作方法的改进及革新并向加盟店传授；总部进行市场调查研究并向加盟店传送市场信息；总部开展集中统一的促销与广告活动；总部向加盟店提供集中采购的优惠货源；总部专家向加盟店提供的管理咨询服务等。

合同中详列这些服务项目，是对加盟店利益的一种法律保护。

2.关于加盟费用

一般而言，不同的特许人其特许权使用费的计算比率通常都不一样，计算比率所采用的基数（以销售收入的一定比例，还是以销售利润的一定比例计算）也不统一。在签约前被特许人应认真研究特许经营费的计算方法，避免因误解引起日后的纠纷。特别要注意特许经营的项目中有无隐藏不可预见的费用。

同时，必须清楚了解以下事项。

（1）加盟金到底包含哪些项目？

（2）是否包括商标使用费？

（3）多少自备款可开始营业？

（4）是否须缴纳定期的权利金或管理费？如何计算？如何给付？

（5）特许者是否提供技师和管理团队？各是多少名？

（6）是否须缴纳培训费？怎么计算？

（7）是否必须加入合作广告计划？其费用如何分摊？特许者提供哪些产品或促销服务？

3.关于合同期限

（1）期限长短是否明确？

（2）期限是否和租期吻合？

（3）期满后可否续约？

（4）续约有无条件？若有，条件为何？是否详细列明？

4.关于授权范围

授权范围包括授权区域、期间、权限等。权限可分为独占、排他、普通三个层次，权限递减。另外，如果被特许人为地区总加盟商，则需明确相关市场之开发权及缔约权、监管权及收益分配方式。

特许合同涉及的知识产权如商标、专利及著作权等的使用权限亦应在合同中明确。

5.关于经营指导、培训等辅助项目

这方面至少应包括开业前指导、营业指导、培训等。签约时应对特许人之上述辅助义务做出明示，比如具体指导事项、培训内容及时间、相关费用的负担、营业指导的经常性（频率）等。

（1）特许者是否要求加盟者参加训练课程？

（2）有无继续教育及协助？

（3）是否持续地提供加盟单位员工训练？

（4）是否要付费用？费用多少？如何计算？

6.关于采购、供货

（1）是否采购所有的物资都必须向特许者购买？其价格及条件是否合理？

（2）是否要求加盟者只能向特许者购买所需的物资？或只能向特许者指定的厂商购买？如有，其价格及条件是否合理？

被特许人应就品类、质量、价格等做约定，特别注意被特许人应具有采购权而非负担采购义务。就特殊商品，应取得独占特许销售权。

7.关于广告宣传与促销

特许人广告投放的力度和质量，被特许人发布广告的权限都应予以特别关注。

至于促销权也应争取，因为这是自主经营权的重要内容，可在市场开发阶段发挥较大作用。促销权应明确促销力度、特许人配合义务、促销方式等。

（1）广告是地区性或全国性？其费用支付方法怎样？

（2）如地区性促销是加盟者自理，特许者是否提供过去经验，是否协助规划的实施？

（3）特许者是否提供各种推广促销的材料、室内展示海报及文宣品等？有无另外收费？

（4）加盟者是否可自行策划区域的促销？如何取得特许者的同意？

8.关于加盟店的转让

加盟者可能会由于种种客观原因而无法继续经营加盟店，这就涉及加盟店转让或出售的问题，加盟店是否能转让、如何转让、转让给何种人等都必须列入合同中，以免将来发生纠纷。

也有些合同明确表明，假如加盟者要转让出售自己的门店，总部将有购买的优先权，或者有权选择转让的对象。在这种情况下，一定要注意说明加盟店的转让价应以市场价为准。

（1）加盟者是否可转卖门店资产？

（2）加盟者是否可在门店资产转卖时，同时转让加盟合同？或特许者有义务与承买者签订新合同？

（3）特许者是否有权核准或拒绝转卖，其权利是否合理？

（4）是否须付给特许者部分转让费？

9.关于加盟者生病或死亡

（1）合同是否直接由继承人承接？

（2）合同是否由遗产管理人承接？

（3）合同者如长期失能，是否必须转让？

10.关于商圈保护

（1）合同有无授予独占区域？

（2）独占区域是否在营业额达到某种标准后随即终止？

11.关于门店选址

（1）特许者是否协助选择地点？

（2）谁对地点的选择做最后决定？

（3）装修蓝图是否由特许者提供？

（4）有无定期重新装潢及翻新的要求？

（5）如需申请更改建筑使用执照，谁负责提出申请及负担期间费用？

（6）租约条款是否有约束？

12.关于财务协助

（1）特许者是否提供财务协助或协助寻找贷款？

（2）如果提供财务协助或贷款，其条件是否合理？

（3）特许者是否提供缓期付款的优惠？

（4）有无抵押？

13.关于营业范围的限制

（1）合同是否对所贩卖物品的项目有所限制？

（2）限制是否合理？如贩卖其他物品，有无须特许者同意的申请程序？

14.关于竞业禁止

（1）是否限制加盟者在约满或转让后，不得从事同类型的商业行为？

（2）如有，其期限及区域是否合理？

15.关于会计作业要求

（1）特许者是否提供簿记及会计服务？

（2）如有，是否额外收费？其收费是否合理？

16.关于客户限制

（1）有无限制客户对象？

（2）如超越授权的地区，有无惩罚条款？

17.关于通知条款

（1）若违约，特许者是否有义务以书面通知加盟者，是否有延期、更正的余地？

（2）若有，其期间有多长？是否足够？

18.关于特许者的优先承购权

（1）合同中有无明示何种情况下特许者可承购？

（2）其承购价格由谁评估？商誉及净值是否列入考虑？

（3）加盟者求售时是否有义务先向特许者求售？

19.关于加盟者亲自经营的要求

（1）合同是否要求加盟者每日亲自经营？

（2）合同是否禁止加盟者维持其他职业？

20.关于债权债务

（1）明确对外权利义务及经营风险划分。

（2）被特许人与特许人虽然是分别独立的法人实体，但是由于特许经营活动的特殊性，之间往往存在各种债权债务关系，特别是由于供货等关系，往往会导致特许人占压被特许人资金的现象发生。这是被特许人应特别考虑的一个经济问题。

21.关于店铺

涉及店铺的设计、装潢、更新及费用负担等环节。

22.关于更新

特许人掌握了新的技术、服务项目、特殊产品以及新的商业模式等，应主动与被特许人共享。

23.关于越权

为了防止特许人在商业特许经营活动中超越其应有的权限而"滥用市场支配地位"，应该注意以下事项。

（1）防止特许经营合同出现个别条款强化特许人的优势地位，如：没有正当理由的被特许人数量限制；供货数量的强制要求；没有正当理由的降价促销的限制；签约后变更特许经营合同的内容；合同到期后，超越合理范围的限制竞争义务等。这些不合理条款会使特许人获得不当得利。

（2）防止特许经营合同整体上使特许人处于优势地位，如：对所经营商品的限制及对经营方式的限制；对销售额的特别规定；是否有权解约以及违约金的数额；合同期限等条款。

（3）关于销售价格，由于特许人和被特许人经营的产品面向相同的消费群，实施相同的营销战略，因此特许人可以根据具体经营情况向被特许人提出建议销售价格。但是，如果特许人对被特许人有不合理的价格限制条件的时候，就可能会出现限制销售价格等不公平竞争现象的发生。

24.关于终止合同及后果

合同一旦确立,就不能随意撕毁或中途终止。但是也有加盟双方不遵守合同的事件发生。合同中应明确规定,任何一方违反协议到什么程度,另一方有权终止合同。当然也应写明违反协议的一方是否有机会弥补其过失,以避免合同终止的后果。

一般来说,合同终止后,加盟者不能再使用总部所有的贸易商标、名称、各种标志和其他权利,在一定时期内也不得从事相类似的经营业务。

除了以上内容外,合同一般还包括地域的限制、营业时间的规定、营业秘密的遵守等内容。不同的行业、不同的企业,其合同内容都不尽相同。

(1)特许者是否有义务购买加盟者的生产器具、门店租约及其资产?价格如何确定?

(2)处理费用如何归属?

(3)处理期间多少?是否足够?

25.关于违约金

特别是特许合同解除的违约金,应当关注。在签约前,应该了解清楚以下内容。

(1)在何种情况下可以解约,具体手续如何办理?

(2)如果被特许人提出中途解约,是否需要支付解约金或赔偿金?

(3)如果需要支付的话,如何计算?

(4)如果被特许人因经营不善而提出解约,是否仍需支付解约金等问题。

26.关于违约条款

(1)何种状况视为违约?

(2)违约项目是否属加盟者能力范围所能控制的?

(3)其订立项目与核实标准是否合理?

27.关于违约后果

(1)违约时,特许者采取何种方式处理?

(2)特许者是否可以直接取消该连锁加盟契约?

(3)有无违约金条款?金额多少?如何计算?

28.关于仲裁

加盟双方难免会发生一些冲突,解决冲突的方式用仲裁比较合适。仲裁实际是由双方选择的仲裁人进行的私下诉讼,它的优点在于整个程序是在私下进行的。为了节省时间和费用,双方可以事先在合同中设定仲裁的规则,至于仲裁的时间可以根据当时发生冲突的情况而定。

在这里，选择什么样的人做仲裁人十分重要，如果仲裁人选择不当，做出的决定不公平或不客观，会使双方或其中一方不满意，最后反而会扩大矛盾，以致双方走向法院。

29.关于诉讼管辖地

（1）特许者指定的诉讼管辖地是否为其总部所在地？

（2）是否考虑改为对加盟者较为有利的加盟店所在地？

第三节　选择什么餐饮项目

项目的选择很重要，比如是选择川菜、湘菜、粤菜还是东北菜，是开个快餐店、清粥小菜店、卤味店，还是开个时尚餐厅、冰果室等，这不仅决定投资者的成功及失败与否，而且还有可能影响投资者今后事业的发展。

一、产品经营形式

餐饮产品经营形式主要有以下几种。

1.风味餐饮店

风味餐饮店主要通过提供独特风味的菜品或独特烹调方法的菜品来满足顾客的需要。一般来说，风味餐饮店主要包括图1-16所示的几种。

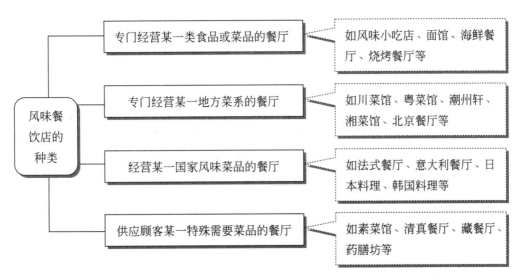

图1-16　风味餐饮店的种类

2.主题餐饮店

主题餐饮店主要是通过装饰布置和娱乐安排，追求某一特定的主题风格，创造一种就餐氛围招揽顾客，例如文化餐厅、摇滚餐厅、足球餐厅、汽车餐厅等。

> **新手指南：**
>
> 到主题餐厅就餐的顾客主要是为了获得整体感受，而不仅仅是食品饮料本身。所以这类餐厅提供的餐饮品种往往有限，但极富特色。

3.快餐店

快餐店是提供快速餐饮服务的餐厅。这类餐厅的规模并不大，菜品种类较为简单，多为大众化的中、低档菜品，并且多以标准分量的形式提供。近年来，人们的生活节奏日益加快，快餐店无论在数量上还是在销售额上都增长很快。快餐店一般包括中式快餐店和西式快餐店，如真功夫、乡村基、味千拉面、麦当劳、肯德基等。

二、服务方式

1.餐桌服务型

在我国餐饮店大多数都是餐桌服务型，所占份额最大，一般称为酒楼、饭馆之类的餐饮店大都采用这类服务方式。这类餐饮店经营品种丰富，菜品以当地人乐于接受的菜系为主，兼营具有地方特色的其他菜系菜品，适合大众口味。餐饮店内一般辟有大厅区、包厢区、雅座区等不同区域，以满足团队顾客、会议顾客、婚宴、散客等不同顾客的需求。

2.自助型

（1）传统自助型。我国餐饮企业借鉴西式冷餐会站立服务的模式，根据顾客的需求，洋为中用，中西结合，除西式冷餐外增添了中式热菜、烧烤等，并增添了桌椅供顾客自由选择就座，深受中外顾客欢迎。

（2）火锅自助型。火锅是中国传统的餐饮形式，据考证，在唐代人们就使用"陶制火锅"。自助火锅是在传统火锅的基础上结合现代餐饮的设施设备、器具以及服务方式而形成的具有现代特色的餐饮方式。自助火锅原料一般由顾客自选自取，并按各人口味配以辅料烹制及品尝。

（3）超市服务型。超市餐饮借鉴于零售业中超市的布局原理，即开架陈列、自我服务等方式，是以"餐饮商品"为经营内容的超级市场。餐饮布局采取透明化、开启式，分为进食区、食街区、操作区及就餐区。

消费者既可以自选熟食食用，也可选半成品或鲜活食品，厨师提供现场烹制服务。顾客不仅可以观看厨师表演，还可以参与烹饪，趣味盎然，气氛热闹。

3.吧台服务型

餐厅中吧台和吧凳替代了传统的桌椅，顾客坐在吧凳上边点菜边用餐。采用这种经营形式的餐厅，工作台一般沿墙摆放，呈直线形或半圆形，顾客通过玻璃柜台选择自己喜欢的食品，并坐在柜台外的吧凳上等候现场烹制。采用吧台服务型的餐饮店经营的菜品种类一般较为简单，烹制也较为容易，需要时间较短。

4.无店铺服务型

无店铺服务型是指没有固定的场所提供就餐，只有流动的厨师、流动的美味佳肴的餐饮企业服务形式。这类餐饮企业只需一间办公室、一个原料加工车间，而无需餐厅与餐位。顾客只需要电话预订，厨师就会带足原料前往顾客的家中提供上门服务、现场烹制。这类无店铺服务的流动餐厅被称为是餐饮店向家庭的延伸。

三、经营产品

1.正餐类

提供正餐类菜品的餐饮店一般只提供午餐与晚餐，且午餐与晚餐的菜单相同。这类餐饮店提供各种风味菜系，是最常见的一类餐饮店。

2.面点、小吃类

中国人喜爱各类面食与小吃，在北方尤为突出，所以以经营面点、小吃为主的餐饮店也非常普及。

3.饮料茶点类

经营各种饮料茶点的茶馆、酒吧、咖啡馆、冰激凌屋是人们休闲会友的重要场所。各种各样的休闲茶馆、酒吧各具其趣，深受顾客的欢迎。

 相关链接

要开餐饮店，应在选址前先选好项目

对于开店来说，到底应该先选址，还是先选项目呢？正确的做法应该是，先将项目定下来，再去寻找位置。那先定项目，有哪些好处呢？

第一，如果你先找店铺的话，当你找好店铺之后，还要去寻找项目、考察、签约等，这个过程你的店铺就是空着的，那你就要白白承担一些房租、水电气等费用。可能店铺还没有开起来，一些额外费用就用去了很多资金，这都是很不值得的，并且店铺的选址是需要一个明确的定位和消费者群体分析的，在没有确定经营项目前选定店铺，很有可能造成后期的亏损，如经营产品不符合当地消费者定位等。

第二，在项目没确定前，就算找到店铺也是无法装修的。而先选好了项目，有了更明确的产品定位，在装修上面就省心省力了，比如选择什么样的装修风格，再根据手头的资金决定是简装还是精装。尤其是开加盟店的话，那么不同的加盟品牌，可能在装修上也有不一样的风格，只有等你确定了加盟之后，才可以将这些定下来。

第三，考察项目可以让选址更加明确。只有当你考察了项目之后，你才能对你的店铺位置有一个了解。因为不同的品牌需要不同的位置。你去总部考察了之后，就可以对品牌有一个大致的了解，那么你才更能知道店铺的位置应该选在哪里，对人流量、租金这些可以综合起来考虑。

第四节　店铺规模多大为好

开店多大规模合适？这需要根据餐饮市场的需求和竞争对手的情况而定。投资能力、店铺面积、经营产品等因素都会影响店面的规模。

一、考虑投资预算

餐饮店的面积首先取决于经营者的投资预算，经营者投资预算中有一大部分资金会用于支付房租。房租金额在经营者投资预算之内的情况下，餐饮店的面积当然越大越好。

二、计算店面客容量

计算店面的客容量就是要确定店面可以安排的座位数量和有效经营的时间。店内要有厨房等操作面积，以及库房、卫生间、通道等辅助面积，除去这些面积后才是可以用于经营的店面面积。餐饮店的营业面积通常为其总面积的50%～70%，每一个座位所占面积因餐台形式不同而不同。

张先生计划开家餐馆，店内不设包间，其营业面积占其总面积的60%，单个座位平均占位0.6平方米，餐馆的总面积为120平方米，那么可以安排的座位数计算公式为：

座位数＝餐馆总面积×营业面积所占的比例÷单个座位平均所占的面积

$$= 120 \times 60\% \div 0.6 = 120 （个）$$

张先生经过多次分析，决定在餐馆里增加两个包间，每个包间的面积为10平方米，包间内各设10个座位，那么可以安排的座位数额如下：

$$座位数 = 10 \times 2 + （120 \times 60\% - 10 \times 2） \div 0.6 = 107 （个）$$

由此看来，在店内设置包间虽然减少了店面内的座位总数，但是包间的人均消费要高于大堂，所以总收入仍是上升的。

三、估算总销售额及毛利润

人均消费额是指顾客平均每人每餐的消费金额，这是由顾客的收入水平决定的。人均消费额要通过市场调查来确定。不同城市、同一城市不同的区域、同一区域不同的消费群体，由于其收入水平的差异，人均消费额都会有所不同。经营者要按照人均消费额来估算餐饮店每天的预期总销售额和全年的毛利润。

通过市场调查，黄先生确定自己所经营的餐馆顾客人均消费额为10元，且每餐每一座位只上一次顾客为预期的一般经营状况，则有120个座位的餐馆每天可接待240位顾客，全天的预期销售额为2400元；全月的预期销售额约为72000元；全年预期的销售额约为864000元。毛利率是指菜品价格扣除原、辅料等直接成本后的毛利润所占销售额的比率。一般来讲，餐饮企业的毛利率为40%左右。因此，黄先生餐馆全年的毛利润为：

全年毛利润 = 864000 × 40% = 345600（元）

新手指南：

> 只有综合考虑了餐厅经营者的投资能力、房租的价格、店面的容量、顾客的消费水平和店铺的利润标准后，才能确定合理的餐厅规模，获得更好的经营效果，获取更多的利润。

第五节 启动资金要准备多少

开店之前，做好投资预算是非常有必要的，包括固定成本、可变成本、销售成本、设备投入等。经过分析和调整，找到收支平衡点，把收支平衡点之前的所有费用加在一起，就是你需要准备的启动资金。

一、进行成本预算

通常餐饮店开张所需的费用有房屋租金、材料设备费、人员工资、管理杂费、水电燃料费用等。所以要预测出餐饮店开张所需资金是否能够满足营业开办和发展所用。

1.租金、装修成本

餐饮开店每个月必不可少的就是缴纳租金，投资者要核算每个月的租金、水电费、物业费等相关费用，确定餐饮经营的目标，每个月至少有多少人流量才能获取利润。

另外，餐饮开店要注意控制装修的成本。餐饮店的装修包括门面、厅面、厨房三个大的方面，如果是中小餐馆，门面和厅面装饰应以简洁、明亮、卫生、雅致为主。厨房装修应以卫生为主，结合方便厨师、工作人员操作，便于油烟、污水排放功能考虑。装修能节省则节省，避免豪华装饰，以减少营业前期投入过多的费用。

2.硬件设施成本

每个餐饮店都要有很多必要的厨房硬件设备，但是这些设备档次、材质各不相同，经营者要根据自身情况选购厨房设备，选购过程中要以实用性、经济性为主，采购时可以多了解一些市场行情，可以选择批量购买。

3.人力成本

餐饮店开始经营后，需要大量的人力，包括厨师、服务员、管理人员等。经营者要根据市场的工资标准确定员工的工资，在招聘员工的时候，要选择有经验、有管理能力的厨师，选择勤劳、肯吃苦的服务人员。要定期进行员工考核，对表现好的员工进行嘉奖。

4.采购成本

餐饮店开始经营后厨房需要大量采购原材料，蔬菜类的材料保质期非常短，所以经营者一定要把控好原材料采购环节，要根据每天的经营情况和仓库现有的储存量，来制定第二天原料采购量。原料采购是餐饮开店中成本控制的重中之重。

餐饮开店的成本核算，在整个餐饮店经营过程中占据着重要的位置，只有控制好开店的成本，才能做好接下来餐饮店的正常运转。

◆ 新手指南：

除了以上费用外，开餐饮店还需要注意平常水电杂费及流动资金预算，如果是选择加盟品牌餐饮企业的话，还要考虑后加盟费用及保证金等。

二、留足生活开支

投资者在预估费用时，除了投资餐饮店的必须资金外，还应考虑所剩下的资金是否能够维持自己的个人或家庭所需的生活费用。

由于投资餐饮店具有一定的风险，因此资金投入可考虑以下比例。

（1）如投资在10万元以下，可考虑取个人或家庭全部资金的1/3或50%。

（2）如投资开餐饮店过10万元的，可考虑取全部资金的60%～70%。

（3）投资开餐饮店过百万元的，可考虑取全部资金的80%～90%。

（4）投资开餐饮店过千万元的，可考虑取全部资金的95%以上。

◆ 新手指南：

投资餐饮店毕竟是利益与风险同在，在投资的同时就必须安排好自己及家庭的生活，只有解除了后顾之忧，创业才能有保障。

三、合理分配资产比例

一些餐饮店在资金运用上的普遍不足是固定资产和流动资产的比例失调，如把太多的钱投入难以变现的资产上，比如过多地采用购买的形式来投资房产、设备。实际上，对大多数新的餐饮店来说，租赁是一种更好的选择，租赁可减少最初现金的支出。

第六节　市场定位是什么

开一家成功的餐饮店是所有餐饮人的追求。要想让你的店铺在市场之中受到消费者的欢迎，就需要先找到餐饮店的定位，就如"我为了谁"和"我是谁"，首先要明白你开餐饮店的目的，然后要清楚你开餐饮店为了谁，这是经营者首先要弄懂的问题。

一、明确自己的顾客群体

明确自己店铺的目标顾客种类是开店生意好的前提，只有了解目标顾客的消费水平、生活习惯，准确地分析出顾客的需求，店铺才能针对顾客所需，更好地为顾客服务，增加顾客对店铺的好感和满意度。

比如，目标顾客是收入较高的上班族，这类顾客消费能力高，但追求时尚，对产品的质量、店铺环境、卫生、服务更加看重；目标顾客是学生，他们经济来源有限，消费能力低，更多的喜欢在一些小餐馆、小商店消费，一般的消费金额都在20元以内。另外也有老人、工人等，由于生活习惯的不同，他们的消费理念也有很大的差别。

餐饮店顾客群体定位是从客源对象和结构的选择与确定开始的，做好消费群体定位的基本方法如图1-17所示。

方法一　做好市场调查

掌握当地市场的客源数量、规模、类型、档次结构、消费水平、支付能力、市场竞争状况、竞争程度等

方法二　分析市场可进入、可渗透的程度

包括可选目标市场规模大小、客户类型、客源层次、市场份额高低、发展潜力大小、企业能够争取到的接待人次、各种餐厅上座率的高低等

图1-17

方法三　分析目标市场顾客群体的市场需求

包括对餐饮企业的消费环境、产品风味、产品质量、产品价格、可以接受的价格波动幅度、人均消费和支付能力等

方法四　最终选择和确定目标市场的消费群体，完成市场客源定位

这一定位要最终落实到企业的不同餐厅的预测上座率和接待人次上，包括酒店的中餐厅、西餐厅、风味餐厅、宴会厅、咖啡厅、酒楼饭庄等，独立餐饮企业的大众散座餐厅、各种包房、雅间餐厅等

图1-17　消费群体定位的基本方法

二、能给顾客带来什么价值

开店并不是单纯的赚钱，店铺想要生意好，就要能够解决顾客的需求，换句话来说，就是店铺能给顾客带来什么好处。

就如便利店和超市，超市的产品比便利店多，质量也要好，甚至有时价格更低，但便利店却越开越多，为什么？因为便利店能让购物的顾客少走一段路，对于想要购物的顾客来说，购物更快更方便。方便、快捷就是便利店给自己的定位。

为了能更好地给顾客提供一些价值，经营者在给自己的店铺定位时，要了解顾客需要什么、想要什么，店铺需要怎么做才能满足顾客的需求，要始终为顾客的利益考虑，要达到如图1-18所示的双赢状态。

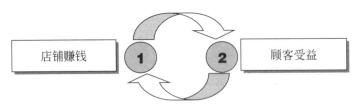

图1-18　开店要达到的双赢状态

三、针对竞争对手的缺陷定位

想要开一家赚钱的餐饮店，竞争是不可避免的，越是赚钱的店铺，竞争也越是激烈。经营者在给自己的店铺定位时，附近市场的具体情况也是一个重要的参考。

经营者可以找一些销量较好，定价、风格与自己店铺相似的对手店铺，寻找这家店铺的缺陷。寻找一家店铺的缺陷并不困难，最简单的方式便是查看顾客对这家店铺的评价，通过顾客的评价，可以轻而易举地了解这家店铺存在哪些不足。

当你知道了竞争对手的缺陷，也就知道了这家店顾客的需求，定位时只要满足这些顾客的需求，很容易就能把顾客吸引到自己的店里来。

比如，顾客抱怨隔壁餐馆的饭菜太辣、太油，你就可以提供一些清淡点的产品；如果有顾客说隔壁餐馆上菜慢，你可以提高上菜速度。

新手指南：

> 顾客对一家店铺不好的评价、不满意的服务，也就是顾客的需求。

四、要有自己的特色

目前餐饮市场上的小餐饮店，从菜肴上看，多数是川菜、湘菜、粤菜等。餐饮店要想盈利就要有自己的招牌菜，也就是自己的拳头产品，以创造顾客来店的理由。

因为无论是什么层次的消费者在口味上都有"喜新厌旧"的本能，只要味道好，越是有自己的特色，越能吸引络绎不绝的顾客，使餐饮店长盛不衰。

比如，广州一家主营"煲仔饭"和"蒸饭"的餐饮店老板认为："投资餐饮店必须要有自己的'招牌菜'，我店的特色就是'荷叶蒸饭'，因为味道独特，所以生意一直很火。"

【案例赏析】▶▶

定位学生群体，实行特色经营

位于某大学城一家经营面积不足30平方米的餐饮店，定位的目标消费群体就是大学城的学生。该店老板张女士的投资理念是：方便学生消费群。她觉得，学生在学校是不可能自己做饭的，所以在大学周围开餐饮店基本不用愁客源，只要是快餐、小吃的品种多一些，学生一放学就会前来光顾。

张女士还颇有体会地说："每天一到吃饭时间，我恨不得店面再大上几十平方米。顾客排队吃饭是常有的事，倒不是因为我的饭菜特别好吃，主要是比较符合学生的口味和消费水平。如快餐一般是6元一份，并可以在几个炒菜中任意选择，而且分量也足。"

张女士的投资成本主要有：店铺每月房租4000元；人员工资和各项支出，每月约8000元；张女士的快餐店开业至今已有5年，日平均营业额1500元左右，纯利润大概为500元，每月的利润基本为15000元左右。

点评：

投资小餐饮店是小本生意，老板靠的就是精打细算。采购、收银都是自己一个人忙活，还有很多琐碎的事情也得自己操心，所以生意一直不错。

在张女士的餐饮店附近也有不少餐饮店，经营品种大多是包子、饺子、馄饨面等方便快捷的食品，这非常符合学生的饮食需求。一家馄饨面店的老板透露："来这儿吃饭的基本都是学生，客源比较稳定。"

由此可见，在学生区开设餐饮店，菜品的特色和口味尤为重要。此外，经营者还应在服务、环境等方面多下工夫，想办法把相对流动的顾客变成固定消费者。

（02）

第二章

选好地段，让顾客看见你的店

餐饮店成功绝大部分取决于选址的好坏。餐饮店的选址并不是以租金为依据，不能认定那些租金高的店铺生意就一定好，更不能靠运气选择餐厅的地理位置，而是要考虑多种因素，考察各方面的综合条件。

第一节　商圈调查

在为餐饮店选址前，要确定做什么类型的产品、做什么品类，有了目标之后再去考察你所在城市的各个商圈，通过商圈的客流、交通、租金以及人均消费水平来选择你的店铺地址。

一、商圈调查的意义

商圈是指餐馆对顾客的吸引力所能达到的范围，即来店顾客所居住的地理范围。通过商圈调查，可以预估餐馆坐落地点，以及可能交易范围内的住户数、消费水准、流动人口量、营业额；通过实地评估，就店铺地理位置的便利性、人的动线与流量、车的动线与流量、接近性、视觉效果等，可以判断该地点是否适合开餐馆，这样才不致因为盲从而贸然开店，得不偿失。

二、商圈的类别

1.按交通条件分类

按交通条件可将商圈分为图2-1所示的两种。

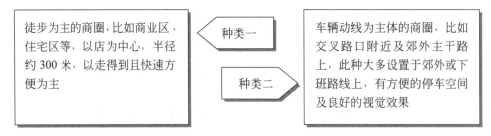

图 2-1　商圈按交通条件分类

2.按区域大小分类

按区域大小可将商圈分为图 2-2 所示的几类。

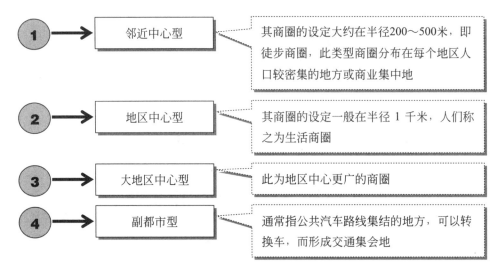

图 2-2　商圈按区域大小分类

三、商圈调查的要点

一般来讲，商圈调查应包括图 2-3 所示的要点。

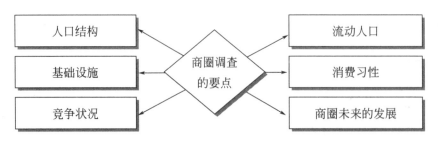

图 2-3　商圈调查的要点

1.人口结构

该商圈人口数、职业、年龄层人口数的调查是相当重要的。通过调查可以大概测算出该商圈是否有该店铺立足的基本顾客数。

2.基础设施

基础设施的调查，如商圈内的百货公司、学校、工厂、车站、公园、企业公司等。

3.竞争状况

竞争状况的调查，如产品线、价格线、经营方向、来客数、单价等资料，这类的资料搜集得越多越有利，因为只有知己知彼，才能百战百胜。

4.流动人口

该店铺的地理位置、流动人口的多少，直接影响该店的经营成功与否，不同时段的流动人口乘以入店率，可以推算出顾客数以及每天的营业额。

5.消费习性

通过消费习性和生活习惯的调查，可以得知某一形态商业行为所具有的市场量的大小。

6.商圈未来的发展

包括商圈人口增加，学校、公园、车站的设立，公路的拓宽，百货公司、大型商场、住宅楼的兴建计划等。

一般而言，涵盖面越大，表示商圈越大。但实际上，在预开设餐饮店的周围一定有竞争店，经营业绩将会被竞争者所瓜分，所以对商圈的评估并非一成不变，事实上是充满了变数，评估时必须面面俱到。经营一家成功的餐饮店店面，其所需要的条件很多，不过商圈好坏对营运成功的影响力可说是关键，因为地点好坏直接影响餐饮店店面营运的成功率达60%。因此如何选择一个好的商圈，对餐饮店日后的经营发展有很大的影响。

 相关链接

如何确定商圈适合开哪类餐饮店

1.观察商圈环境

不同的商圈形态有不同的消费人群，对品类的喜好程度不一样。比如高校，消费群体更偏爱客单价低的产品，如奶茶类型的饮品；而社区更偏爱健康的、客单价相对较高的品类。

怎么判断一个商圈到底适不适合开店呢？可以从以下两个指标来进行评估。

（1）商圈类型。主要有学校、社区、写字楼和商业体等，消费特点也有所不同。比如写字楼一般白天订单多，社区晚上订单会偏多。覆盖的商圈类型越多，则商圈的环境越好。通过百度、高德地图或一些第三方的外卖选址工具，就可以查看商圈热力图。

一般来说，铁路、公路、机场的一楼、负一楼、美食广场等，这里的消费人群大多赶时间，适合做快餐；在商场或者购物中心，大家有闲暇时间逛逛，希望吃得像样点，则适合做特色餐饮。

（2）人群属性。主要是指商圈消费人群的特点，比如年龄结构、收入水平、兴趣等，它决定了商圈的消费特点、客单价的高低、口味的偏好等。可以通过市场调研的方式，了解住宅或写字楼房价和租金情况、入住率、车位情况等来辅助判断。

上班族多的写字楼，适合做便捷的午餐快餐；高级写字楼适合做商务餐；住宅区则适合晚上做家庭宴请，白天做快餐外卖……

2.预估商圈容量

品牌所经营的品类在同一商圈有饱和度、有边界，这个边界就是商圈的供需关系。而门店供应数量和需求人数以及品类、人均，则关系到商圈的供需关系。

（1）如果商圈内的需求人数＞门店供应数量，则代表这个商圈还有新增门店数量的空间，为增量型商圈。

（2）如果商圈内的需求人数＜门店供应数量，则代表这个商圈已经没有新增门店数量的空间，为存量型商圈。

在不同商圈因为人群结构不一样，人均消费能力不一样，消费需求不一样，则会影响品类的占比。

因此在增量型商圈，需求对于品类与人均相对更具备宽容度。在存量型商圈，更符合需求的品类与人均则更容易获得消费。

比如说某商圈已经开了好几家酸菜鱼店，这时再开一家口味相似价格也差不多的酸菜鱼店，进去的话基本上是自寻死路。

通过人均和品类我们可以总结出：同品类同价格的餐饮店数量多的商圈，经营风险会更大；而同价格不同品类的餐饮店进入同一个商圈，存活率则会更高。

那么如何判断商圈容量呢？可以借用现在外卖大数据的方法进行判断。

（1）观察头部商户的单量。如果头部商户有几家，月销量也很高，证明商圈的容量比较大；相反如果头部商户里的月销量一般，则证明商圈的容量一般。

（2）利用二八法则进行测算。一般来说，商圈预估单量=20%头部商户的月销之和÷80%，如果我们用品类预估的单量除以整体商圈预估的单量，同样可以了解该品类在商圈的销量占比，从而知道该品类在商圈的需求热度。

3.判定商圈的竞争激烈程度

商圈的竞争程度主要通过以下五个指标来判定。

第一个指标是商圈商家数量，第二个指标是同品类商家数量，这两个指标可以反映出到底有多少商家竞争，这些数据都可以在一些外卖平台上搜索到。

第三个指标是商圈竞争系数。这里有个计算公式：

同品类竞争系数＝同品类门店数÷同品类总单量

商圈竞争系数越大，竞争越激烈，需要采取的活动力度也会越大，同时对于服务品质和口味的要求也会越高。

第四个指标是商圈人均消费。商圈人均消费主要帮助确定价格主线。不同商圈的消费水平不一样，这就直接影响了餐厅入驻之后的营业额。如果你的餐厅定价明显高于这个商圈人均消费水平，而且近期或者将来也没有打算修改价格或者作出调整，那么这个商圈就不是你的目标商圈。

第五个指标是品类利润预估。现在很多外卖门店并不是死于没有单量，而是死于没有利润。有些商圈的老板更是只能保本甚至亏钱来获得高销量。在决定是否选择该商圈时，一定要了解品类的利润情况，测算竞争对手的利润来反推需要多少销量才能够支撑运营成本。

4.考察商圈的配套设施

这个属于商圈的硬件设施，比如交通是否方便，附近的居民是否方便到达，道路是否复杂，周围是否配备有完善的基础设施，如停车场、医院。其他商业设施如住宅、写字楼、银行等，也都是要考虑的要素。

商圈是增量还是存量，品类、人均与需求的匹配度如何，品类的竞争环境和人均的竞争环境的大小，决定了这个商圈适合开什么样的店，也就是决定了你能不能在这个商圈开店。只有找到那些存在需求并且同类型竞争对手少的商圈，才能增加你开店的成功率。

在选择商圈的时候，先了解以下四个问题。

（1）竞争对手信息，竞争对手是否过多。

（2）商圈的成本，包括租金、转让费等。

（3）个人预算，能够用于开店的资金。

（4）商圈未来的发展。

绕开那些不适合的商圈和商铺，只选适合的商圈和商铺，这个是很多人开店成功的秘密。

第二节　选址策略

餐饮开店选择位置的优劣，将对今后的经营发展起着决定性的作用和影响。有些投资者由于经验不足，单凭个人主观臆断草率决定餐饮店的选址，结果给后续经营带来许多想象不到的麻烦，到头来不但客源难寻，甚至会造成严重的亏损。

一、不同店型的选址策略

餐饮店有很多类型，不同类型的餐饮店对选址的要求也有一定差异，经营者一定要根据自己所开餐饮店的类型挑选适合的店址。

1.连锁快餐店

连锁快餐设有中央厨房，管理经营难度高于传统餐饮业。连锁快餐店的销售过程是：原料→加工→配送→成品→销售。然而传统餐饮业则是：原料→加工→成品→销售。连锁快餐店的选址要求如表2-1所示。

表 2-1　连锁快餐店的选址要求

序号	考虑因素	具体要求
1	商圈选择	客流繁忙之处，如繁华商业街市、车站、空港码头，以及消费水平中等以上的区域型商业街市或特别繁华的社区型街市
2	立店障碍	连锁快餐店需消防、环保、食品、卫生、治安等行政管理部门会审，离污染源10米之内不得立店，相邻居民、企业或其他单位提出立店异议
3	建筑要求	框架结构，层高不低于4.5米。配套设施电力不少于20千瓦/100平方米，有充足的自来水供应，有油烟气排放通道，有污水排放、生化处理装置，位置在地下室或一楼、二楼、三楼均可，但忌分布数个楼面
4	面积要求	连锁快餐店的面积最好是200～500平方米

2.普通餐馆

普通餐馆的选址要求如表2-2所示。

表 2-2　普通餐馆的选址要求

序号	考虑因素	具体要求
1	商圈选择	普通餐馆分为商务型和大众型两种餐馆类型。商务型的普通餐馆以商务酬宾为销售对象，一般选址在商务区域或繁华街市附近，或其他有知名度的街市；大众餐馆以家庭、个人消费为主，一般选址在社区型或便利型商业街市
2	立店障碍	开设餐馆须经消防、环保、食品卫生、治安等行政管理部门会审后，方可颁照经营，周边邻居有异议而无法排除的也能成为立店障碍。餐馆必须离开污染源10米以上，对较大餐馆，消防部门会提出设置疏散通道要求。店铺门前有封闭交通隔离栏、高于1.8米的绿化，以及直对大门的电线立杆均为选址所忌

续表

序号	考虑因素	具体要求
3	建筑要求	餐馆为个性化装饰、布置，各种建筑结构形式均适合开设餐馆，但减力墙或承重墙挡门、挡窗除外。餐馆门前须有相应停车场。餐馆应具备厨房污水排放的生化处理装置以及油烟气排放的通道
4	面积要求	大众型餐馆面积为80～200平方米，商务型餐馆面积从150～5000平方米均可

3.粉、面馆

粉、面馆的选址要求如表2-3所示。

表2-3　粉、面馆的选址要求

序号	考虑因素	具体要求
1	商圈选择	面馆是中式普通快餐的经营形态，原料加工半工厂化，制面、和面、切面等工序在工厂里完成。面馆宜选择交通支道、行人不少于每分钟通过10人次的区域
2	立店障碍	立店障碍与餐馆相同
3	建筑要求	面馆建筑要求与餐馆相同
4	面积要求	30～200平方米

4.火锅店

火锅店的选址要求如表2-4所示。

表2-4　火锅店的选址要求

序号	考虑因素	具体要求
1	商圈选择	火锅店是以大众消费为主的餐饮业态形式，选址于人口不少于5万人的居住区域或社区型、区域型、都市型商圈
2	立店障碍	与餐馆相同
3	建筑要求	框架式建筑，厨房可小于餐馆营业面积的1/3，其余同餐馆。楼上商铺也可以
4	面积要求	120～5000平方米

5.茶坊、酒吧、咖啡馆等

茶坊、酒吧、咖啡馆等的选址要求如表2-5所示。

表2-5　茶坊、酒吧、咖啡馆等的选址要求

序号	考虑因素	具体要求
1	商圈选择	消费者进入茶坊、酒吧、咖啡馆的动机是休闲或是非正式的轻松谈话，主要是以文化、情调、特色以及舒适和愉悦来吸引消费者的，因此其选址往往是高端商圈，具有清净、优雅的环境，消费对象具有一定的消费能力和文化修养

续表

序号	考虑因素	具体要求
2	立店障碍	（1）须经消防、治安、食品卫生等行政管理部门会审同意方可颁照经营 （2）在噪声较大、邻里投诉时，环保部门也会介入进行管理 （3）酒吧属于高档消费范围，收取"消费税"，政府管理部门包括规划、治安、消防等部门加以严格审核
3	建筑要求	（1）布置和装饰有个性化与艺术化要求，但对建筑结构形式无特殊要求，根据创意、设想而异 （2）层高不低于2.8米，电力按每100平方米10千瓦配置，有自来水供应 （3）如与居民相邻，最好设置隔音层
4	面积要求	50～400平方米

二、不同区域选址特点

作为餐饮店经营者，在选择店址时，应配合该地段的特点，选择与之匹配的经营方法。

1.商业区

商业区是约会、聊天、逛街、购物、休息等人群云集的场所，是开店最适当的地点，但也是大量投资的地段。选择商场或商业大厦周边开餐饮店，这些地方购物人群广泛，客源也相对丰富。

商业区的人虽然是以购物为主，但也有一部分人需要休闲和就餐。针对有些顾客购物时间紧迫，餐饮店的经营内容应以中、西餐和快餐形式为主。用餐方法上要求简单，时间上求一个"快"字。所以选择在这样的地区开餐饮店，应以中式快餐或大排档形式为好。

2.办公区

所谓办公区是指办公楼、写字楼比较集中的区域。在这里上班的大多经济实力丰厚，一般用餐消费不太注意价格，但很关注饭菜的质量。在这种地区选址开餐饮店，应注重管理水平、技术水平和服务态度。

3.居民区

如果要在居民住宅群和新建小区经营餐馆，餐馆的环境要朴实无华、干净明快，经营的品种应多样化，多开办一些家常菜、烤鸭、饺子、小吃等菜品。要求质高价低、菜量十足、经济实惠并有新意，适合工薪阶层的需求。

⟳ **新手指南：**

　　在居民区开餐厅，应注意厨房的排烟以及噪声等可能给居民带来的生活不便，在选址时就应照章办事，以适应环保的有关规定。

4.学生区

在学校院区内或周边地区选址开餐饮店，也会有可观的经济效益。中小学校周边所建餐饮店则应考虑到经济条件和用餐特点，要集中力量保证学生的早餐和午餐的供应，尽量安排经济实惠的营养型的配餐。对于学生要求的菜品分量要大致够吃，做到荤素搭配，价格便宜，使大多数学生都能接受。

5.城郊区

随着居民收入水平的大幅度提高，人们的生活水平也随之大提升，并把餐饮消费当作一种交际或享受，很多人把目光转移到郊外，因为郊外有新鲜空气、青草绿树，有平时难以享受到的郊野情趣。近几年随着有车一族的快速增长，在休息日、节日很多人都喜欢开车到郊外宽阔的地方去就餐、游玩。

选址时应避开市政设施建设的影响，选择开餐饮店的周边地区尽量避开市政施工或绿化工程，尤其是租赁的餐饮店应确保其不在拆迁红线范围内，事先要走访有关部门，详细调查核实后方可决定，切忌盲目从事，以免造成不可弥补的损失。

【案例赏析】▶▶▶

选址失误，蒙受损失

"××香格里拉"酒楼开在一个三线城市的高新开发区与主城区的结合部，仿古罗马建筑风格，走中高端消费路线，主营中式简餐、西餐、咖啡等，营业面积2000多平方米。酒楼自开业伊始，生意一直十分清淡，每天上门的消费者屈指可数，几乎天天都要赔钱。酒楼运营一段时间之后，几位股东坐不住了，开始反复查找生意不好的原因，包括酒楼的前厅服务、后厨出品、出品定价、客人反映、市场宣传等各个方面，然而大家把能够想到的地方查找了一个遍，依然找不出来酒楼无人喝彩的真正原因在哪里，众人为此头疼不已。

"××香格里拉"酒楼的几个股东均来自事业单位，他们中间没有人从事过餐饮行业，项目是他们结伴到其他中心城市旅游的时候发现并喜欢上这种高雅的餐饮形式。凭直觉他们感到中西简餐、咖啡茶饮之类出品的利润一定非常可观，他们相信这样的餐饮形式肯定拥有较大的市场空间，几个人便一拍即合，决定投资"××香格里拉"酒楼。然而在选定酒楼地址的关键问题上，他们犯下了一个令人无法原谅的错误，即他们把未来酒楼的位置选定在人流稀少的高新开发区，而非在客流人流稠密、商业氛围旺盛的闹市区。

点评：
目前在国内的不少城市，中式简餐、西餐咖啡、茶餐厅等的主流消费群体仍为二十多岁、三十多岁的年轻人，他们的餐饮消费特点就是围着闹市区转，宁肯闹中取静，也不愿到相对清净的区域去就餐。"××香格里拉"酒楼在进行经营地段选择的时候显然没有考虑到这一点，只是一厢情愿地相信只要一家酒楼有了大的资金投资，门脸做得恢宏大气与众不同，就会有人进门消费捧场，那么赚大钱则是水到渠成的事。在开业不到两个月的时间，一直惨淡经营的"××香格里拉"酒楼最终还是选择了关门。在一年之后，酒楼才转让了出去，几个股东为此蒙受重大经济损失。

第三节 店址评估

影响餐饮店地址选择的因素从宏观上讲包括地理因素、社会因素、文化因素、经济因素和市场因素等，因此经营者需从这方面做好店址的评估，看到底适不适合开餐饮店。

一、看地区经济

饮食消费是在人们有足够的资金满足日常衣、食、住、行等基本需要之后的可自由支配资金的支付。一个地区人们的收入水平、物价水平都会影响人们可供消费的金钱数量和他们必须支付的价格。一般地，当人们的收入增加时，人们愿意支付更高价值的产品和服务，尤其在餐饮消费的质量和档次上会有所提高，因此餐饮店一般应选择在经济繁荣、经济发展速度较快的地区。

二、看区域规划

在确定餐饮店地址之前，必须要向当地有关部门咨询潜在地点的区域建筑规划，了解和掌握哪些地区被分别规划为商业区、文化区、旅游区、交通中心、居民区、工业区等。因为区域规划往往会涉及建筑物的拆迁和重建，如果未经了解就盲目地选定地址，在成本收回之前就遇到拆迁，会使投资者蒙受巨大的经济损失，或者失去原有的地理优势。同时，掌握区域规划后便于我们根据不同的区域类型，确定不同的经营形式和经营规格等。

投资者必须从长考虑，在了解地区内的交通、街道、市政、绿化、公共设施、住宅及其他建设或改造项目的规划的前提下，作出最佳地点的选择。另外餐饮店投资者还要对店铺未来的效益进行评估，主要包括平均每天经过的人数，来店光顾的人数比例，每人消费的平均数量等。

有的地点从当前分析是最佳位置，但随着城市的改造和发展将会出现新的变化而不适合设店；相反，有些地点从当前来看不是理想的开设地点，但从规划前景看会成为有发展前途的新的商业中心区。

三、看文化环境

　　文化教育、民族习惯、宗教信仰、社会风尚、社会价值观念和文化氛围等因素构成了一个地区的社会文化环境。这些因素影响了人们的消费行为和消费方式，决定了人们收入的分配方向。一般而言，文化素质高的人对餐饮消费的环境、档次的要求比文化素质低的人要高。文化环境的不同，会影响餐饮业经营的规格和规模。

四、看竞争状况

　　一个地区餐饮行业的竞争状况可以分成两个不同的部分来考虑。

1.直接竞争的评估

　　即提供同种经营项目，同样规格、档次的餐饮企业可能会导致的竞争，这对餐饮企业来说是消极的。

2.非直接竞争的评估

　　非直接竞争包括不同的经营内容和品种，或同样品种、不同规格或档次的餐饮店，这类竞争有时起互补作用，对餐饮店是有利的。

　　在选择餐饮经营区域时，如果无任何一种形式的竞争，将具有垄断地位；如果有任何一种形式的竞争，都是值得投资者认真研究和考虑的。常见竞争对手店的调查方法如表2-6所示。

表 2-6　常见竞争对手店的调查方法

调查事项＼类别	调查目的	调查对象	调查内容
竞争店构成	竞争对手店构成的调查，以此作为新店构成的参考	设店预定地商圈内竞争对手主要菜肴及特色的调查	针对餐饮店使用面积、场所、销售体制的调查，以便共同研讨
菜品构成	针对前项调查再进行菜品构成调查，对商品组成项目的调查，以作为新店菜品类别构成的参考	着重对主要菜品进行更深入的调查	主要菜品方面，着重于菜品质的调查

续表

调查事项 ＼ 类别	调查目的	调查对象	调查内容
价格水平	对于常备菜品的价格水平进行调查，以作为新店铺的参考	针对常备店铺的菜品，对达到预定营业额或毛利额标准的菜品进行调查	投资者应着重于菜品的价格、数量进行调查，尤其是旺季或节假日繁忙期间的这种调查更为必要
客流量	对于竞争店铺出入客数的调查，以作为新店铺营业体制的参考	出入竞争店的15岁以上的消费者	与顾客流动量调查并行，以了解竞争店一个时间段、日期段的客流量，尤其注意特殊日期或餐饮店餐桌使用率的调查

◈ 新手指南：

　　竞争既是一种威胁，又是一种潜在的有利条件，只要把竞争对手作为一面镜子认真分析其优势和劣势，就便于我们在竞争中掌握主动。

五、看街道形式

　　主要看街道是主干道还是分支道，人行道与街道是否有区分，道路宽窄，过往车辆的类型以及停车设施等。

1.大的主干道不适合做小餐饮

　　大的主干道上人流量很大，往往看起来会非常诱人，但是这样的地方绝对不适合做小餐饮，因为人流不会在这些地方停留，而且在主干道上的餐饮店常常会给人一种很贵很不好吃的感觉。再者说，这样的地方成本也要比其他地方高出很多，除非你开店纯粹是为了打广告，增加曝光率，否则这样的地方肯定会让你得不偿失。

2.要区分每条街道的阴阳面和阴阳交接线

　　每条街道都有两面，很多街道都会有一个奇特现象，一面人流量很大，人气很旺，另一面却没啥人气，看似中间只隔一条马路门对门的地方，吸客能力往往会有天壤之别。阴阳交接线这是作者自己提出来的一个概念，就是在每一条街道上都有一个点，在这个点之前的街道人气很旺人流量很大，过了这个点就基本上没啥人气了。

　　如果我们注意观察的话，通常都会发现，一条很长的巷子或者街道，刚开始人很多，往里边越走人越少，走到一定的距离时人就不想往前走了，决定返回去找一家吃饭，这个点就是人们通常会选择折返的点，前边的店和后边的店可能相差不过数十米，命运却会完全不一样。

六、看交通状况

关于目标地点的街道交通状况信息可以从公路系统和当地政府机关获得。如果交通的数据最近还没有统计出来，那么可以选取一天中最有意义的样本数据作为参考。

交通状况的计算往往选择在中午、周末的晚上和星期天。在一段时间内统计的数据应去除那些带有偏见的结果。交通状况往往意味着客源，获得本地区车辆流动的数据以及行人的分析资料，可以保证餐厅建成以后有充足的客源。

七、看门面的规模和外观

餐饮店位置的地面形状以长方形、方形为好，必须有足够大的空间容纳建筑物、停车场和其他必要设施。三角形或多边形的地面除非它非常大，否则是不足取的。同时在对地点的规模和外观进行评估时也要考虑到未来消费的可能。

八、看门面的可见度和形象特征

餐饮店的可见度是指餐饮店位置的明显程度，也就是说，无论顾客从哪个角度看，都可以获得对餐饮店的感知。餐饮店可见度是由从各地往来的车辆和徒步旅行的人员的视角来进行评估的，这对于坐落于交通拥挤的高速公路旁的餐饮店是重要的，餐饮店的可见度往往会影响餐饮店的吸引力。同时，餐饮店无论从经营内容、方式、菜品质量、服务、装潢等方面，还是在所选地址上都应具有明显的突出的形象特征，这对坐落在拥挤的商业中心的餐饮店尤为重要，形象特征会增加餐饮店的吸引力。

相关链接

店铺选址应注意的细节

好的餐饮店地址就等于一座好的金矿，因此餐饮投资者必须慎重选择，这就需要付出一定的时间和精力。一旦决定开店，投资者必须对所选地点做全面的考察。开店选址是很讲究的，一般应该掌握以下细节。

1.地价因素

虽然一个店址可能拥有很多满意的特征，但是该区域的地价也是一个不可忽视的重要因素。

2.选择人口增加较快的地方

企业、居民区和市政的发展，会给店铺带来更多的顾客，并使其在经营上更具发展潜力。

3.选择较少横街或障碍物的一边

许多时候，行人为了要过马路，因而集中精力去躲避车辆或其他来往行人，而忽略了一旁的店铺。

4.选取自发形成某类市场地段

在长期的经营中，某街某市场会自发形成销售某类商品的"集中市场"，事实证明，对那些经营耐用品的店铺来说，若能集中在某一个地段或街区，则更能招徕顾客。因为人们一想到购买某商品就会自然而然地想起这个地方。

5.以经营内容为根据

餐饮店所经营的产品不一样，其对店址的要求也不同。有的店铺要求开在人流量大的地方，比如快餐店。但并不是所有的餐饮店都适合开在人山人海的地方，比如主题餐厅就适宜开在安静一些的地方。

6."傍大款"意识

把餐饮店开在著名连锁店或品牌店附近，甚至可以开在它的旁边。与超市、商厦、饭店、24小时药店、茶艺馆、酒吧、学校、银行、邮局、洗衣店、冲印店、社区服务中心、社区文化体育活动中心等集客力较强的品牌门店和公共场所相邻。

比如，将店开在麦当劳、肯德基的周围。因为这些著名的洋快餐在选择店址前已做过大量细致的市场调查，挨着它们开店不仅可省去考察场地的时间和精力，还可以借助它们的品牌效应"捡"些顾客。

7.位于商业中心街道

东西走向街道最好坐北朝南；南北走向街道最好坐西朝东，尽可能位于十字路口的西北拐角。另外，三岔路口是好地方；在坡路上开店不可取；路面与店铺地面高低不能太悬殊。

8.租金及交易成本

餐饮店的租金及交易成本是不可忽视的细节，如果租金太高，利润无法支付租金，那还不如选择放弃更好。

9.停车条件

如今由于私家车的普及化，越来越多的人会选择自驾车前来用餐。因此在选址时，一定要注意留有足够的车位，这样才可以吸引更多的顾客。

10.水电煤设施有没有缺陷

能源设施的位置要考虑清楚，包括电、气、水等，还要注意排水的管道是否合理。

比如，天津有一家肯德基关门就是因为管道不合理，期间崩裂过两次，整个餐馆成了水帘洞。

11.配套服务设施是不是完整

配套服务有垃圾清理、治安、消防栓、急救箱。很多餐馆选择入驻商场，正是因为设备齐全。

12.进出路线是否方便

餐馆的进出路线一定要方便，特别是有外卖服务的餐馆，若进出不方便会影响送餐时间。同时看附近可用交通工具是否方便，比如开在公交站附近，可以准备打包好的早餐，在等公交时顺便拿走。

夜间因素也要考虑其中，在照明不好的地方可以增加门口的照明灯。饥肠辘辘的下班族看到亮光的餐馆食欲也会大增。

第三章
设计装修，让顾客看上你的店

导言

对于餐饮店来说，合适的装修设计和布局能够显著提升客人的用餐体验，丑陋的店面装饰，可能会把顾客"赶走"，而不是留住他们。可以这样说，装修就是餐饮店将自己的品牌展现给客户的第一张脸。若是成功抓住了客户的心，那么开店就成功了一半。

第一节　店铺门头设计

门头设计是创造经济、美观的店铺的重要环节，在大大提升品牌价值的同时，门头还具有强烈的辨识性，有助于提高店铺品牌的宣传。

一、门头设计的基本原则

餐饮店门头设计应遵循图3-1所示的基本原则。

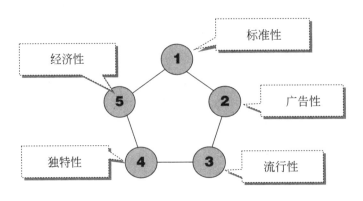

图3-1　门头设计的基本原则

1.标准性

门头设计要准确体现店铺的类别和经营特色，宣传店铺的经营内容和主题，能反映商品特性和内涵。

2.广告性

门头要能起到广而告之的作用，其目的是要起到宣传店铺经营内容、扩大知名度的作用。设计时可利用橱窗、门头、灯箱、招牌、霓虹灯等各装饰构成元素进行图案、文字和造型的设计，全面宣传店铺及品牌。

3.流行性

门头设计要随着不同时期人们的审美观念而有所变动，相应地改变材料、造型形式以及流行色彩搭配，以跟上时代潮流。

4.独特性

门头设计要努力做到与众不同、标新立异，使顾客一看到店铺门头就具有心灵上的震撼感和情感的共鸣。设计要敢用夸张的形象和文字来体现店铺的独特风格。

5.经济性

门头设计不要一味地追求奢华，应该要符合经济节省的原则，只要材料选择得当，符合自身特点，最终设计出来的门头就会布局精心、美观。

二、门头设计的要素

让人看一眼却不想进来的门头，是所有经营者都不愿意看到的，这也不是我们开店的目的。那么，好的门头设计有什么要素？如图3-2所示。

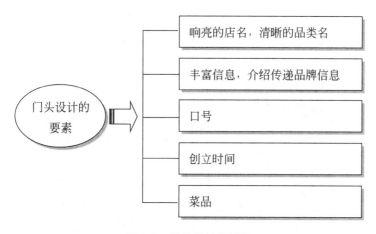

图3-2 门头设计的要素

1.响亮的店名，清晰的品类名

门头首先具有广而告之的作用，告诉人们这里有一家店铺，叫什么名字，卖的是什么。因此店名和品类名是门头最基本的构成要素。

当然很多耳熟能详的品牌，门头简单到只有店名，没有品类名，比如大董、星巴克、肯德基、必胜客等，这是因为这些店名自带"品牌效应"，产品已经深入人心。如果你店铺的品牌知名度不高，就不要仿效了。

2.丰富信息，介绍传递品牌信息

门头可以被视为全方位展示店铺特色的工具，灵活组合各种有效信息，可以向顾客传递品牌信息，从而发挥门头的引客功能。如图3-3所示为点都德门头设计效果。

图3-3　点都德门头设计效果

3.口号

每个品牌都应该有自己的口号，它通常是最能体现品牌特色和内涵的经典文案，放在门头再合适不过。

比如，巴奴就将自己的口号"服务不是巴奴的特色毛肚和菌汤才是"展现在门头，让顾客明白它的特色就是毛肚和菌汤。如图3-4所示。

图3-4　巴奴火锅店门头设计效果

4. 创立时间

数字对人们的视觉及心理都有很强的冲击力，容易引发共鸣。对于已经创立一定年头的企业，无论品牌大小，都应该把创业时间写在门头上。餐饮行业竞争激烈，经营时间越长就意味着越有实力、有品质，值得尊敬和信赖。

比如度小月门头上的"Since 1895"，某传统小吃店门头上的"百年老字号"，这些都能与顾客产生共鸣。如图3-5所示。

图3-5　度小月门头设计效果

5. 菜品

菜品是顾客最关心的信息之一，应尽可能地在门头充分展现。有不少店铺在门口立一个架子，放上一本菜单供顾客翻阅。这不失为一种方法，却似乎稍显被动。

餐饮店可以尝试放大菜品尺寸，以合适的形式展示在门头上，让来往的顾客不想看也要看。

比如，一家以卖啤酒著称的餐厅，用大幅海报和多个展架展示了种类丰富的啤酒及配菜，吸引顾客；某烤串店，直接在门头上就展示了香喷喷的烤串，顾客远远看到就觉得香气扑鼻，十分诱人。

三、门头设计的要求

如果有一个地方对顾客的吸引力能与菜品相媲美，一定是门头；如果有一种方法的引流效果能与营销活动相媲美，一定是门头；如果有一种方式的宣传效果能与广告相媲美，一定还是门头。可见对餐饮店来说，门头有多重要。

实际上，透过所有的表象去看门头，其实它解决的是餐厅线下门店的引流问题。餐厅引流是一场效率的战争，这个效率来自顾客决策效率、选择成本。也就是说，能够帮助顾客在最短的时间内做出选择的门头，才是好门头。那怎么才能设计出这样的好门头呢？经营者可以从图3-6所示的几方面入手。

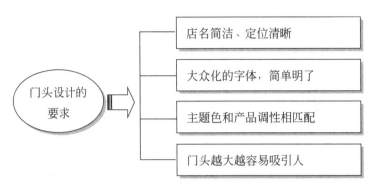

图3-6　门头设计的要求

1.店名简洁、定位清晰

别让顾客去猜你是谁、做什么的。那些成功的餐厅，都是直接能够帮助顾客做出选择的，直接表达两个必备要素：我是谁、我是做什么的。所以一个合格的门头必备的信息不仅要有品牌名，更要有品类名。

比如，西贝莜面村、海底捞火锅、云海肴云南菜、杨记兴臭鳜鱼……但凡成功的品牌，门头无不如此。

解决了这两个最基础、最需要具备的要素以后，才能进一步去考虑诸如差异化、设计感、可辨识度、记忆点、LOGO、SLOGAN等其他方面。

新手指南：

一个标准的门头应该是：文字简明、品类清晰、能够让消费者第一时间就了解到你。

2.大众化的字体，简单明了

在门头设计上，不少老板为了体现自己的独特性，会选择生僻字、艺术字甚至是英文字体来彰显自己的与众不同。可是实际上这些标新立异的做法往往会适得其反。因为太过小众，这些字体在传播效果上会大打折扣。仔细观察一线餐饮品牌，会发现诸如麦当劳、肯德基、海底捞等采用的都是最简单、最常用的宋体字。

从传播学角度来说，越是通俗易懂、易看易识别的东西，越容易快速传播。装高雅，滥用繁体字、变异字以及难以识别的书法，只会增加传播成本。

3.主题色和产品调性相匹配

在著名的"五感营销"理论中，视觉营销被放在所有感官体验之首。从实际经验来说，消费者浏览门头时，最先看到的不是店名、LOGO、SLOGAN这些东西，而是门头的主题色。

一个好的门头，在主题色上必须与产品的调性相匹配。

比如，经过肯德基、麦当劳、永和大王这些餐饮巨头的培养，在消费者的认知中，已经将红色和快餐画上了等号。川式火锅店门头多为红色，也是基于这样的原因。

4.门头越大越容易吸引人

门头是链接顾客的第一触点，也是品牌曝光的重要"广告位"。从广告的角度来说，越是简单粗暴的广告手法，往往越会取得不俗的效果。因为非常便捷好记，大家才会潜意识里面熟烂于心。

对于门头这个"24小时广告位"来说，最简单粗暴的手法就是做大、做醒目。

比如，很多大品牌都会在商场外围制作巨大的LOGO和模特海报，门头都以超大的面积冲击着消费者的视觉感官。再比如巴奴，无论是郑州金水东路店、农科路店、商鼎路店等街边店，还是大卫城店等商场店，门头都以超大的面积冲击着消费者的视觉感官。

第二节　店铺内部设计

餐饮店装修不只是设计美观那么简单，除了打造良好的用餐环境便于顾客就餐之外，更要合理地规划空间布局。

一、店面的设计

餐饮店店面的设计在于显示餐饮店这个"特殊商品"包装的格调，店面设计同样是室内设计的一部分，二者在实质上均追求美观与实用，但店面更注重招徕吸引客人，是要让店外的大众感觉到本餐饮店的存在，并能使其决定来本餐饮店用餐。因此餐饮店的店面不仅具有"辨认"之功能，同时也要有美观的外表，两者不可偏废。

一般来说，店面、外表的设计应达到图3-7所示的要求。

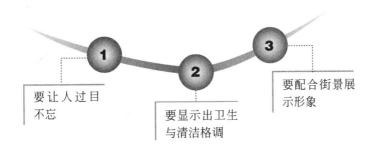

图3-7　餐饮店店面设计要求

1.要让人过目不忘

餐饮店的门面设计（包括大门口、展示窗、霓虹灯、招牌等）要力争让人过目不忘。独到的外表能充分烘托出餐饮店的"商品"特征，使路人一望即知本餐饮店经营的是什么菜。

目前的餐厅早已脱离了"守株待兔"的经营方式,除普遍将咖啡厅等设在楼下底层以方便客人接近外,更有将店面设计成开放式的,临街的一面使用大型落地玻璃窗,剔透通明、一览无遗,将餐厅内的用餐情调展现给过往行人。在风格处理上,尽量采用自然鲜明的色彩,减少过分的装饰堆砌,要有和谐的气氛,强调协调,追求"人情化"的餐饮空间。

2. 要显示出卫生与清洁格调

餐饮店门面的设计要显示出卫生与清洁格调。这从颜色的运用、设备的风格、空间的安排及其本身具有的清洁程度均能反映出来。

3. 要配合街景展示形象

同时也要配合街景,食品展示柜内要有餐饮产品的陈列,注意突出重点,霓虹灯、招牌文字要简明,图案新颖而醒目,标志鲜明,要与建筑的造型相协调,显示独特的形象,容易让匆忙过路的行人注意与记住。名称也同样很重要,好的名称朗朗上口、便于认记。

总之,餐厅外表的设计要能激发起人们对餐饮产品的想象,使人们在远处一望就知道这是哪一类型的餐厅,甚至能估计出其消费水平,这些均来自餐厅外表设计的功劳。

二、店门的设计

常言道"万事开头难",而大门则是顾客进入消费场所的头关,因此顾客进出门的设计是十分重要的。

1. 设计形式

一般情况下要根据具体人流确定餐饮店大门并确定其安放点。要考虑门前路面是否平坦,有无隔挡,有无影响餐饮店形象的物体或建筑物。例如,要注意垃圾桶设置的位置,垃圾桶要放在拐角处,既不影响餐饮店的卫生,又便于清理垃圾,最好让顾客不易看到。另外还要注意采光条件、噪声及太阳光照射方位等因素的影响。

2. 质地选材

硬质木材或在木质外包上铁皮或铝皮是小型餐饮店店门所使用的材料,因为它制作较简便。铝合金材料制作的店门富有现代感,耐用、美观、安全。无边框的整体玻璃门透光好,造型华丽,适合大型豪华餐饮店使用。

3. 其他因素

餐饮店的店门应当具有开放性,设计应力求造成明快、通畅的效果,方便顾客进出。

4. 店门入口

餐饮店入口空间是顾客的视觉重点,设计独到、装饰性强的入口对顾客具有强烈的吸引力，餐饮店入口的设计方法如表3-1所示。

表3-1 餐饮店入口的设计方法

序号	类型	具体内容	特点	设计方法
1	封闭式	入口较小，面向人行道的门面以橱窗、有色玻璃或门帘等将店内情景遮掩起来	这种店门可以隔绝噪声，阻挡寒暑气和灰尘，但不方便出入，容易让顾客产生不够亲切的心理感受	一般来说，采用此种方式来设计店门的餐馆很少
2	半封闭式	入口比封闭式店门大，玻璃明亮，顾客从大街上可以清楚地看到店内的情景	既能吸引顾客，又利于保持店内环境的适当私密性	大型餐饮店由于店面宽、客流量大，采用半封闭式店门更为适宜；气候条件较恶劣的地区，也适合采用半封闭型的店门
3	敞开式	店门向外敞开，顾客出入店门没有障碍，使公众对餐馆的一切一目了然	有利于充分显示餐馆内部环境，吸引顾客进入	小型餐饮店可以根据其经营特色和不同的地域气候选择不同的敞开形式

三、大厅的设计

大厅是餐饮店的第一线。大厅的布局与装潢直接影响餐饮店风格的确定和形象的树立。作为经营者，必须根据餐饮店的目标风格有计划地去布置装潢大厅，使大厅既有独特的就餐气氛又美观实用，从而在突出特点的基础上保证餐饮店的正常运作。具体来说，大厅的布局要注意图3-8所示的几个方面。

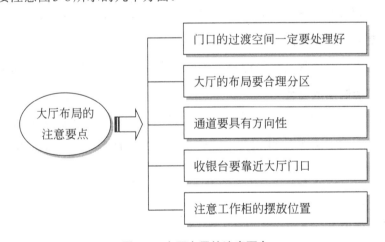

图3-8 大厅布局的注意要点

1.门口的过渡空间一定要处理好

俗话说得好：看人三分面。餐饮店也是一样，除了门面，餐饮店门口的过渡空间是呈现给客人进店以后的第一印象，直接决定顾客对餐饮店印象的好坏。过渡空间凌乱和拥挤是餐饮店的大忌。

比如，著名的设计大师贝聿铭先生设计的北京香山饭店，一进大门是一扇灰白色的石材影壁，但是中间有一个大圆洞，后面是一个小水池和绿萝，让人能够望见后面的东西，但又看不真切，既使人眼前一亮又使人遐思，这是贝大师充分借鉴了中国苏州园林的设计思想，给中国饭店设计史上留下了一个光辉的里程碑。

2.大厅的布局要合理分区

大厅设计多少餐台容量，不仅要看顾客需求，还要考虑大台和小台的配比。

首先，要将大台区域和小台区域加以隔离，因为大台顾客多，通常较吵闹，小台人少，需要安静。而且大台和小台要相对整齐划一，不能大台插小台，让顾客觉得服务无序。

其次，要注意每一个小分区里服务区域的设置，不能让服务员跨过这个分区到另一个分区的备餐柜取用餐具，在繁忙时段很容易造成和顾客的拥堵碰撞，也不利于服务员及时迅速地为顾客提供服务。

3.通道要具有方向性

通常会以餐厅门口为起始点，在通道方向对面的墙上用醒目的壁画或其他装饰为引导，也可以用天花的走向为引导。

比如，北京必胜客安贞华联店整体装修采用偏蓝色调，温馨又浪漫，但是这家店的大门处空间局促，一进门必须向右拐才能进入主就餐空间，必胜客通过在天花上装饰波浪形边缘的吊板，给人一种自然流动的感觉，又用暖色的小灯按照十二星座的位置加以装饰，使人一进门就被这恍如天籁的设计所吸引，自然而然地进入就餐区域。

4.收银台要靠近大厅门口

收银台要能够纵观全局，这样便于服务程序的设计，也方便急着结账离店的客人。

5.注意工作柜的摆放位置

工作柜尽量靠墙摆放，这样既不影响顾客过多的空间，也不影响通道的顺畅，如果确实大厅的空间比较大，那么建议两个工作柜可以相对而放，既便于互相照应又可以更大地节约对就餐空间的占用。

 相关链接 ‹······

大厅空间分隔的常见形式

1.灯具分隔

以灯具分隔有一种隔而不断的感觉，效果特殊。灯具的布置起到了空间分区的作用，这是西餐馆和酒吧室内环境设计的常用手法。灯具分隔既保持了整体空间的连续性，又形成了顾客心理上的私密性，而且空气流通良好，视野开阔。

2.软隔断分隔

软隔断分隔是指用垂珠帘、帷幔、折叠垂吊帘等分隔大堂。软隔断富丽、高档，一般适用于档次较高的时尚餐馆。

3.通透隔断

通透隔断通常用带有传统文化气息的屏风式博古架、花窗墙等隔断，将大堂分隔成若干个雅座。通透隔断具有文化气息，一般适用于档次较高的时尚餐馆。

4.矮墙分隔

矮墙分隔能给就餐者一种很大的心理安全感，人们既享受了大空间的共融性，又在心理上保持了一定的隐秘性。

5.装饰物分隔

花架、水池以及铺地材料的变化都能起到分隔空间的作用。装饰物的设置与通透的隔断或柱子一样，既丰富了室内空间的层次，又没有视觉障碍，利于餐馆感觉的变幻，且不至于乏味。

6.植物分隔

植物本身是一种充满生机的分隔体，隔而不断，可以使空间保持完整性和开阔性。植物还可以调节室内空气，改善室内温度，增加顾客视觉和体感上的舒适度。植物分隔不仅可以美化餐馆环境，还可保持一定的独立私密空间，使顾客在店内感到舒适、自由。

四、后厨的设计

后厨设计是餐饮店设计环节中要求最高、最规范的部分之一。后厨可以说是餐饮店的大脑，后厨的设计是否合理，直接关系到整个餐饮店的运作，与餐饮店的盈利息息相关。那么，后厨该如何设计才能节约空间、方便实用呢？经营者可参考以下要点。

1.面积合理

后厨面积的合理对生产至关重要，直接影响工作效率和工作质量。如果面积太大，会增加后厨人员工作时的移动量，既耗费精力又影响出餐率，同时还会增加日常清扫维护的负担。如果面积太小，会导致厨房过于拥挤，不仅影响员工的工作情绪，还会大大影响工作效率。

后厨的大小取决于餐厅的性质、原料加工程度、菜品的种类构成和数量等几个方面。确定厨房面积一般有以下两种方法。

（1）根据就餐人数来确定。按餐位数计算厨房面积要与餐饮店经营方式结合来看。通常情况下，自助餐厅每一个餐位所需厨房面积约为0.5～0.6平方米，咖啡厅和小吃店的约为0.4～0.5平方米，风味厅、中餐厅的约为0.6～0.7平方米。

（2）根据餐饮店面积确定。通常情况下，后厨除去辅助区域外占餐饮店总面积的21%左右。餐饮店菜品种类越多，所需厨房面积就越大，如果菜品种类比较单一，则厨房面积就越小。

比如，中餐厅因为菜品多、烹饪工序复杂，因此厨房一般占餐厅面积的30%～40%；而对自助和火锅店来说，因为半成品较多，并且很多产品可以提前准备，所以厨房面积可以相对小一些。

2.设备实用

新建或改造厨房时，不要片面追求设计效果或买设备只重外表，结果买回的设备板太薄、质太轻，工作台一用就晃，炉灶一烧就瘪，冰箱一不小心就升温。因此设备一定要方便实用。

3.不同菜系配不同灶具

不同菜系、不同风格、不同特色的餐饮产品，对场地的要求和设备用具的配备不尽相同。

比如，经营粤菜要配备广式炒炉；以销售炖品为主的餐饮，厨房要配备大量的煲仔炉；以制作面食为特色的餐饮，要设计较大规模的面点房，配备大口径的锅灶、蒸灶。

如果不考虑这些因素，不仅成品口味不地道，而且燃料、厨师劳动力的浪费也是惊人的。

4.隔区不宜太多

一个厨房进行无限分隔，各作业间互相封闭，看不见、叫不应，既增加了厨师搬运货物的距离，又不便于互相关照，提高工作效率，更容易产生安全隐患。

后厨要根据店铺营业需要来合理地安排各种作业区，还要合理地安排厨房设备的平面位置、空间位置，以保证后厨人员高效的工作流向。在厨房的空间配置上，需要从备料、配菜、出餐的流程顺序，决定设备的摆放和人员的位置，可以提高出餐速度并减少慌乱。

5.通风讲究

无论采用什么样的排风设备，最重要的是要使厨房尤其是配菜、烹调区形成负压。厨房内通风、排风系统包括排烟罩（油网式烟罩、水渡式烟罩）、抽风机（离心风机、轴流风机等）、排烟风管、送新风管及空调系统，有效的通风、排风必须符合下列标准。

（1）厨房和面点间等热加工间的通风换气，其中65%由排烟罩排出，35%由送新风管和换气扇换气完成，换气一般每小时40次为宜（可在产品上设置频率）。

（2）排气罩吸气速度一般不应小于0.5米/秒（购买产品时有规格要求），排风管内速度不应大于10米/秒（购买产品时有规格要求）。

（3）厨房和面点间等热加工间的补风量应该是排风量的70%左右，房间负压值不应大于5帕（可在相关的仪器上测量），使厨房内产生的油烟气味不会往餐饮店飘散，以达到隔热、隔味的效果。

6.明档卫生

在设计明档时不要刻意追求现场感，将不适合在明档加工的产品搬到前面来，弄得餐饮店乌烟瘴气。设计明档时一定注意不要增加餐饮店的油烟、噪声，因为明档是向顾客展示厨房的窗口，设计要精致美观，生产是第二位的，卫生才是第一位的。

有些菜品只适合在后厨加工，就没有必要在明档和盘托出。

 新手指南：

　　明档里用的厨具、设备和装饰要便于清洁和打扫。

7.地面防滑吸水

在设计厨房地面时，为节省成本使用普通瓷砖，结果既不防滑又不吸水，会严重影响工作效率。厨房的地面设计和选材不可盲从，必须审慎定夺。在厨房设计时越注意细节，越能最大限度地减少日后使用中的麻烦。

8.用水、排水及时

厨房在设计水槽或水池时，配备量要合适，以避免厨师跑很远才能找到水池，于是忙起来干脆就很难顾及清洗，厨房的卫生就很难达标。

厨房的明沟是厨房污水排放的重要通道。可有些厨房明沟太浅或太毛糙，或无高低落差，或无有机连接，使得厨房或水池相连，或臭气熏人，很难做到干爽、洁净。因此在进行厨房设计时要充分考虑原料化冻、冲洗、厨师取用清水和清洁用水的各种需要，尽可能在合适位置使用单槽或双槽水池，以保证食品生产环境的整洁卫生。

9.灯光充足实用

厨房的灯光重实用。炒锅炒菜要有足够的灯光看清菜看色泽；砧板要有明亮的灯光有效防止刀伤和追求精细的刀工；打荷人员上方要有充足的灯光，以减少杂物混入原料。

厨房灯光不一定要像大厅一样豪华典雅、布局整齐，但其作用绝不可忽视。灯光设计是否到位，直接关系到出品品质。

10.备餐间要设两道门

备餐间是配备开餐用品、准备开餐条件的地方。备餐间设计不好会出现餐饮店弥漫乌烟浊气、出菜丢三落四的现象。备餐间设计要注意以下两个方面。

（1）备餐间应处于餐厅、厨房过渡地带，以便于夹、放传菜夹，便于通知划单员，要方便起菜、停菜等信息沟通。

（2）厨房与大堂之间应采用双门双道。厨房与大堂之间真正起隔油烟、隔噪声、隔温度作用的是两道门的设置。同向两道门的重叠设置不仅起到"三隔"作用，还遮挡了顾客直接透视厨房的视线。

11. 洗碗间传输方便

洗碗间的设计与配备得当，可以减少餐具破损，保证餐具洗涤及卫生质量，在设计时应处理好以下几个方面。

（1）洗碗间应靠近餐厅、厨房，这样既方便传递使用过的餐具和厨房用具，又减轻传送餐具员工的劳动强度。当然在大型餐饮活动之后，用餐车推送餐具是必要的。

（2）洗碗间应有可靠的消毒设施。餐具消毒后，再用洁布擦干，以供餐厅、厨房使用。

（3）洗碗间通、排风效果要好。洗涤操作期间均会产生水汽、热气、蒸汽，这些气体如不及时抽排，不仅会影响洗碗工的操作，而且会使洗净的甚至已经干燥的餐具重新出现水汽，还会向餐厅、厨房倒流。因此必须采取有效设计，切实解决洗碗间通、排风问题，创造良好环境。

12. 粗加工、操作间要分开

从原料到成品的生产流线应简短顺畅，无迂回交叉。粗加工间与操作间是排水量较多的地方，采用明沟排水，便于清洁与疏通。带有油腻的排水，应与其他排水系统分别设置，并安装隔油设施。操作间的适宜温度应在26℃以下。

13. 厨房与餐厅在同一层

厨房与餐厅在同一楼面，可缩短输送流程，提高工作效率，有利于保持菜品温度，防止交叉污染，另外还可以减少设备投资。

如果厨房与餐厅不在同一楼层，就要另外设食梯，并注意按生、熟、洁、污分设，并添加保温的传送设备。

14. 配备烟感报警器

厨房内部有不少火灾隐患，如房内的燃气、油的泄漏、炉灶燃烧时产生的高温、烟罩内长期积累的油污等。如果平时管理不善或不注意保养、检查，一不小心就会引起火灾。因此平时除了强化员工的消防安全意识，防患于未然外，在厨房间还必须装置必要的消防设施，如烟感报警器、喷淋装置、二氧化碳灭火器等。使用燃气的单位，在厨房内还应装置燃气泄漏报警器。

 相关链接

《餐饮服务食品安全操作规范》节选

4.建筑场所与布局

4.1 选址与环境

4.1.1 应选择与经营的餐食相适应的场所，保持该场所环境清洁。

4.1.2 不得选择易受到污染的区域。应距离粪坑、污水池、暴露垃圾场（站）、旱厕等污染源25米以上，并位于粉尘、有害气体、放射性物质和其他扩散性污染源的影响范围外。

4.1.3 宜选择地面干燥、有给排水条件和电力供应的区域。

4.2 设计与布局

4.2.1 食品处理区应设置在室内，并采取有效措施，防止食品在存放和加工制作过程中受到污染。

4.2.2 按照原料进入、原料加工制作、半成品加工制作、成品供应的流程合理布局。

4.2.3 分开设置原料通道及入口、成品通道及出口、使用后餐饮具的回收通道及入口。无法分设时，应在不同时段分别运送原料、成品、使用后的餐饮具，或者使用无污染的方式覆盖运送成品。

4.2.4 设置独立隔间、区域或设施，存放清洁工具。专用于清洗清洁工具的区域或设施，其位置不会污染食品，并有明显的区分标识。

4.2.5 食品处理区加工制作食品时，如使用燃煤或木炭等固体燃料，炉灶应为隔墙烧火的外扒灰式。

4.2.6 饲养和宰杀畜禽等动物的区域，应位于餐饮服务场所外，并与餐饮服务场所保持适当距离。

4.3 建筑结构

建筑结构应采用适当的耐用材料建造，坚固耐用，易于维修、清洁或消毒，地面、墙面、门窗、天花板等建筑围护结构的设置应能避免有害生物侵入和栖息。

4.3.1 天花板

4.3.1.1 天花板的涂覆或装修材料无毒、无异味、不吸水、易清洁。天花板无裂缝、无破损、无霉斑、无灰尘积聚、无有害生物隐匿。

4.3.1.2 天花板宜距离地面2.5米以上。

4.3.1.3 食品处理区天花板的涂覆或装修材料耐高温、耐腐蚀。天花板与横梁或墙壁结合处宜有一定弧度。水蒸气较多区域的天花板有适当坡度。清洁操作区、准清

洁操作区及其他半成品、成品暴露区域的天花板平整。

4.3.2　墙壁

4.3.2.1　食品处理区墙壁的涂覆或铺设材料无毒、无异味、不透水。墙壁平滑、无裂缝、无破损、无霉斑、无积垢。

4.3.2.2　需经常冲洗的场所（包括粗加工制作、切配、烹饪和餐用具清洗消毒等场所，下同）应铺设1.5米以上、浅色、不吸水、易清洗的墙裙。各类专间的墙裙应铺设到墙顶。

4.3.3　门窗

4.3.3.1　食品处理区的门、窗闭合严密，无变形、无破损。与外界直接相通的门和可开启的窗，应设置易拆洗、不易生锈的防蝇纱网或空气幕。与外界直接相通的门能自动关闭。

4.3.3.2　需经常冲洗的场所及各类专间的门应坚固、不吸水、易清洗。

4.3.3.3　专间的门、窗闭合严密，无变形、无破损。专间的门能自动关闭。专间的窗户为封闭式（用于传递食品的除外）。专间内外运送食品的窗口应专用、可开闭，大小以可通过运送食品的容器为准。

4.3.4　地面

4.3.4.1　食品处理区地面的铺设材料应无毒、无异味、不透水、耐腐蚀。地面平整、无裂缝、无破损、无积水积垢。

4.3.4.2　清洁操作区不得设置明沟，地漏应能防止废弃物流入及浊气逸出。

4.3.4.3　就餐区不宜铺设地毯。如铺设地毯，应定期清洁，保持卫生。

五、洗手间

洗手间是判断餐饮店对卫生是否重视的标准。因此在设计时应遵循以下要求。

（1）洗手间位置应与餐厅设在同一层楼，避免顾客上下楼不便。

（2）洗手间的标记要清晰、醒目。

（3）洗手间的空间要能容纳两人以上。

（4）绝不能与厨房连在一起，也不宜设在餐厅中间或正对大门的地方，以免使人产生不良的联想，影响食欲。

（5）洗手间的地面要干爽，冲厕设备要经常检查，以防出现问题。

（6）洗手间的手池最好带台面，便于顾客使用，水龙头要美观、节水、简便易用。

（7）洗手间应准备必要的纸巾、洗手液等卫生用品，明亮的镜子是必不可少的。

（8）最好安装排气扇，以保证卫生间的通风，排除异味。

【案例赏析】

洗手间地面有水惹纠纷

咣当！"不好，妈摔倒啦！"这声惊叫不停地在张女士的耳畔响起，搅得她几宿没睡着觉，每每想起日前发生的那一幕，她都不禁后怕。

那天，全家一起到某餐饮店吃饭，最高兴的要数76岁的老母亲，因为又可以尝到她最喜欢的鱼头汤了。高高兴兴地吃完饭，老太太要去方便一下，于是女儿、儿媳和孙女起身陪同前往。女儿张女士搀着老太太走进一间狭窄得只能容下一个人的洗手间，瓷砖地面上满是积水。张女士带门出来不一会儿，就听到门里"咣当"一声。推开门一看，老太太已经坐在了湿漉漉的地上，双腿叉在蹲坑的两边，嘴歪眼斜。三个人赶紧把老太太抬到餐厅的椅子上，但老太太身体僵直，头渐渐往下耷拉，嘴角还不住地流出口水。经过抢救，老太太终于脱离了危险，现在在家卧床静养。

"我老母亲滑了这一下，可吓得我们全家不轻，因为我母亲去年得过脑梗，我们都生怕她这一下子就过去了……"张女士说着说着，声音又哽咽了，"我父亲被吓得又犯了高血压，现在两位老人都卧病在床。明明是'餐饮店'举手之劳就能避免的事，现在却把我们家弄成了这样，反正我们会找他们讨个说法的……"

点评：

由此可见，餐饮店卫生间里的脏、湿、滑给顾客带来的不仅是感官上的"不爽"，而且让顾客使用时也十分"危险"，特别是行动不便的老年人，一旦出了问题，不但顾客受罪，而且餐饮店也难脱干系，所以餐饮店的经营管理者要将卫生间当作顾客的"休息处"标准来维护管理。

六、休息区

一般餐饮店都会在入口处设有休息区，主要设施是沙发及茶几，为顾客等候朋友或在客满时等待小憩之用，配以茶水服务。休息区的装饰风格应色调偏冷，给人宁静安闲的感觉，以免顾客在休息区等待时心浮气躁、心神不宁。

七、停车场

停车场是吸引开车族进店消费的首要条件。由于餐饮店所处位置与面积、规模的大小不同，停车场的布置形式也各有不同。在引导路线上要做好铺地、绿化、照明、背景等方面的处理，使进入路线明晰而充满趣味，使整体环境优雅宜人。

从停车场出来的顾客与步行来店的顾客进入餐饮店的路线往往不同，所以餐饮店的入口必须考虑到从两方面来的顾客。不能使停车后出来的顾客走回头路或使步行而来的顾客绕行，而要使他们以最捷径的路线进入餐饮店。

第三节　店铺气氛营造

用餐的乐趣除了品尝饭菜的味道之外，还有就是享受餐饮店里的气氛。好的气氛在给人视觉享受的同时也能增进人的食欲。

一、色彩的搭配

在餐饮空间设计中，色彩搭配对环境氛围以及人们的心理感受起着不可忽视的作用。据调查发现，人们在进入一个陌生空间的时候，80%左右的注意力是集中在空间中的一个突出的色块上，之后才会转向其他因素。

1. 色彩运用对餐饮店的影响

营销界有一个著名的"7秒定律"：人们在7秒内就可以确定是否有购买意愿，而其中色彩的作用占到67%。同样地，颜色运用在餐饮店装修上，很大程度上也会决定消费者是否进门。具体来说，色彩运用对餐饮店有图3-9所示的影响。

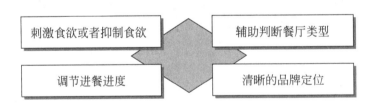

图3-9　色彩运用对餐饮店的影响

（1）刺激食欲或者抑制食欲。大部分的餐饮店都比较倾向于选择红色、黄色、橙色等比较温暖而热烈的暖色系颜色。这是因为温暖的颜色和食物带来的饱腹感更能产生联系。

暖色系更能增进食欲，相反蓝色、紫色、黑色则能让你更冷静地控制食欲。

（2）调节进餐进度。粉面类快餐店往往喜欢用红色、橙色这些能够使人感到愉悦和兴奋的颜色，加快消费者的就餐时间和进度。而在一些正餐或是休闲餐厅，颜色则会选择相对温和一些，这样会让顾客不自觉地放松心情，享受美食。

（3）辅助判断餐厅类型。顾客往往会从品牌的主题色去判断餐厅类型。

比如，看到正红色就会联想到中式菜肴或者川菜，而明快的色彩组合则往往是快餐店的感觉。

（4）清晰的品牌定位。餐饮店的主题色配合装潢以更加活跃和强烈的效果呈现，大多是大众餐饮，主要是想吸引时下的年轻人；选色上相对沉稳和优雅的，则大多是定位高端和以商务人士为主的餐饮店。

2.色彩搭配的技巧

有的餐饮品牌会选择单一的主题色突出自身品牌，但是更多的餐饮品牌会选择不同的颜色搭配组合来进行设计。当然不同的颜色搭配也是有技巧的，具体如图3-10所示。

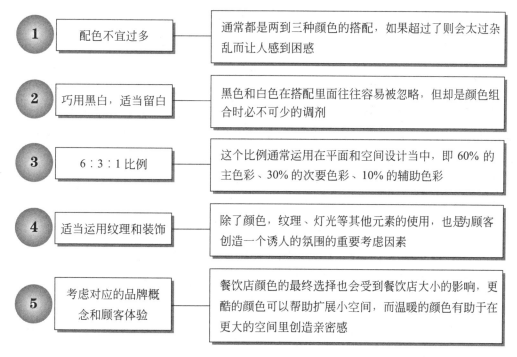

图3-10 餐饮店色彩搭配的技巧

【案例赏析】▶▶▶

巧用色彩搭配为门店带来转机

小王在她居住的小区率先开张了一家餐饮店，她在设计店面时也没有注重色彩的选择与搭配，就随便挑了宝蓝色作为墙面，而餐桌则选用的是大红色，餐椅为黄色。三原色在此济济一堂，整个环境显得极不和谐。

　　幸亏当时小区内仅此一家，顾客无从选择，所以生意还算可以。但是好景不长，后来餐饮店旁边又有一家餐饮店开业了。这家餐饮店深谙色彩之道，选用了明媚温暖的橙色为主要基调，同类色与对比色进行搭配，整个环境显得轻松活泼，令人食欲大开，所以开张以后顾客盈门，迅速占领了这个区域的市场。当然小王的餐饮店顾客寥寥无几，最后只能停业重新装修以求转机。

　　小王听从色彩学专业人士的建议之后，将原先宝蓝色的墙壁和黄色餐桌椅都换成了浅蓝色，结果劣势迅速扭转，前来用餐的顾客络绎不绝。但是人们用完餐后迟迟不走，影响了翻台。小王只得再次请教专业人士，将餐饮店里面的主色调改为橙色系列，结果事如所愿，顾客依然盈门，而且用餐时间周期缩短，增加了餐饮店的翻台率。究其原因，因为蓝色带给人安宁、清雅之感，疲劳了一天的人们希望在此得到休息；而活泼的橙色在激起人们食欲的同时，也使长时间停留在此环境中的顾客坐立不安，从而缩短了用餐周期。

　　点评：

　　色彩搭配与运用是值得餐饮店投资者精心揣摩研究的一门学问。餐饮店投资者还要根据自身产品的目标对象设计餐饮店的主体色彩，选择目标顾客喜欢的配色。例如，以女性为主要服务对象的小餐饮店，一般利用淡黄色、淡紫色与玫瑰色配上金银等色装点。

二、灯光设计

　　餐厅设计中，如果灯光运用得好，则会提高餐厅的"颜值"。餐厅灯光直接决定了顾客上传社交平台的照片质量，影响的是二次向外传播的效果。

1.色温不宜过高

　　不同光源的色温，对环境氛围的渲染也会有很大差异。色温越高，光线越偏冷；色温越低，光线越偏暖。

　　餐厅用显色性好的暖色调能够吸引顾客的注意力，真实还原再现食物色泽，引起顾客食欲。可以按照功能区域，用照度拉开梯度，餐桌面和展示空间照度可以提高一些，相反通道空间和过渡空间照度可以适当降低。

**　新手指南：**

　　餐厅里不建议使用白光，白光的色温太高，不能凸显食物的色彩，照出来的食物会暗淡无光泽，让人一看就没有食欲。

2.餐桌提供重点照明

现在越来越多的餐厅会选择在餐桌上方设置压低的吊灯。

比如，某烤肉店的灯光设计采用的是每一桌的桌面都采用金属吊灯来突出桌面，对餐桌进行重点照明。而相对而言，周围的环境比较昏暗，所以集中在桌面的灯光无形中分割了空间区域，为每桌顾客制造了私密的用餐环境。如图3-11所示。

图3-11　餐饮店灯光设计效果

这样的私密感尤其适用于具有强社交属性的餐厅，比如说适合聚餐的烤肉店、火锅店，或者是情侣约会的西餐厅。

另外，当压低式的灯光作用在吱吱冒油的烤肉上，可以精准地表现出食物最真实饱满的状态，造成的视觉冲击让顾客更有食欲。

3.灯光色调决定餐厅的调性

室内灯光选用什么色调比较好？这个问题要根据餐饮店品牌的调性和定位来回答。在这里，灯光的色调是用来帮助餐饮店去调动顾客情绪和用餐氛围的。

比如，一家以科学实验室为主题的甜品店，为了营造一种冰冷的科技感，灯光采用白色调，跟空间主色调青绿色以及金属元素搭配，效果就出来了。

4.明暗、虚实对比分割空间

利用灯光的明暗、虚实来区隔空间，是很多小而美或者餐位密集的餐厅拯救空间的最佳方式。用灯光来区隔空间的优点在于，省去了物理性隔挡所带来的逼仄感，同时节约了装修成本，也容易灵活调整变动。

很多时候顾客不会特别注意餐厅的灯光设置，但其实他们用餐时的情绪甚至动作却切切实实地不自觉会受到影响：进店、经过过道和不同功能区、入座，然后在餐位上跟同行者交流，上菜后给菜品拍照、自拍，再到用餐……这期间顾客的所有感受，都会受到灯光设计细节的直接影响。

所以归根结底灯光于餐厅而言，并不只是单纯的照明，而是烘托整个空间的核心元素。它为空间的色彩和质地带来细节上的把控，它的功能与食客的味觉、心理有着潜移默化的联系，与餐饮企业的经营定位也息息相关。所以好的灯光设计，最终还是落到为顾客带来舒适的用餐体验上面。

三、背景音乐的选择

餐饮店是一个人群聚集的地方，人来人往，容易产生噪声。所以很多的餐饮店不选择放音乐，认为这会增加噪声量，影响客人的消费体验。其实餐饮店需要做的就是，营造一种轻松良好的就餐氛围，让顾客在里面感到愉快、心情放松，这不仅会惠及顾客，也有利于给员工一个舒心的工作环境，提高员工的工作效率。

1.音乐对顾客的影响

有个顾客路过一家餐饮店，原本还没有决定去哪里吃饭。结果有家餐饮店刚好播放了一首她很喜欢的音乐，于是她被吸引了，就进去这家餐饮店了。点餐的时候还特意和服务员说：你们刚刚播放的那首歌我很喜欢，我就是被这首歌吸引着进到你们店里的。

于是顾客在用餐的时候，请求服务员再一次播放了这首音乐。顾客对这次服务体验很满意，顾客发现了一家值得再次光顾的餐饮店，也会对你这家餐饮店做口碑宣传，无形中又扩大了品牌效应。

用餐时听优美的轻音乐，可使大脑交感神经兴奋，消化腺分泌的消化液增多，消化道的蠕动加强，促使肠胃的血液循环，使食物的消化和营养物质的吸收更加充分和利用。

慢节奏音乐也可以促使你细嚼慢咽，对肠胃发生按摩作用，从而增强肠胃的消化功能；顾客的心情也会随之变好，用户体验会变得更好，这也是餐饮店服务增值的一个点。

音乐的效果有很多，主要在两个方面：一是影响人的心理，掩盖环境噪声；二是营造氛围，创造与室内环境相适应的气氛，因此在酒店、餐厅、商场、学校等被广泛应用。

2.所选音乐要符合餐饮店的特色

餐饮店播放的音乐选择应该是有特色的，要与餐饮店的经营特色、消费群体对音乐的欣赏水平、餐饮店营业状况结合起来，选择恰当的播放音乐。

现在有很多特色主题餐饮店，他们在背景音乐的选择上就一定要与餐饮店的特色紧密结合，而且还要通过音乐营造和突出这种餐饮店特色，放大餐饮店的特色效应。

比如，南京某花园农庄是以鸟鸣、流水声等大自然原生态的声音纯音乐作为背景音乐。

有时候音乐还能影响用餐顾客的用餐节奏，提高翻台率。经营者可以根据餐饮店生意状况，通过音乐节奏的把控来催促或延缓客人的就餐时间。餐饮店生意很好时，可以选择每分钟快于60拍的音乐节奏，这样的节奏有加速兴奋的作用，能加快顾客就餐的速度，提高餐饮店的翻台率。

3.音乐选择应以轻松明快为主旋律

经营中可以根据餐饮店的最近状况来具体选择什么主题的音乐。顾客来到餐饮店消费希望可以放松，因此总的要求是音乐的播放要选择抒情风格或轻松的，而流行歌曲或重金属一类的音乐大部分餐饮店都是不怎么合适的。

 相关链接

如何按音乐作用挑选背景音乐

1.缓解忧郁情绪

利用具有开畅心胸、纾解郁闷功效的乐曲来舒缓心情。可选择节奏明快、旋律流畅的乐曲，如贝多芬的G大调小步舞曲；民族乐曲如返璞归真、阳关三叠、步步高等。

2.消除烦躁心情

利用具有安神宁心、镇静功效的乐曲来调适心情。可选择旋律舒缓清悠、曲调低沉柔和的乐曲，如：小夜曲、摇篮曲、梅花三弄、春江花月夜等。这类曲子适合环境清幽、享受心情的咖啡厅。

3.抑制悲观情绪

利用使人轻松欣快的喜悦乐曲来调适情绪。可选择旋律悠扬、节奏明快多变、音色优美的乐曲，如：贝多芬第五交响曲；民族音乐百鸟朝凤等。

4.刺激食欲

利用音乐旋律刺激改善胃分泌及蠕动功能。可选择旋律优美淡雅、自然舒展平稳、强度变化不大的乐曲，如贝多芬的春天奏鸣曲第一乐章；柴可夫斯基的四小天鹅舞曲；民族音乐渔夫唱晚、平湖秋月等。

第四章

办理手续，让顾客相信你的店

导言

在决定要经营餐饮行业之前，我们先要了解一下，开一间餐饮类的店，根据国家的法律法规我们究竟需要什么的手续和证件，只有了解清楚了，才能让我们的餐饮店合法合规，顺利经营。

第一节　办理营业执照

营业执照是工商行政管理机关发给工商企业、个体经营者的准许从事某项生产经营活动的凭证。没有营业执照的工商企业或个体经营者一律不许开业，不得刻制公章、签订合同、注册商标、刊登广告，银行不予开立账户。

一、个体户办理"两证合一"

对于个体户来说，办理的营业执照为"两证合一"，即工商营业执照和税务登记证。

那么怎样算是个体户呢？《个体工商户条例》第 2 条第 1 款规定："有经营能力的公民，依照本条例规定经工商行政管理部门登记，从事工商业经营的，为个体工商户。"

1. 个体工商户登记事项

个体工商户登记事项包括以下内容。

（1）经营者的姓名及住所。申请登记个体户的公民的姓名和户籍所在地的详细住址。

（2）组织形式。个人经营或家庭经营。

（3）经营范围。个体户从事经营活动所属的行业类别。

（4）经营场所。个体户营业所在地的详细地址。

（5）个体户可以使用名称，也可以不使用名称登记，使用名称的，名称亦作为登记事项。

2.个体工商户营业执照办理所需材料

（1）申请人签署的个体工商户开业登记申请书。

（2）申请人的身份证原件及复印件。

（3）经营场所证明，提供房屋租赁合同原件及复印件、房产证复印件。

（4）《物权法》第77条规定的经营场所为住宅时，需要取得有利害关系业主的同意证明。

（5）近期一寸免冠照片1张。

（6）国家工商行政管理部门规定提交的其他文件。

3.个体工商户营业执照办理流程

（1）申请人填写材料，提交申请。

（2）受理人员受理。

（3）地段管理人员进行核查。

（4）所长批准登记申请。

（5）受理人员在10日内发放营业执照。

新手指南：

申请人对于材料的真实性要负责，经营场所的表述要和房产证上的一致，复印材料要用A4纸，并用黑色的钢笔或签字笔填写。

 相关链接 ‹

个体工商户的特征

（1）从事个体工商户必须依法核准登记。登记机关为工商行政管理部门。县、自治县、不设区的市、市辖区工商行政管理部门为个体工商户的登记机关，登记机关按照国务院工商行政管理部门的规定，可以委托其下属工商行政管理所办理个体工商户登记。

（2）个体工商户可以个人经营，也可以家庭经营。若个人经营的，以经营者本人为登记申请人；若家庭经营的，以家庭成员中主持经营者为登记申请人。

（3）个体工商户可以个人财产或者家庭财产作为经营资本。若是个人经营的，个体工商户的债务以个人财产承担；若是家庭经营的，个体工商户的债务以家庭财产承担，但是无法区分的，则以家庭财产承担。

（4）个体工商户只能经营法律法规允许个体经营的行业。对于申请登记的经营范围属于法律、行政法规禁止进入的行业的，登记机关不予以登记。

图4-1 营业执照式样

二、企业办理"五证合一"

自2016年10月1日起，我国正式实施"五证合一、一照一码"的登记制度。"五证"即"工商营业执照、组织机构代码证、税务登记证、社会保险登记证和统计登记证"。"五证合一"变为加载统一社会信用代码的营业执照，如图4-1所示。

"五证合一"证件的办理流程如下。

1.取名核名

（1）按照公司名称结构规定给公司取名，建议取5个以上的名称备用，名称结构包含这几部分：行政区划、字号、行业、组织形式。

（2）咨询后领取并填写名称（变更）预先核准申请书、授权委托意见，同时准备相关材料。

（3）递交名称（变更）预先核准申请书、投资人身份证、备用名称若干及相关材料，等待名称核准结果。

（4）领取企业名称预先核准通知书。

2.提交申请资料

领取企业名称核准通知书后，编制公司章程、准备注册地址证明所需的材料等向工商部门综合登记窗口提交登记申请材料，正式申请设立登记。

（1）综合登记窗口收到"五证合一"登记申请材料，对提交材料齐全的，出具收到材料凭据。

（2）工商行政管理局（以下简称工商局，有的地方称为市场监督管理局、工商和质量监督管理局）、质量技术监督局（以下简称质监局）、国家税务局（以下简称税务局）对提交材料不齐全或不符合法定形式，不予核准通过的，将有关信息及需要补正的材料传送综合登记窗口，由综合登记窗口一次性告知申请人需要补正的全部材料。补正后的材料都符合要求的，综合登记窗口出具收到材料凭据。

（3）登记申请材料传送工商局、质监局、税务局办理审批和登记。

3.领取营业执照

综合登记窗口在五个工作日之内，应向申请人颁发加载统一社会信用代码的营业执照。申请人携带准予设立登记通知书、办理人身份证原件，到工商局领取营业执照正、副本。

4.篆刻公章

餐饮企业领取营业执照后，经办人凭营业执照，到公安局指定刻章点办理刻章事宜。一般餐饮企业要刻的印章包括：公章、财务章、合同章、法人代表章、发票章。

5.银行开户

根据《人民币银行结算账户管理办法》规定，餐饮企业银行账户属于单位银行结算账户，按用途分为基本存款账户、一般存款账户、专用存款账户、临时存款账户，原则上应在注册地或住所地开立银行结算账户。一家餐饮企业只能在银行开立一个基本存款账户，该账户是存款人因办理日常转账结算和现金收付需要开立的银行结算账户。餐饮企业银行开立基本存款账户，建议先和银行预约办事时间并确认所需材料的具体内容及份数、法定代表人是否需要临柜，一般需准备好如下资料。

（1）营业执照的正副本。

（2）法人身份证原件。

（3）经办人身份证。

（4）法人私章、公章、财务章。

（5）其他开户银行所需的材料。

【案例赏析】▶▶

伪造营业执照被查处

2017年10月下旬，上虞区市场监督管理局便民服务窗口在受理浙江某建设工程有限公司变更登记时发现，该公司提交的营业执照副本制作粗糙，且非区市场监督管理局核发，窗口工作人员立即向该局市场稽查大队报告了相关情况。该局执法人员依法对该公司进行调查。经查，该公司在参加一次外地工程投标后，由于营业执照副本丢失，便通过当地地下办证机构伪造了相关营业执照副本。

该局根据《中华人民共和国公司登记管理条例》相关规定，对该案当事人作出了罚款10000元的处罚决定。

点评：

营业执照是由工商行政管理机关核发给经营者从事经营活动的合法凭证，其格式由国家工商行政管理局统一规定。营业执照遗失，应当在登记机关指定的报刊上声明作废，申请领补。而该案当事人在发现营业执照遗失后，不是按照有效的途径申请领补，而是通过不合法的途径办理取得营业执照副本。

第二节 办理食品生产许可证

食品生产许可证制度是食品质量安全市场准入制度的基础和核心。《中华人民共和

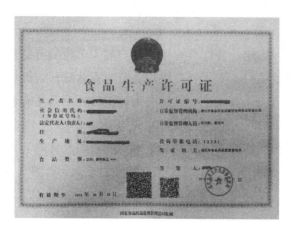

图4-2 《食品生产许可证》式样

国食品安全法》（以下简称《食品安全法》）第三十五条规定，国家对食品生产经营实行许可制度。从事食品生产、食品销售、餐饮服务，应当依法取得许可。但是销售食用农产品，不需要取得许可。未取得《食品生产许可证》的企业不准生产食品。上述的餐饮服务包括正餐服务、快餐服务、饮料和冷饮服务、餐饮配送服务。《食品生产许可证》式样如图4-2所示。

一、《食品生产许可证》申请

1.申请资格

申请食品生产许可，应当先行取得营业执照等合法主体资格。企业法人、合伙企业、个人独资企业、个体工商户等，以营业执照载明的主体作为申请人。食品生产许可实行"一企一证"，对具有生产场所和设备设施并取得营业执照的一个食品生产者，从事食品生产活动，仅发放一张食品生产许可证。

2.申请类别

申请食品生产许可，应当按照表4-1所示的食品类别提出。

表 4-1　申请食品生产许可的类别

序号	类别	序号	类别	序号	类别
1	粮食加工品	12	薯类和膨化食品	23	淀粉及淀粉制品
2	食用油、油脂及其制品	13	糖果制品	24	糕点
3	调味品	14	茶叶及相关制品	25	豆制品
4	肉制品	15	酒类	26	蜂产品
5	乳制品	16	蔬菜制品	27	保健食品
6	饮料	17	水果制品	28	特殊医学用途配方食品
7	方便食品	18	炒货食品及坚果制品	29	婴幼儿配方食品
8	饼干	19	蛋制品	30	特殊膳食食品
9	罐头	20	可可及焙烤咖啡产品	31	其他食品
10	冷冻饮品	21	食糖		
11	速冻食品	22	水产制品		

3. 申请条件

申请食品生产许可，应当符合下列条件。

（1）具有与生产的食品品种、数量相适应的食品原料处理和食品加工、包装、储存等场所，保持该场所环境整洁，并与有毒、有害场所以及其他污染源保持规定的距离。

（2）具有与生产的食品品种、数量相适应的生产设备或者设施，有相应的消毒、更衣、盥洗、采光、照明、通风、防腐、防尘、防蝇、防鼠、防虫、洗涤以及处理废水、存放垃圾和废弃物的设备或者设施；保健食品生产工艺有原料提取、纯化等前处理工序的，需要具备与生产的品种、数量相适应的原料前处理设备或者设施。

（3）有专职或者兼职的食品安全管理人员和保证食品安全的规章制度。

（4）具有合理的设备布局和工艺流程，防止待加工食品与直接入口食品、原料及成品交叉污染，避免食品接触有毒物、不洁物。

（5）法律、法规规定的其他条件。

4. 申请资料

申请食品生产许可，应当向申请人所在地县级以上地方食品药品监督管理部门提交如图4-3所示的材料。

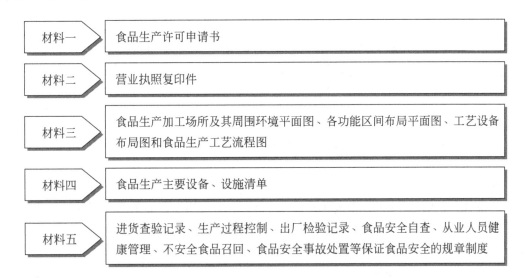

图4-3　申请食品生产许可证应提供的材料

> ◈ **新手指南：**
>
> 申请人委托他人办理食品生产许可申请的，代理人应当提交授权委托书以及代理人的身份证明文件。

二、《食品生产许可证》管理

《食品生产许可证》分为正本、副本。正本、副本具有同等法律效力。

1.食品生产许可证载明事项

食品生产许可证应当载明：生产者名称、社会信用代码（个体生产者为身份证号码）、法定代表人（负责人）、住所、生产地址、食品类别、许可证编号、有效期、日常监督管理机构、日常监督管理人员、投诉举报电话、发证机关、签发人、发证日期和二维码。

2.食品生产许可证编号组成

食品生产许可证编号由SC（"生产"的汉语拼音字母缩写）和14位阿拉伯数字组成。数字从左至右依次为：3位食品类别编码、2位省（自治区、直辖市）代码、2位市（地）代码、2位县（区）代码、4位顺序码、1位校验码。如图4-4所示。前3位食品类别编码中，第1位数字代表食品、食品添加剂生产许可识别码，"1"代表食品、"2"代表食品添加剂。第2、第3位数字代表食品、食品添加剂类别编号。食品添加剂类别编号标识为："01"代表食品添加剂，"02"代表食品用香精，"03"代表复配食品添加剂。

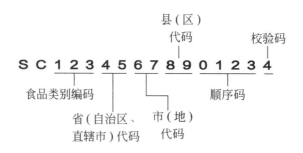

图4-4　食品生产许可证编号组成

新获证及换证食品生产者，应当在食品包装或者标签上标注新的食品生产许可证编号，不再标注"QS"标志。食品生产者存有的带有"QS"标志的包装和标签，可以继续使用完为止。2018年10月1日起，食品生产者生产的食品不得再使用原包装、标签和"QS"标志。使用原包装、标签、标志的食品，在保质期内可以继续销售。

3.食品生产许可证保管

食品生产者应当妥善保管食品生产许可证，不得伪造、涂改、倒卖、出租、出借、转让。食品生产者应当在生产场所的显著位置悬挂或者摆放食品生产许可证正本。

三、相关法律责任

（1）未取得食品生产许可从事食品生产活动的，由县级以上地方食品药品监督管理部门依照《食品安全法》第一百二十二条的规定给予处罚。

（2）许可申请人隐瞒真实情况或者提供虚假材料申请食品生产许可的，由县级以上地方食品药品监督管理部门给予警告。申请人在1年内不得再次申请食品生产许可。

（3）被许可人以欺骗、贿赂等不正当手段取得食品生产许可的，由原发证的食品药品监督管理部门撤销许可，并处1万元以上3万元以下罚款。被许可人在3年内不得再次申请食品生产许可。

（4）食品生产者伪造、涂改、倒卖、出租、出借、转让食品生产许可证的，由县级以上地方食品药品监督管理部门责令改正，给予警告，并处1万元以下罚款；情节严重的，处1万元以上3万元以下罚款。

（5）食品生产者未按规定在生产场所的显著位置悬挂或者摆放食品生产许可证的，由县级以上地方食品药品监督管理部门责令改正；拒不改正的，给予警告。

（6）食品生产者工艺设备布局和工艺流程、主要生产设备设施、食品类别等事项发生变化，需要变更食品生产许可证载明的许可事项，未按规定申请变更的，由原发证的食品药品监督管理部门责令改正，给予警告；拒不改正的，处2000元以上1万元以下罚款。

（7）食品生产许可证副本载明的同一食品类别内的事项、外设仓库地址发生变化，食品生产者未按规定报告的，或者食品生产者终止食品生产，食品生产许可被撤回、撤销或者食品生产许可证被吊销，未按规定申请办理注销手续的，由原发证的食品药品监督管理部门责令改正；拒不改正的，给予警告，并处2000元以下罚款。

（8）被吊销生产许可证的食品生产者及其法定代表人、直接负责的主管人员和其他直接责任人员自处罚决定作出之日起5年内不得申请食品生产经营许可，或者从事食品生产经营管理工作、担任食品生产经营企业食品安全管理人员。

新手指南：

> 无证无照经营是违法行为，不仅会被强制停止经营活动、没收违法所得再处以罚款，甚至还会被记入信用不良记录并予以公示，影响品牌信誉。

第三节 办理食品经营许可证

在中华人民共和国境内，从事食品销售和餐饮服务活动，应当依法取得食品经营许可。食品经营许可实行一地一证原则，即食品经营者在一个经营场所从事食品经营活动，应当取得一个食品经营许可证。图4-5、图4-6所示为《食品经营许可证》正本、副本式样。

图4-5 《食品经营许可证》正本式样

图4-6 《食品经营许可证》副本式样

一、《食品经营许可证》申请

1.申请资格

申请食品经营许可，应当先行取得营业执照等合法主体资格。

（1）企业法人、合伙企业、个人独资企业、个体工商户等，以营业执照载明的主体作为申请人。

（2）机关、事业单位、社会团体、民办非企业单位、企业等申办单位食堂，以机关或者事业单位法人登记证、社会团体登记证或者营业执照等载明的主体作为申请人。

2.申请类别

申请食品经营许可，应当按照食品经营主体业态和经营项目分类提出。

（1）主体业态。食品经营主体业态分为图4-7所示的三种。

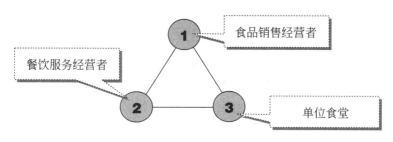

图4-7　食品经营主体业态

　　食品经营者申请通过网络经营、建立中央厨房或者从事集体用餐配送的，应当在主体业态后以括号标注。

　　（2）经营项目分类。食品经营项目分为预包装食品销售（含冷藏冷冻食品、不含冷藏冷冻食品）、散装食品销售（含冷藏冷冻食品、不含冷藏冷冻食品）、特殊食品销售（保健食品、特殊医学用途配方食品、婴幼儿配方乳粉、其他婴幼儿配方食品）、其他类食品销售；热食类食品制售、冷食类食品制售、生食类食品制售、糕点类食品制售、自制饮品制售、其他类食品制售等。如申请散装熟食销售的，应当在散装食品销售项目后以括号标注。

　　列入其他类食品销售和其他类食品制售的具体品种应当报国家市场监督管理总局批准后执行，并明确标注。具有热、冷、生、固态、液态等多种情形，难以明确归类的食品，可以按照食品安全风险等级最高的情形进行归类。

3.申请条件

根据《食品安全法》规定，申请食品经营许可，应当符合图4-8所示的条件。

条件一	具有与经营的食品品种、数量相适应的食品原料处理和食品加工、销售、储存等场所，保持该场所环境整洁，并与有毒、有害场所以及其他污染源保持规定的距离
条件二	具有与经营的食品品种、数量相适应的经营设备或者设施，有相应的消毒、更衣、盥洗、采光、照明、通风、防腐、防尘、防蝇、防鼠、防虫、洗涤以及处理废水、存放垃圾和废弃物的设备或者设施

图4-8

条件三	有专职或者兼职的食品安全管理人员和保证食品安全的规章制度
条件四	具有合理的设备布局和工艺流程，防止待加工食品与直接入口食品、原料与成品交叉污染，避免食品接触有毒物、不洁物
条件五	法律、法规规定的其他条件

图4-8　申请食品经营许可的条件

4.申请资料

申请食品经营许可，应当向申请人所在地县级以上地方食品药品监督管理部门提交下列材料。

（1）食品经营许可申请书。

（2）营业执照或者其他主体资格证明文件复印件。

（3）与食品经营相适应的主要设备设施布局、操作流程等文件。

（4）食品安全自查、从业人员健康管理、进货查验记录、食品安全事故处置等保证食品安全的规章制度。

> **新手指南：**
>
> 申请人应当如实向食品药品监督管理部门提交有关材料和反映真实情况，对申请材料的真实性负责，并在申请书等材料上签名或者盖章。

二、《食品经营许可证》管理

食品经营许可证分为正本、副本。正本、副本具有同等法律效力。

1.食品经营许可证载明事项

食品经营许可证应当载明：经营者名称、社会信用代码（个体经营者为身份证号码）、法定代表人（负责人）、住所、经营场所、主体业态、经营项目、许可证编号、有效期、日常监督管理机构、日常监督管理人员、投诉举报电话、发证机关、签发人、发证日期和二维码。

如在经营场所外设有仓库（包括自有和租赁），应当在副本上的经营场所后以括号标注仓库名称和具体地址。

2.食品经营许可证编号组成

食品经营许可证编号由JY（"经营"的汉语拼音字母缩写）和14位阿拉伯数字组成。

数字从左至右依次为：1位主体业态代码、2位省（自治区、直辖市）代码、2位市（地）代码、2位县（区）代码、6位顺序码、1位校验码。如图4-9所示。其中主体业态类别编码用1、2、3标识，具体为：1代表食品销售经营者，2代表餐饮服务经营者，3代表单位食堂。

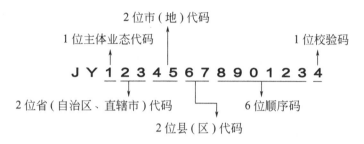

图4-9　食品经营许可证编号组成

食品经营许可证编号在全国范围内是唯一的，任何一个从事食品经营活动的市场主体只能拥有一个许可证编号，任何一个许可证编号只能赋给一个市场主体。市场主体在从事食品经营活动存续期间，许可证编号保持不变。食品经营许可证注销后，该许可证编号应被系统保留，不能再赋给其他市场主体。

3.食品经营许可证保管

（1）食品经营者应当妥善保管食品经营许可证，不得伪造、涂改、倒卖、出租、出借、转让。

（2）食品经营者应当在经营场所的显著位置悬挂或者摆放食品经营许可证正本。

4.食品经营许可证变更

（1）食品经营许可证载明的许可事项发生变化的，食品经营者应当在变化后10个工作日内向原发证的食品药品监督管理部门申请变更经营许可。

（2）经营场所发生变化的，应当重新申请食品经营许可。外设仓库地址发生变化的，食品经营者应当在变化后10个工作日内向原发证的食品药品监督管理部门报告。

（3）申请变更食品经营许可的，应当提交图4-10所示的申请材料。

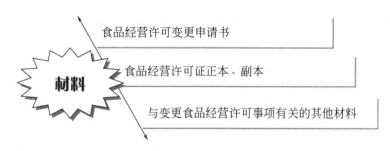

图4-10　申请变更食品经营许可应提交的材料

三、相关法律责任

（1）未取得食品经营许可从事食品经营活动的，由县级以上地方食品药品监督管理部门依照《食品安全法》第一百二十二条的规定给予处罚。

（2）许可申请人隐瞒真实情况或者提供虚假材料申请食品经营许可的，由县级以上地方食品药品监督管理部门给予警告。申请人在1年内不得再次申请食品经营许可。

（3）被许可人以欺骗、贿赂等不正当手段取得食品经营许可的，由原发证的食品药品监督管理部门撤销许可，并处1万元以上3万元以下罚款。被许可人在3年内不得再次申请食品经营许可。

（4）食品经营者伪造、涂改、倒卖、出租、出借、转让食品经营许可证的，由县级以上地方食品药品监督管理部门责令改正，给予警告，并处1万元以下罚款；情节严重的，处1万元以上3万元以下罚款。

（5）食品经营者未按规定在经营场所的显著位置悬挂或者摆放食品经营许可证的，由县级以上地方食品药品监督管理部门责令改正；拒不改正的，给予警告。

（6）食品经营许可证载明的许可事项发生变化，食品经营者未按规定申请变更经营许可的，由原发证的食品药品监督管理部门责令改正，给予警告；拒不改正的，处2000元以上1万元以下罚款。

（7）食品经营者外设仓库地址发生变化，未按规定报告的，或者食品经营者终止食品经营，食品经营许可被撤回、撤销或者食品经营许可证被吊销，未按规定申请办理注销手续的，由原发证的食品药品监督管理部门责令改正；拒不改正的，给予警告，并处2000元以下罚款。

（8）被吊销经营许可证的食品经营者及其法定代表人、直接负责的主管人员和其他直接责任人员自处罚决定作出之日起5年内不得申请食品生产经营许可，或者从事食品生产经营管理工作、担任食品生产经营企业食品安全管理人员。

【案例赏析】▸▸

伪造食品经营许可证被查处

2018年9月21日，连江县市场监督管理局执法人员对美团平台检查时发现，福建商学院连江校区一层食堂七鲜肥肠面档口使用的食品经营许可证涉嫌伪造，立即对当事人的经营场所进行检查，未发现平台上所用许可证。经营者林某承认并未办理。经查，林某为福建商学院连江校区一层食堂七鲜肥肠面档口的组长，档口效益与其收入挂钩。为了增加收入，当事人想让档口上外卖平台。因校方不让食堂档口另外办理证照，当事人通过路上办证的小广告，以500元的价格请人伪造图片用于网络外卖平台。9月18日，当事人将图片上传至美团平台，9月20日网店开张，营业额数千元。

当事人的行为违反了《食品经营许可管理办法》第二十六条第一款的规定，构成伪造食品经营许可证的行为。

2018年10月30日，连江县市场监督管理局依据《食品经营许可管理办法》第四十八条规定，责令当事人改正，予以警告并处以罚款5000元。

点评：

市场监管部门提醒消费者，消费者在消费时应注意查看餐饮企业的《营业执照》《食品经营许可证》以及证照的有效期，也提醒商户合法守法经营，莫以一时的贪念和方便造成终生遗憾，同时提醒各大外卖平台，注意核查入驻商户的合法经营证照。

第四节 办理消防手续

《中华人民共和国消防法》第十五条规定："公众聚集场所在投入使用、营业前，建设单位或者使用单位应当向场所所在地的县级以上地方人民政府消防救援机构申请消防安全检查。消防救援机构应当自受理申请之日起十个工作日内，根据消防技术标准和管理规定，对该场所进行消防安全检查。未经消防安全检查或者经检查不符合消防安全要求的，不得投入使用、营业。"

一、基本要求

餐饮店经营场所具有下列情形之一的，应当向公安机关消防机构申请消防设计审核，并在建设工程竣工后向出具消防设计审核意见的公安机关消防机构申请消防验收。

（1）建筑总面积大于一万平方米的宾馆、饭店。

（2）建筑总面积大于五百平方米的夜总会、游艺厅酒吧，具有娱乐功能的餐馆、茶馆、咖啡厅。

二、申办材料

1.消防安全检查

《消防监督检查规定》（公安部令第120号）第八条规定，公众聚集场所在投入使用、营业前申请消防安全检查，应当向场所所在地的县级以上人民政府公安机关消防机构提交下列材料。

（1）消防安全检查申报表。

（2）营业执照复印件或者工商行政管理机关出具的企业名称预先核准通知书。

（3）依法取得的建设工程消防验收或者进行竣工验收消防备案的法律文件复印件。

（4）消防安全制度、灭火和应急疏散预案、场所平面布置图。

（5）员工岗前消防安全教育培训记录和自动消防系统操作人员取得的消防行业特有工种职业资格证书复印件。

（6）法律、行政法规规定的其他材料。

依照《建设工程消防监督管理规定》不需要进行竣工验收消防备案的公众聚集场所申请消防安全检查的，还应当提交场所室内装修消防设计施工图、消防产品质量合格证明文件，以及装修材料防火性能符合消防技术标准的证明文件、出厂合格证。

2.消防设计审核

《建设工程消防监督管理规定》（公安部令第119号）第十五条规定，餐饮企业申请消防设计审核应当提供下列材料。

（1）建设工程消防设计审核申报表。

（2）建设单位的工商营业执照等合法身份证明文件。

（3）设计单位资质证明文件。

（4）消防设计文件。

（5）法律、行政法规规定的其他材料。

3.消防验收

《建设工程消防监督管理规定》（公安部令第119号）第二十一条规定，餐饮企业申请消防验收应当提供下列材料。

（1）建设工程消防验收申报表。

（2）工程竣工验收报告和有关消防设施的工程竣工图纸。

（3）消防产品质量合格证明文件。

（4）具有防火性能要求的建筑构件、建筑材料、装修材料符合国家标准或者行业标准的证明文件、出厂合格证。

（5）消防设施检测合格证明文件。

（6）施工、工程监理、检测单位的合法身份证明和资质等级证明文件。

（7）建设单位的工商营业执照等合法身份证明文件。

（8）法律、行政法规规定的其他材料。

三、消防检查注意事项

1.营业前消防检查

公安机关消防机构对公众聚集场所投入使用、营业前进行消防安全检查，重点检查事项如下。

（1）建筑物或者场所是否依法通过消防验收合格或者进行竣工验收消防备案抽查合

格；依法进行竣工验收消防备案但没有进行备案抽查的建筑物或者场所是否符合消防技术标准。

（2）消防安全制度、灭火和应急疏散预案是否制定。

（3）自动消防系统操作人员是否持证上岗，员工是否经过岗前消防安全培训。

（4）消防设施、器材是否符合消防技术标准并完好有效。

（5）疏散通道、安全出口和消防车通道是否畅通。

（6）室内装修材料是否符合消防技术标准。

（7）外墙门窗上是否设置影响逃生和灭火救援的障碍物。

2.营业中消防检查

公安机关消防机构对属于人员密集场所的消防安全重点单位每年至少监督检查一次，主要检查事项如下。

（1）建筑物或者场所是否依法通过消防验收或者进行竣工验收消防备案，公众聚集场所是否通过投入使用、营业前的消防安全检查。

（2）建筑物或者场所的使用情况是否与消防验收或者进行竣工验收消防备案时确定的使用性质相符。

（3）消防安全制度、灭火和应急疏散预案是否制定。

（4）消防设施、器材和消防安全标志是否定期组织维修保养，是否完好有效。

（5）电器线路、燃气管路是否定期维护保养、检测。

（6）疏散通道、安全出口、消防车通道是否畅通，防火分区是否改变，防火间距是否被占用。

（7）是否组织防火检查、消防演练和员工消防安全教育培训，自动消防系统操作人员是否持证上岗。

（8）生产、储存、经营易燃易爆危险品的场所是否与居住场所设置在同一建筑物内。

（9）生产、储存、经营其他物品的场所与居住场所设置在同一建筑物内的，是否符合消防技术标准。

（10）抽查室内装修材料是否符合消防技术标准、外墙门窗上是否设置影响逃生和灭火救援的障碍物。

第五节 办理环保许可

按照餐饮业新规，餐饮经营场所面积≥50平方米，新建店必须做环评审批，而面积<50平方米则不再需要做环评审批。环保审批是开大型、中型餐饮店证照办理过程中不可缺少的一个步骤。

一、基本要求

根据《中华人民共和国环境影响评价法》（2016修订）及《建设项目环境保护管理条例》（2017修订）规定，国家根据建设项目对环境的影响程度，对建设项目的环境影响评价实行分类管理，建设项目的环境影响评价分类管理名录，由国务院环境保护行政主管部门制定并公布。经查阅《建设项目环境影响评价分类管理名录》（生态环境部令第44号），餐饮、娱乐场所应当填报环境影响登记表，国家对环境影响登记表实行备案管理。若餐饮店未依法备案建设项目环境影响登记表的，由县级以上环境保护行政主管部门责令备案，处五万元以下的罚款。

◈ 新手指南：

餐饮店在日常运营过程中应当遵守《中华人民共和国环境噪声污染防治法》《中华人民共和国大气污染防治法》等法律法规的要求。

二、环境影响登记表备案指南

（1）建设项目环境影响登记表备案采用网上备案方式。生态环境部统一布设建设项目环境影响登记表网上备案系统（以下简称网上备案系统），县级环境保护主管部门负责本行政区域内的建设项目环境影响登记表备案管理并向社会公告网上备案系统地址链接信息。餐饮店应当在建设项目建成并投入生产运营前，登录网上备案系统，在网上备案系统注册真实信息，在线填报并提交建设项目环境影响登记表。

（2）餐饮店在办理建设项目环境影响登记表备案手续时，应当同时就其填报的环境影响登记表内容的真实、准确、完整作出承诺，并在登记表中的相应栏目由该建设单位的法定代表人或者主要负责人签署姓名。

（3）餐饮店在线提交环境影响登记表后，网上备案系统自动生成备案编号和回执，该建设项目环境影响登记表备案即为完成。餐饮店可以自行打印留存其填报的建设项目环境影响登记表及建设项目环境影响登记表备案回执。建设项目环境影响登记表备案回执是环境保护主管部门确认收到建设单位环境影响登记表的证明。

（4）建设项目环境影响登记表备案完成后，餐饮店或者其法定代表人或者主要负责人在建设项目建成并投入生产运营前发生变更的，餐饮店应当依照本办法规定再次办理备案手续。

三、餐饮油烟排放管理

排放油烟的餐饮服务业经营者应当在运营过程中符合如下要求。

（1）必须安装油烟净化设施并保持正常使用，或者采取其他油烟净化措施。国务院

《大气污染防治行动计划》明确提出"开展餐饮油烟污染治理。城区餐饮服务经营场所应安装高效油烟净化设施，推广使用高效净化型家用吸油烟机。"

（2）油烟应当严格按照国家标准《GB 18483—2001饮食业油烟排放标准（试行）》达标排放，并防止对附近居民的正常生活环境造成污染。目前执法实践中，安装并正常运行符合"标准限值"要求的油烟净化设施视同达标。未经任何油烟净化设施净化的油烟排放视同超标。

（3）在下列三类场所明确禁止新建、改建、扩建产生油烟、异味、废气的餐饮服务项目：居民住宅楼、未配套设立专用烟道的商住综合楼、配套设立了专用烟道的商住综合楼中与居住层相邻的商业楼层。

（4）不得在政府禁止的区域内露天烧烤，此外，县级以上地方政府可依据重污染天气的预警等级启动应急预案要求停止露天烧烤。露天烧烤易产生大量油烟，属于餐饮业中排烟大户，但并非全部禁止，如北京市《禁止露天烧烤食品的规定（北京市人民政府第200号令）》中划定了禁止露天烧烤区域，"禁止在本市城区和近郊区城镇地区的街道、胡同、广场、居住小区、公共绿地等公共场所露天烧烤食品""生活消费品、生产资料市场的开办单位应当加强监督检查，制止在市场内露天烧烤食品"。

四、噪声污染防治管理

对于噪声排放标准，我国在《环境噪声污染防治法》中规定了城市五类区域的环境噪声最高限值，如表4-2所示。

表 4-2　城市五类环境噪声标准值

类别	昼间	夜间
0类	50分贝	40分贝
1类	55分贝	45分贝
2类	60分贝	50分贝
3类	65分贝	55分贝
4类	70分贝	55分贝

注：0类标准适用于疗养区、高级别墅区、高级宾馆区等特别需要安静的区域；1类标准适用于以居住、文教机关为主的区域。乡村居住环境可参照执行该类标准；2类标准适用于居住、商业、工业混杂区；3类标准适用于工业区；4类标准适用于城市中的道路交通干线道路两侧区域，穿越城区的内河航道两侧区域。

对于餐饮店而言，首先要确定餐厅所处位置是属于哪一类区域，从而判断适用何种标准，以便进行音量控制；其次，在餐厅日常经营过程中应当遵循如下要求。

（1）不得使用高音广播喇叭或者采用其他发出高噪声的方法招揽顾客，不得在城市市区噪声敏感建设物集中区域内（即医院、学校、机关、科研单位、住宅等需要保持安静的建筑物）使用高音广播喇叭。

（2）使用空调器、冷却塔等可能产生环境噪声污染的设备、设施的，其边界噪声不得超过国家规定的环境噪声排放标准。

（3）对空调制冷设备、对风机等容易产生噪声的设备应该配套建设隔音板、减震垫等隔声、减振设施，保证噪声污染防治设施的正常运行，确保噪声符合国家规定的排放标准。

第五章

树立品牌，让顾客记住你的店

导言

在消费追求日益多元化、个性化的新形势下，餐饮品牌的功能越来越重要。对于餐饮企业来说，餐饮品牌的树立能够引发顾客的消费心理偏好，建立客户的友好感情，增强消费者的认同感和对品牌的忠诚度。品牌知名度是餐饮业最有价值的竞争资源。

第一节　品牌定位

餐饮品牌定位是餐饮品牌建设的基础，是经营成功的前提。餐饮品牌定位在品牌经营和市场营销中有着极其重要的作用。如果不能有效地对品牌进行定位，塑造出差异化的品牌个性与形象，必然会使自己的餐饮店淹没在同质化的其他餐饮门店中。

一、品牌定位的概念

品牌定位是餐饮店开展市场销售工作的重要前提。通俗地说，品牌定位就是餐饮店将自己的产品或服务设想在目标消费者心目中的独特位置。

餐饮企业的品牌定位实质上就是推出餐饮企业自身所期望的形象（产品、服务或餐饮企业本身），目的是让其在消费者心目中的实际形象与餐饮企业所期望的形象相吻合或产生共鸣，这也可以说是餐饮企业的一种引导和控制消费者心理的销售行为。

二、品牌定位的要素

品牌定位的要素如图5-1所示。

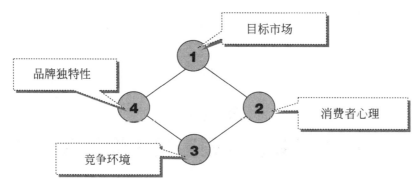

图5-1　品牌定位的要素

1.目标市场

品牌定位的第一个要素是确定目标市场或目标消费者。品牌定位是品牌被预设的在目标消费者心理空间的位置。只有选定目标消费者，并由此确定定位空间，才谈得上品牌定位。

2.消费者心理

消费者心理是品牌定位的第二个要素，因为品牌定位是预设品牌在目标消费者心理空间的位置；只有了解目标消费者的心理，才能建立他们的心理空间；而只有建立心理空间，才能进行品牌定位；建立消费者的心理空间，就是确定与消费者认知、动机和态度有关的定位维度（定位坐标轴）。因此了解目标消费者现在的和潜在的认知、动机、态度，选择与此相关的、恰当的定位维度，是品牌定位的一个关键。

比如，真功夫以营养健康为卖点的原盅蒸饭和蒸汤是典型的岭南风味：口味清淡，制作精细。真功夫尽管属于岭南饮食文化，但中国人大部分以米饭为主食，而目前在快餐市场上像真功夫这样专注于"做饭"的快餐品牌几乎没有，而蒸以水为热媒，能保持食物原味，不上火，是非常健康的烹饪方式。真功夫的这一做法，恰好迎合了消费者的消费习惯，抓住了消费者的心理。

3.竞争环境

分析竞争环境是品牌定位的一个要素，因为进入目标消费者心理空间的品牌通常不止一个，品牌与其竞争对手的定位之间是相互影响的，因此品牌定位要分析竞争环境和了解对手的定位。

分析竞争环境就是选择一组竞争维度，比较品牌与其对手在每一个竞争维度上的优势或劣势，由此选择较能体现该品牌优势的竞争维度，再从中选出最重要的竞争维度作为定位维度。

比如，品牌A的竞争对手是品牌B。现选择技术、成本、质量和服务作为比较两个品牌的4个竞争维度，经过市场调研发现，在技术上，品牌A与品牌B旗鼓相当；在成本上，品牌A处于弱势；在质量和服务上，品牌A处于优势。由此选择质量和服务作为品牌A候选的定位维度。再通过调研了解到，品牌B在质量上具有较强的改进能力，而在服务上改进的能力较弱，改进的可能性较小。据此最终应确定服务作为品牌A的定位维度，即品牌A应定位于服务优势。

4.品牌独特性

品牌独特性或品牌差异化也是品牌定位的一个要素，这也是由品牌在目标市场的竞争所决定的。品牌定位是预设品牌在消费者心理空间的独特的位置，独特的位置就是品牌区别于其他对手的有特色或有差异的位置。品牌的特色定位或差异化定位是品牌定位的一个关键。

三、品牌定位的途径

定位的核心在于能够找到餐饮市场需求中的差异化策略，打造属于你自身的差异化策略。而围绕这个核心，我们应该从哪几个方面入手呢？可参考图5-2所示的途径。

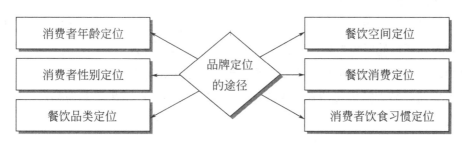

图5-2 品牌定位的途径

1.消费者年龄定位

我们产品的目标消费群体是什么年龄段？是年轻人还是中老年？拿年轻人来说吧，也是能划分出不同年龄段的，是学生群体还是上班族？学生群体又能分中小学还是大学生。不同年龄段和社会层级，他们的消费方式、习惯和诉求都有着完全不同的需求，而我们所要做的就是明确我们的产品更适合什么年龄段的消费者。

2.消费者性别定位

并非所有的菜品都适合全性别，比如甜品就更容易获得女性的青睐，而大多数男性消费者却并不"感冒"。这里的重点是要理清我们的产品是否存在有强烈而又明确的性别标签，如果确实存在，那就有必要根据目标群体进行相应的调整。

3.餐饮品类定位

这一点类似于餐饮店面选址和餐饮空间设计，事实上这二者里头的学问也是和品牌定位息息相关的。因为我们卖什么类型的餐饮产品，最后生意好坏在一定程度上都会受到二者的影响。合适的店铺选址和店内装修对于店面影响力的提升能起到很大的作用，不同品类的餐饮，其定位都是不一样的。

比如，提供外带的餐饮必定和提供堂食的餐饮在定位上有着截然不同的区别。

4.餐饮空间定位

这是指餐饮店能给消费者提供什么样的消费环境。

比如，满足上班族的工作餐，需要的就是简单快捷；如果面向的是朋友聚餐，则需要更为宽敞的座位空间；如果面向的是商务宴请，则对于空间的私密性有很高的要求等。

经营者需要更多地去考虑自己门店的周边环境和消费群体，根据他们的消费习惯来做定位。

5.餐饮消费定位

菜品价格该怎么定，对于有着多年餐饮从业经验的餐饮人来说也并非易事，但总体的原则不变，定价应当与餐饮店所在区域的平均消费水平相挂钩。很多餐饮品牌的菜品确实不错，然而定价高于所在区域的消费水平，导致经营惨淡的实例也是很常见的。

6.消费者饮食习惯定位

大体上说，中国有八大菜系，当然细分的话远远不止这些，这也说明不同区域的生活习惯和地理环境的巨大差异，导致了每一个地方都有着各自不同的饮食习惯。

比如，河南人的早饭以胡辣汤为一绝，武汉人喜欢热干面等。

如果你的产品无法满足所在地消费者的饮食习惯的话，结果可想而知，一定不会受到消费者的青睐。

四、品牌定位的方法

餐饮品牌定位能够为品牌明确适当的市场定位，并在此基础上，针对品牌的文化取向和个性差异进行决策，使之成为目标市场上的一个鲜明独立的品牌形象。常见的品牌定位方法有图5-3所示的几种。

图5-3 品牌定位的方法

1.比附定位法

比附定位就是攀附名牌、比拟名牌来给自己的产品定位，希望借助知名品牌的光辉来提升本品牌的形象。

比附定位通常采用以下三种方式来实施。

（1）"第二主义"。就是明确承认市场的第一品牌，自己只是第二。这种策略会使人们对此品牌产生一种谦虚诚恳的印象，相信此品牌所说是真实可靠的，这样较容易使消费者记住这个通常难以进入人们心智的序位。

比如，美国阿维斯出租汽车公司"我们是第二，我们要进一步努力"的定位。

（2）攀龙附凤。这是指承认市场中已卓有成就的品牌，本品牌虽自愧弗如，但在某一地区或在某一方面还可与这些最受消费者欢迎和信赖的品牌并驾齐驱、平分秋色。

比如，巴奴毛肚火锅的定位：服务不是巴奴的特色，毛肚和菌汤才是！既让自己与火锅业的"老大"海底捞相提并论，又形成了明显的差异化。

（3）俱乐部策略。本品牌如果不能取得本市场第一地位又无法攀附第二名，便退而采用此策略，希望借助群体的声望和模糊数学的手法，打出会限制严格的俱乐部式的高级团体牌子，强调自己是这一高级群体的一员。从而借助俱乐部其他市场领先品牌的光辉形象来抬高自己的地位形象。

比如，美国克莱斯勒汽车公司的定位为"美国三大汽车之一"。这种定位使消费者感到克莱斯勒和第一、第二的GE、福特一样都是最好的汽车生产商。

2.利益定位

利益定位就是根据产品或者所能为消费者提供的利益、解决问题的程度来定位。由于消费者能记住的信息是有限的，往往只对某一利益进行强烈诉求，容易产生较深的印象。

比如，宝洁的飘柔定位于"柔顺"；海飞丝定位于"去头屑"；潘婷是定位于"护发"。

3.USP定位

USP定位策略的内容是在对产品和目标消费者进行研究的基础上，寻找产品特点中最符合消费者需要的竞争对手所不具备的最为独特的部分。

比如，美国M&M巧克力的"只溶在口，不溶于手"的定位和乐百氏纯净水的"27层净化"是国内USP定位的经典之作。又如云味馆的"世界很大、云南不远"也是如此。如图5-4所示。

4.目标群体定位

该定位直接以某类消费群体为诉求对象，突出产品专为该类消费群体服务，来获得目标消费群的认同。把品牌与消费者结合起来，有利于增进消费者的归属感，使其产生"这个品牌是为我量身定做"的感觉。

图5-4 云味馆

图5-5　榴莲比萨创造者

比如，金利来的"男人的世界"、万宝路香烟的"万宝路的男人"、哈斯维衬衫的"穿哈斯维的男人"、二人锅的90后女性社区、莫奈花园以女性为主的下午茶。

5.市场空白点定位

市场空白点定位是指企业通过细分市场占领市场上未被人重视或者竞争对手还未来得及占领的细分市场，推出能有效满足这一细分市场需求的产品或者服务。

比如，乐凯撒的榴莲比萨创造者的定位，就是抢占了榴莲比萨的市场空白（见图5-5）。

6.质量/价格定位

即结合对照质量和价格来定位，质量和价格通常是消费者最关注的要素，而且往往是相互结合起来综合考虑的，但不同的消费者侧重点不同。

比如，某选购品的目标市场是中等收入的理智型的购买者，则可定位为"物有所值"的产品，作为与"高质高价"或"物美价廉"相对立的定位。这以戴尔电脑的"物超所值，实惠之选"和雕牌用"只选对的，不买贵的"为代表。

7.档次定位

按照品牌在消费者心中的价值高低可将品牌分出不同的档次，如高档、中档和低档，不同档次的品牌带给消费者不同的心理感受和情感体验，常见的是奢侈品牌的定位策略。

比如，劳力士的"劳力士从未改变世界，只是把那留给戴它的人"、江诗丹顿的"你可以轻易地拥有时间，但无法轻易地拥有江诗丹顿"和派克的"总统用的是派克"的定位。

8.类别定位

该定位就是与某些知名而又属司空见惯类型的产品作出明显的区别，把自己的品牌定位于竞争对手的对立面，这种定位也可称为与竞争者划定界线的定位。

比如，七喜的"七喜，非可乐"定位，就是采用类别定位法。

9.文化定位

将文化内涵融入品牌，形成文化上的品牌差异，这种文化定位不仅可以大大提高品牌的品位，而且可以使品牌形象更加独具特色。

比如，珠江云峰酒业推出的"小糊涂仙"的"难得糊涂"的"糊涂文化"和金六福的"金六福——中国人的福酒"的"福运文化"的定位。

10.比较定位

比较定位是指通过与竞争对手的客观对比来确定自己的定位，也可称为排挤竞争对手的定位。在该定位中，企业设法改变竞争者在消费者心目中的现有形象，找出其缺点或弱点，并用自己的品牌进行对比，从而确立自己的地位。

比如，泰诺的"为了千千万万不宜使用阿司匹林的人们，请大家选用泰诺"定位。

11.情感定位

情感定位是指运用产品直接或间接地冲击消费者的情感体验而进行定位，用恰当的情感唤起消费者内心深处的认同和共鸣，适应和改变消费者的心理。

比如，纳爱斯的雕牌洗衣粉，利用社会对下岗问题的关注而进行的"……妈妈，我能帮您干活啦"的"下岗片"定位，真情流露引起了消费者内心深处的震颤以及强烈的情感共鸣，使得"纳爱斯"和"雕牌"的品牌形象更加深入人心。

12.经营理念定位

经营理念定位就是企业利用自身具有鲜明特点的经营理念作为品牌的定位诉求，体现企业的内在本质，并用较确切的文字和语言描述出来。一个企业如果具有正确的企业宗旨，良好的精神面貌和经营哲学，那么企业采用理念定位策略就容易树立起令公众产生好感的企业形象，借此提高品牌的价值（特别是情感价值），提升品牌形象。

比如，TCL的"为顾客创造价值，为员工创造机会，为社会创造效益"的经营理念定位。随着人文精神时代的到来，这种定位会越来越受到重视。

13.概念定位

概念定位就是使产品、品牌在消费者心智中占据一个新的位置，形成一个新的概念，甚至造成一种思维定式，以获得消费者的认同，使其产生购买欲望。该类产品可以是以前存在的，也可是新产品类。

比如，拾味馆打造"骨汤"为特色概念的连锁品牌正是其代表。如图5-6所示。

图5-6　拾味馆

14.自我表现定位

自我表现定位是指通过表现品牌的某种独特形象，宣扬独特个性，让品牌成为消费者表达个人价值观与审美情趣、表现自我和宣示自己与众不同的一种载体和媒介。自我表现定位体现了一种社会价值，能给消费者一种表现自我个性和生活品位的审美体验与快乐感觉。

比如，百事的"年轻新一代的选择"，它从年轻人身上发现市场，把自己定位为新生代的可乐。李维牛仔的"不同的酷，相同的裤"，在年轻一代中，酷文化似乎是一种从不过时的文化，紧抓住这群人的文化特征以不断变化的带有"酷"像的广告出现，以打动那些时尚前沿的新"酷"族，保持品牌的新鲜和持久的生产力。

第二节　品牌形象设计

品牌形象设计是品牌的表现形式，主要包括品牌的名称及品牌标志，另外还有品牌说明、品牌故事、品牌形象代言人、品牌广告语及品牌包装等附加因素。

一、品牌设计的准则

品牌设计的一般准则是可记忆性、含义丰富性、可转移性、适应性和保护性，如图5-7所示。

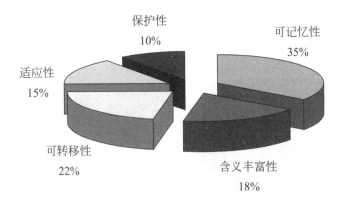

图5-7　品牌设计的一般准则

1.可记忆性

品牌设计的准则之一是可记忆性，即容易让消费者记住和识别。记忆是认知的储存，即品牌资产的储存。容易记住和识别的品牌是品牌资产储存和使用费用较低的品牌。

比如，Acer品牌名"只有2个音节、4个英文字母，易读易记"，符合可记忆性准则。Acer品牌名第一个字母A，在字母表排在最前面，第二个字母C也排在前面，这就有助于Acer在按字母排列的商业资料（如企业名录）中排在前面，而根据人们的阅读心理，一篇资料中排在前面的文字容易引起阅读者更多的注意，并容易给阅读者留下更深的印象。因此，Acer的字母选用也符合可记忆性准则。

2.含义丰富性

品牌设计的准则之二是含义丰富性，即有品牌特色和利益的描述，有情趣，容易让人产生联想。品牌含义越丰富，品牌的信息量就越大，就越能更全面地满足消费者和员工对品牌信息的需要，给他们带来激励。

比如，Acer品牌就是一个含义丰富的品牌：使人联想到高技术（芯片形状）、电脑的灵敏（Acer的拉丁语义）、宏基在国际电脑市场"称王"的壮志（词根Ace的含义）、宏基电脑的质量（箭图案和钻石图案的含义）、竞争力（箭图案的含义）和价值（钻石图案的含义）。

3.可转移性

品牌设计的准则之三是可转移性，即品牌能向不同的产品种类延伸和向不同的市场转移。品牌的市场可转移性主要表现为跨文化性，即能融入不同的文化。品牌是市场的语言，而市场总是要冲破文化障碍的，包括地区之间、国家之间、民族之间或社会群体之间的障碍，因此品牌设计要有跨文化性。这一点在经济全球化的大背景下越来越重要。

4.适应性

品牌设计的适应性即品牌设计能通过修改或调整适应市场的变化。

比如，联想电脑的英文品牌原来是Legend，体现了联想创业阶段的"传奇"色彩。进入成长阶段的联想电脑将Legend改为Lenovo，其中"Le"仍然代表中文"联想"，而"nov"代表"创新"（Innovation），联想电脑试图以创新来适应电脑市场的变化。Legend（传奇）代表过去，而Lenovo（创新）代表未来，代表联想电脑对未来的憧憬（品牌理想，Vision）。因此从Legend到Lenovo是符合品牌设计的适应性准则的。

5.保护性

品牌设计的保护性是指产权保护性和品牌设计的难模仿性。

（1）产权保护性，包括品牌注册（拥有注册符号"R"和商标符号"TM"）和防止品牌侵权。

比如，俏江南商标持有者北京俏江南餐饮有限公司十分注重知识产权的保护，自成立之日，就开始商标注册和保护。如今已经在10多个类别中对俏江南进行了注册保护，换句话说，就是能进嘴的都进行了商标注册。据介绍，该公司现在使用在餐饮经营和服务中的注册商标中文俏江南与英文South Beauty组合，字体为华文行楷。这一商标还向国家知识产权局商标局申请了国际注册并已获批准。

（2）品牌设计的难模仿性。品牌设计的诸准则之间可能存在一定的矛盾。因为含义丰富的品牌可能在文化转移方面有困难。

比如，中国品牌全聚德（烤鸭）具有丰富而深刻的文化内涵，周恩来总理曾经这样诠释"全聚德"："全而无缺，聚而不散，仁德至上。"像这样典型的体现中国传统文化的品牌就很难翻译成一个外文品牌（除了"烤鸭"以外）。相反，含义不丰富的品牌的文化转移反倒比较容易。如美国CocaCola品牌的取名与两种来自南美的原料有关：古柯（Coca）叶子和可乐（Cola）的核没有多少含义，而CocaCola的市场拓展——跨文化或国际化经营倒比较顺利，没有遇到多少文化障碍，即使进入语言文字最特别的中国也十分通畅。CocaCola被成功地翻译成"可口可乐"。中文"可口可乐"不仅读音接近英文，而且含义的丰富性还超过了英文："可口"的含义是口感宜人，"可乐"的含义是一种享乐的情趣。

二、品牌设计的要素

品牌设计要素包括图5-8所示的七大要素。

图5-8　品牌设计要素

1.品牌名称

品牌名称是品牌的语言和文字符号，是最基本的品牌设计要素。品牌称呼是品牌名称的听觉反应，品牌文字是品牌名称的视觉反应。

（1）品牌命名的原则。餐饮企业品牌命名应遵循相关原则，具体如表5-1所示。

表5-1　品牌命名的原则

类别	需遵循原则	具体示例
独特性	（1）品牌名称首先应当具有独特性，不宜重复别的品牌名称（尤其是同行业），因为品牌重名会稀释品牌的独特性 （2）品牌独特可将企业的个性强调出来，以便于迅速扩大企业的影响力，使企业在市场中拥有清晰的形象	比如，国内天鹅有175家、熊猫有331家
暗示性	暗示性就是品牌名字能暗示出产品的某种性能和用途，具有良好的提示作用	比如，"999胃泰"，它暗示该产品在治疗胃病上的专长；"SONY"提示索尼在音响设备及器材上称雄世界

续表

类别	需遵循原则	具体示例
易传播性	简明。简明的名字容易记忆，取名一般不宜超过3个字，外文名字的字母也应尽量少	比如，杭州的"盾"牌链条只有1个字；可口可乐的缩写"Coke"也只有4个字母
	朴实。朴实的取名给人一种诚信感，而消费者对品牌的诚信感是品牌的赞誉度的基础	比如，老干妈、大娘水饺
	易读。易读性包括易懂、易写	比如，娃哈哈、蒙牛、报喜鸟、金利来
	亲切。亲切就是贴近消费者的日常生活，有亲切感，亲切感是购买行为的驱动力之一	比如，上海人家、宜家、湖南人家
支持标志物	（1）标志物是品牌经营者命名的重要目标，需要与品牌名称联系起来一起考虑 （2）当品牌名称能够刺激和维持品牌标志物的识别功能时，品牌的整体效果就加强了	比如，苹果牌的牛仔服，立刻就会想起那只明亮的能给人带来好运的苹果；"健力宝"，能让人联想到运动、健康等
保护性	品牌的名称要能够受法律保护，要能够注册。为此企业应该注意以下两点 （1）注意该品牌名称是否有侵权行为 （2）注意该品牌是否在允许的注册范围之内	

（2）品牌命名的步骤。餐饮企业品牌的命名通常包括图5-9所示几个步骤。

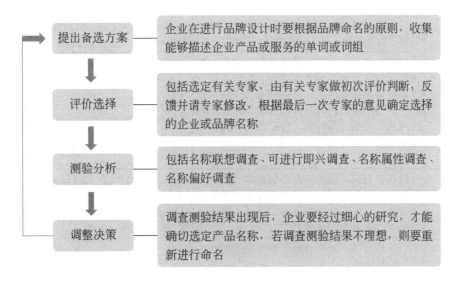

图5-9 品牌命名的步骤

（3）品牌命名的策略。品牌命名的策略很多，归纳起来不外乎以下几种，具体如表5-2所示。

表 5-2　品牌命名的策略

策略	内容	示例
以产品带给消费者的不同利益层面来命名	功效性品牌。这类品牌以产品的某一功能效果作为品牌命名的依据	如，奔驰（汽车）、飘柔（洗发水）、波音（飞机）、佳能（相机）、捷豹（汽车）、媚登峰（内衣）、美加净（香皂）、舒肤佳（香皂）、汰渍（洗衣粉）、护舒宝（卫生巾）、固特异（轮胎）、好味思（面包）、锐步（运动鞋）等
	情感性品牌。这类品牌以产品带给消费者的精神感受作为品牌命名的依据	如，登喜路（服装）、金利来（服装）、贺喜（巧克力）、美的（家电）、百威（啤酒）、家乐氏（食品）、七喜（饮料）、富豪（汽车）、吉列（刀片）、万事达（信用卡）等
	中性品牌。这类品牌无具体意义，呈中性	如，海尔（家电）、索尼（电器）、埃克森（石油）等
以品牌本身的来源渠道命名	以姓氏、人名命名。以姓氏、人名作为品牌名的多为传统型商品，如汽车、服装、啤酒、食品、医药	如，陈李济药厂、马应龙眼药、福特（Ford）、百威（Budweiser）、飞利浦（Philips）、爱立信（Ericsson）、卡迪拉克（Cadillac）等
	以地名命名。借助闻名遐迩的名胜地、著名的产地、神话及小说中令人神往的地名往往可以令品牌借势成名。但以地名来命名的产品会受到地域的局限	如，青岛、燕京、茅台、兰蔻（LANCOME）、香格里拉（Shangri-La）等
	以物名命名。以物名命名主要指以动植物名称命名的方式，以动植物命名可以将人们对动植物的喜好转嫁到品牌身上	如熊猫、猎豹、骆驼、小天鹅、赤兔马、芙蓉、荷花、苹果、牡丹等
	以其他词汇命名。其他词汇主要是形容词、动词，以及其他可以从词典中找到的词汇	如，奔驰汽车、联想电脑、快捷相纸、彩虹电器、兄弟打印机等
	自创命名。其品牌名是经过创造后为品牌量身定做的新词，词典里没有。这些新词一方面具备了独特性，使得品牌容易识别，也比较容易注册；同时具备较强的转换性，可以包容更多的产品种类。自创命名体现了品牌命名的发展方向，是今后最常用的品牌命名方式	如，全聚德、铁美时（Timex）、蔚蓝远景（Azure Prospect）、索尼（SONY）等
以品牌的文字类型命名	以汉字命名。以汉字命名的品牌名即中文品牌，这类品牌不仅是国内企业最主要的命名方式，而且也是一些国际品牌进入中国后实施本地化策略的命名方式	如，惠而浦（Whirlpool）、黛安芬（Triumph）、桑塔纳（Santana）、奥林巴斯（Olympus）、劳斯莱斯（Rolls-Royce）、欧宝（Opel）等
	以拼音命名。以拼音为品牌命名是国内企业的独特做法	如，Haier（海尔）、CHANGHONG（长虹）
	以数字命名。因容易出现雷同，这类品牌比较少	如，999（药业）、505（神功元气袋）、555（香烟）等
	以英语命名。一类是国外品牌；另一类是国内品牌进入国际市场，通常也会选择一个外文名称	如，Intel、Kodak、Dell、Dove；Mexin（美心）、Youngor（雅戈尔）、KELON（科龙）等

2.品牌标志

品牌标志是品牌的图像符号，可以是文字，也可以是图案。品牌标志是最容易让消费者产生记忆的要素。

（1）品牌标志的要素。品牌标志包括品牌标志图案、品牌标志色、品牌标志物，具体如图5-10所示。

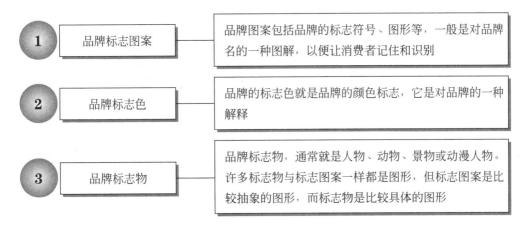

图5-10 品牌标志的要素

比如，快餐连锁巨头肯德基的山德士上校、麦当劳的麦当劳大叔、海尔的两个泳装快乐卡通男孩等，这些品牌的标志物设计都是很成功的。

（2）品牌标志的设计原则。品牌标志是一种"视觉语言"，它通过一定的图案、颜色来向消费者传输某种信息，以达到识别品牌、促进销售的目的。因此在设计品牌标志时，要遵循图5-11所示的原则。

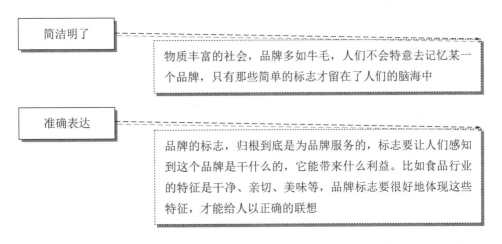

图5-11

设计有美感 ----------
> 造型要优美流畅、富有感染力，保持视觉平衡，使标志既具静态之美，又具动态之美

适用性与扩展性 ----------
> 标志的设计要兼具时代性与持久性，如果不能顺应时代，就难以产生共鸣，如果不能持久，经常变脸，就会给人反复无常的混乱感觉，也浪费了传播费用

讲究策略 ----------
> 字体首先要体现产品特征，例如食品品牌多用明快流畅的字体，以表现食品带给人的美味与快乐；其次字体要容易辨认，不能留给消费者去猜，否则不利于传播；再次，字体要体现个性，与同类品牌形成区别

图 5-11 品牌标志的设计原则

（3）设计品牌标志的注意事项。按照上面介绍的设计原则，我们可以设计品牌标志。但是在设计过程中还应注意以下几点。

① 防止雷同。品牌标志主要的功能之一就是用以区别于其他产品或服务品牌。如果我们在设计标志时同其他企业出现类同，那将会大大减弱品牌标志的识别性能。所以我们在设计时，既要与企业的形象、产品的特征联系起来，又要体现构思新颖、别出心裁的风格。

② 大小修正。有些标志图案可以完美地用在名片或图章上，但是放大运用在广告牌上时却容易失真；有的则正好相反，大的标志压缩变形后，原来的设计精神和形象变得荡然无存。因而在标志设计中，要注意这种放大或缩小引起的变形。

③ 错觉改正。在设计时对可能引起公众和消费者心理错觉的地方做某种修正。例如，设计的是垂直线，由于其他部分斜角的影响，使它看起来歪了，要纠正这种错觉，就得把线条略向相反一方微斜，使之平衡。标识设计还应注意实际使用问题。如品牌可能在很小的空间使用，要求标志实际尺寸很小，应能用通用的工艺制作。

 相关链接 ‹···

 俏江南品牌标志设计

（1）红色：象征力量、激情、创造和进取，代表着俏江南不断创新的锐气与勇于挑战的精神，预示着俏江南在困难面前永不妥协，同时也

代表俏江南是一个有着强大生命力的优秀团队。

（2）黑色：象征个性、尊贵，既现代又古典，是永不褪色的时尚颜色。代表着俏江南的尊贵、经典与时尚。

（3）白色：象征完美、理想，代表着俏江南永远引领餐饮文化时尚，不断追求完美、缔造完美。

（4）黄色：是明亮、温暖的颜色，是收获的象征，代表着俏江南以灿烂夺目的成就，为社会创造源源不断的价值和财富。

脸谱面门正中眉心处黄色的"人"形，代表着俏江南以人为本、寓情于理的管理思想；眼睛似寿龟眼部的造型，象征着俏江南集团基业长青，员工健康平安；角两侧到额头的"如意"图案，代表着俏江南吉祥如意、兴隆盛世；下巴和嘴的图案如同一个金元宝，象征俏江南生意兴旺、财源广进。

3.品牌说明

品牌说明是对品牌内涵的描述，描述可以是图、文、音频、视频的单独描述，也可以是它们之间的配合描述。描述的内容一般包括对品牌名称、品牌标志、品牌历史、品牌宗旨的说明，有助于消费者更准确和更深刻地理解品牌内涵。

品牌说明比较适合持品牌延伸战略的餐饮企业。

比如，海尔最初是做电冰箱的，那么"海尔"就是家用电器的一个子领域。由于海尔的品牌说明是"家用电器"，那么给人的感觉就是海尔不仅有生产电冰箱的能力，还有生产其他家用电器的能力。因此当海尔品牌延伸到空调、彩电、洗衣机、手机、电脑等时，消费者也不会觉得海尔"不专业"。

4.品牌口号

品牌口号是品牌理念的精炼宣传语，应做到力求简短，口语化，易于记忆和传播，准确表达品牌理念。

比如，安踏——永不止步；海尔——真诚永远；王老吉——怕上火，喝王老吉。

经营者在设计自己餐饮店的品牌口号时，一定要让品牌口号能突出品牌的功能和给消费者带来利益，具有较强的情感色彩、赞誉性和号召力，能够刺激消费者。

新手指南：

品牌口号可通过标语、电视（广播）媒介、手册、产品目录等手段进行宣传。

5.品牌故事

品牌故事是指餐饮企业品牌在创立和发展过程中有意义的一些逸闻旧事，它可通过公司手册或著书等手段进行传播。品牌故事可以进一步提高品牌的内涵，经过口碑宣传使品牌家喻户晓，进而提升品牌的知名度。

品牌故事类别有图5-12所示的三种。

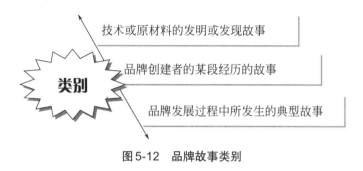

图5-12　品牌故事类别

6.品牌广告语/曲

品牌广告语/曲属于企业听觉识别系统，通过声音传达品牌信息。

品牌广告语是指广告中用以介绍品牌的短语。品牌广告语是对品牌的解释，能帮助消费者了解品牌的内容，包括品牌的含义、利益和特色等；品牌广告曲就是广告里的乐曲，广告曲比广告语的情感性和艺术性更强，对广告受众的刺激性更强，更容易激发消费者的购买冲动。

有时候品牌广告语/曲就是品牌口号，但是品牌广告语的范围更广，两者的侧重点不一样。广告语/曲不但强调内容上符合广告目的，更注重在广告语/曲的配音上突出或者衬托出品牌广告表达的内涵。

7.品牌包装和品牌人物形象

（1）品牌包装是传播最广泛的品牌设计要素，包括产品包装和企业形象包装。其中产品包装的形象、颜色、大小、质量等属性需要突出品牌理念；企业形象包装主要是指企业门店和网站形象包装。

（2）品牌人物形象主要是指卡通和代言人形象，对消费者具有极强的号召力，有助于宣传、推广品牌理念。

比如，火红的爆炸头、笑口常开的麦当劳叔叔形象深受儿童的喜爱，极好地表现了麦当劳"享受快乐的感觉"的品牌理念。

第三节　品牌形象整合传播

再好的品牌理念和品牌识别，如果不能进入顾客的心灵就只能是镜花水月，进入的方法就是品牌传播。通过品牌的有效传播，可以使品牌为广大消费者和社会公众所认知，使品牌获得增势。同时品牌的有效传播，还可以实现品牌与目标市场的有效对接，为品牌及产品进占市场、拓展市场奠定基础。

一、品牌传播的核心思想

餐饮品牌传播应该在品牌核心价值统率下进行整合营销传播。而整合营销传播的核心思想应以整合餐饮店内外部所有资源为手段，以消费者为核心，充分调动一切积极因素进行全面的、一致化的营销，具体要求如图5-13所示。

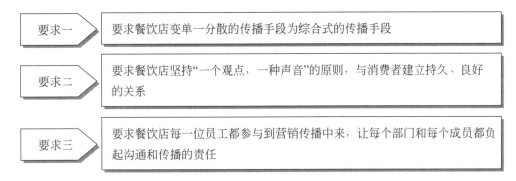

图5-13 整合营销传播的要求

二、品牌传播的措施

餐饮店应在整合营销传播的同时，强调与消费者进行平等的双向互动沟通，清楚消费者需求什么，把真实的信息如实地传达给消费者，并且能够根据消费者的信息反馈调整餐饮店自身的行为。餐饮店的整合营销传播要做好餐厅销售渠道的整合等工作。具体措施如图5-14所示。

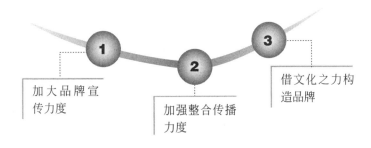

图5-14 整合营销的措施

1.加大品牌宣传力度

餐饮店应针对目标市场，选择恰当媒体，加大品牌宣传力度。产品宣传应根据消费者中目标人群的需要，重点突出一个"质"字。

比如，菜品精致、服务高档的商务性餐厅，应定向于高消费者；格调清新、菜肴独特的民俗型餐厅，应定向于都市回归族；环境温馨、服务周到的家居型餐厅，应定向于百姓大众，并以树立品牌、巩固形象为突破口，强化产品在消费者中已有的印象。

通常采用在电视、电台、报纸、灯箱、立牌上做宣传的办法，或有针对性地请厨师讲菜，顾客点评，搞些让消费者受益、让消费者难以忘怀的活动，以确实提升企业形象，促进经济效益的改观。

2.加强整合传播力度

餐饮店应以战略眼光对待品牌推广与广告宣传，这其中特别要强化整合传播力度。运用产品生命周期理论和产品、渠道、价格、促销等营销因素整合策略进行市场细分，依据餐饮店定位科学地进行广告定位，依据不同季节和时令特色菜品调整和控制广告的投入，确定和调整广告目标和广告策略。

此外还要注重广告的到达范围、传达频率、接受率、消费者印象、业务增长情况等广告效果的测定，重视广告活动的整体策划，注重整体效应与长期效应。

3.借文化之力构造品牌

品牌的背后是文化，借文化之力构造品牌，是餐饮店不断提升形象的重要方式。中华五千年积淀的深厚文化内涵与"一菜一格，百菜百味"神奇烹饪的结合，自然能造就出文化在餐桌、饮食成文化的独特风景。餐饮店以中华文化为"主料"，以博大精深的饮食为"辅料"，借助于现代科学管理的精心调和，自然能做好餐饮文化品牌这道"大菜"。

第四节　品牌维护

品牌维护是指企业针对外部环境的变化给品牌带来的影响所进行的维护品牌形象、保持品牌的市场地位和品牌价值的一系列活动的统称。品牌是未来企业最重要的无形资产，维护好品牌、管理好品牌就是在管理一笔无形资产。

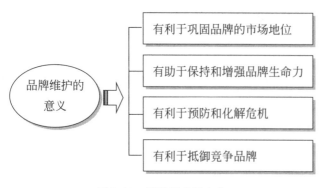

图5-15　品牌维护的意义

一、品牌维护的意义

品牌作为企业的重要资产，其市场竞争力和品牌的价值来之不易。但是市场不是一成不变的，因此需要企业不断地对品牌进行维护。具体来说，品牌维护具有图5-15所示的意义。

1.有利于巩固品牌的市场地位

企业品牌在竞争市场中的品牌知名度、品牌美誉度下降以及销售、市场占有率降低等品牌失落现象被称为品牌老化。对于任何品牌都存在品牌老化的可能，尤其是在当今市场竞争如此激烈的情况下。因此不断对品牌进行维护，是避免品牌老化的重要手段。

2.有助于保持和增强品牌生命力

品牌的生命力取决于消费者的需求。如果品牌能够满足消费者不断变化的需求，那么这个品牌就在竞争市场上具有旺盛的生命力，反之就可能出现品牌老化。因此不断对品牌进行维护以满足市场和消费者的需求是很有必要的。

3.有利于预防和化解危机

市场风云变幻、消费者的维权意识也在不断增高，品牌面临来自各方面的威胁。一旦企业没有预测到危机的来临，或者没有应对危机的策略，品牌就面临极大的危险。品牌维护要求品牌产品或服务的质量不断提升，可以有效地防范由内部原因造成的品牌危机，同时加强品牌的核心价值，进行理性的品牌延伸和品牌扩张，有利于降低危机发生后的波及风险。

4.有利于抵御竞争品牌

在竞争市场中，竞争品牌的市场表现将直接影响企业品牌的价值。不断对品牌进行维护，能够在竞争市场中不断保持竞争力，同时对于假冒品牌也会起到一定的抵御作用。

二、品牌维护的措施

品牌代表着企业对消费者的承诺，是消费者对企业的一种信任和肯定。品牌一旦深入消费者的心中，就会成为企业取之不竭、用之不尽的宝库，为企业带来无限的收益。因此餐饮店应用心维护其品牌形象，具体措施如图5-16所示。

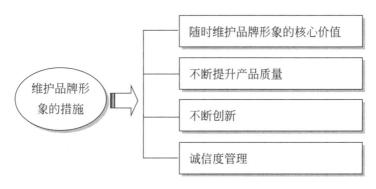

图5-16 维护品牌形象的措施

1.随时维护品牌形象的核心价值

品牌核心价值是品牌资产的主体部分，它让消费者明确、清晰地识别并记住品牌的利益点与个性，是驱动消费者认同、喜欢乃至爱上一个品牌的主要力量。不断维护核心价值的目的就是要凸显品牌形象的独特性，其措施如图5-17所示。

要尽力地控制和掌握目标消费群对品牌的感觉与信念，根据目标消费群体消费需求层次的变化，随时把握消费者对品牌感觉和信念的变化趋势

措施一

措施二

充分利用那些能赋予和提升该品牌价值的感觉，同时消除那些不能使品牌核心价值与消费者生活方式产生互动，以及与市场环境变动相适应的感觉，随时根据消费者需求的变化对品牌核心价值进行维护

图5-17　维护品牌形象核心价值的措施

2.不断提升产品质量

质量是构成品牌形象的首要因素，也是决定品牌形象生命力的首要因素。对餐饮店来讲，对顾客负责任，是从产品的质量开始的。出色的质量才是赢得顾客、占领市场的敲门砖。没有一流的质量，就不可能获得消费者的信任，更谈不上品牌形象的塑造。

3.不断创新

品牌形象的生命力一半来自创新。创新使品牌形象与众不同，让品牌生命中加入了无穷活力，是延长品牌形象生命的重要途径。其要求如图5-18所示。

技术创新

技术创新就是专门研究同类产品的新技术、新工艺，不断提高产品的技术含量，开发新工艺，研究产品的市场生命周期和更新、改进、换代的时限与趋势，不断地发展产品有价值的特色，不断推出"热点"产品，保证产品旺盛的销售势头

营销创新

除了技术创新之外，企业还要进行管理创新、营销创新。后者是指不断研究市场消费需求、消费者购买行为的走势、消费者购买习惯的变化和消费流行动向，不断地在营销方式、价格、渠道选择、促销措施上推陈出新，引导消费，满足需求

图5-18　品牌创新的要求

4.诚信度管理

信誉是一个品牌能够在消费者心目中建立其"品牌偏好"和"品牌忠诚"的基本要素。企业在产品质量、服务质量等各方面的承诺，使消费者对此品牌产生偏好和忠诚。良好的信誉是企业的无形资产，可以增强品牌形象的竞争力，带来超值的利润。

一个诚信的形象，将维系客户的美誉度和忠诚度，为餐饮店的可持续发展奠定坚实基础。因此，诚信应当成为餐饮店的经营哲学基础，也应当是餐饮店维护品牌形象的必要工作之一。

> **新手指南：**
>
> 品牌形象是餐饮店最宝贵的无形资产和经营资源，也是餐饮店在激烈的竞争中制胜获利的法宝，直接关系餐饮店的品牌经营状况，关系餐饮店生产的产品或服务是否会为消费者所接受，也关系着餐饮店的成败。

第五节　品牌保护

品牌保护实质上就是对品牌所包含的知识产权进行保护，即对品牌的商标、专利、商业秘密、域名等知识产权进行保护。

一、品牌硬性保护

对品牌的硬性保护主要是指对品牌的注册保护，它包括纵向和横向全方位注册，不仅对相近商标进行注册，同时也对相近行业甚至所有行业进行注册。

比如，娃哈哈公司对商标的注册，不仅包括了娃哈哈，还有娃哈娃、哈哈娃、哈娃哈等，光是防伪注册就有70多种，这样一来就确保了品牌保护的万无一失。

商标是企业的生命，可以成为最有价值的财产；商标代表了产品与服务的质量和信誉，能使消费者记住产品和服务；注册商标不仅是协助企业快速成长的利器，也是企业创造利润的必经之路。具体来讲，进行商标注册有图5-19所示的好处。

好处一	为企业可持续发展、创造强势品牌奠定基础
好处二	具有区别商品或服务出处的作用，引导消费者认牌购物或消费
好处三	促进生产者或经营者不断提高、稳定产品或服务的质量

图5-19

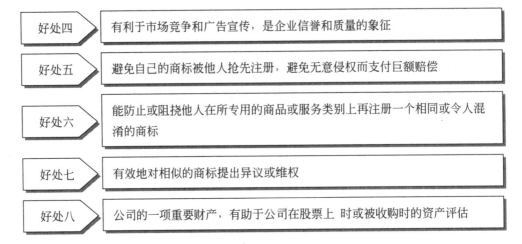

图5-19　进行商标注册的好处

二、品牌软性保护

软性保护是指餐饮企业在品牌的管理中，严防做出与品牌核心价值不一致的行为。比如，推出与品牌核心价值不吻合的产品或产品概念，推出与品牌核心价值不一致的传播与活动等。

1. 纵向保护

纵向保护是指在时间上，品牌应该坚持用一个主题去传播，不要轻易改变主题，推出与主题不一致的广告。如果今天定位"安静"，明天又变为"热情"，那么传递的信息将会混乱不堪，这对品牌形象的维护极为不利。

比如，俏江南品牌的商务气质、兰的尊贵与奢华风格、SUBU概念餐厅的未来感和时尚感。

2. 横向保护

横向保护是指在同一时期品牌的推广上，广告、公关、促销等行为应该协调一致，不能相互抵消。

比如，一家餐饮连锁企业，由总部统一进行促销规划，但是各地活动却呈现出五花八门的局面，即使同一个活动，也会出现许多不同的声音。品牌的横向保护需要通过协调统一的营销方式和管理手段来实现，并且需要整个公司营销体系的计划配合。

三、品牌危机处理

品牌危机是指由于组织内、外部的突发原因而对品牌资产造成始料未及的负面影响，包括品牌形象的损害和品牌信任度的下降。

1.品牌危机的特征

品牌危机具有图5-20所示的特征。

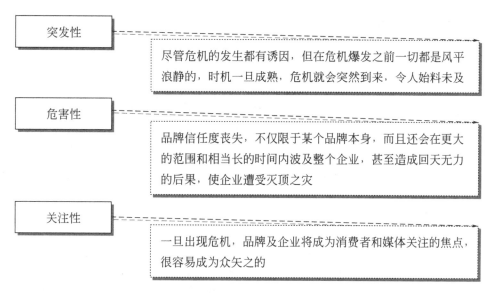

图5-20 品牌危机的特征

2.常见餐饮品牌危机类型

站在消费者的角度，一般会对餐饮品牌产生不满或者怀疑，大多数会出于以下原因。

（1）食品安全。在餐饮危机公关中，食品安全、食物质量问题是最为常见，也最具有杀伤力的一类危机事件。所谓"病从口入"，吃得安全健康是大众的普遍追求，一旦进入口中的食物出现问题，那带来的便是身心上的巨大损害，而餐饮信息的不对等也很容易让消费者受害，从而对餐饮品牌产生怀疑和恐慌。很多知名的餐饮品牌一旦出现食安问题，会立刻成为大众关注和批评的焦点，如一笼小确幸就因为食物中毒事件而不得不关门，而一些餐饮巨头也面临过这类危机，如肯德基苏丹红事件、味千"骨汤门"等。

（2）环境卫生脏乱。除了食物本身的安全和质量问题外，一个门店如果环境卫生条件不好，也会引来消费者们的担忧和不满。除了用餐环境的干净整洁外，消费者更关心处理食物、闲人免进的后厨卫生条件如何，因为这也决定了处理过后的食物是否干净卫生，对身体有无害处。但大多数后厨是难以曝光的，曾经有媒体人员"卧底"海底捞后厨，曝光了后厨卫生条件，其脏乱状况令人震惊和愤怒，立刻引发了轩然大波，海底捞也不得不将其立刻关停，对其整顿后重开，并将后厨透明化，才得以获得谅解。

（3）服务态度差。服务方面的问题对于餐饮商家们来说是家常便饭了，并且很多商家也会设置评价系统和服务投诉机制，以及时满足消费者的需求，弥补其不满，在日积月累中不断提升口碑，而反过来，一些商家不注重日常的服务态度，久而久之，回头客减少，差评增多，口碑持续下滑，这对门店的经营和销售都是非常不利的。

对于餐饮品牌来说，口碑是非常重要的。通过马太效应知道，品牌越响、美誉度越高，就会吸引更多消费者，而口碑差的门店总是门庭冷落，从而形成恶性循环，这是餐饮品牌不容忽视的。

（4）夸大、虚假宣传。很多网红餐饮店在营销上煞费苦心，为了哗众取宠，甚至不惜夸大宣传和虚假宣传。有的为了吸引加盟者，将开店利润进行夸张化，以吸引创业者的注意和参与。对于消费者来说，在很多餐饮门店中消费，图片和实物不符的情况也是司空见惯。很多时候，这些虚假、夸张化的宣传由于程度较浅，顾客往往不予追究。但长此以往下去，客户的不满积累，于餐饮品牌的口碑和名声都会造成负面影响。而有些严重的，甚至将受到法律法规上的管制，更加对品牌不利。

（5）价格不合理。有些非常红火、知名的餐饮店，或是明星开的店，凭借着品牌和个人的名气坐地起价，造成了很多菜品价格虚高的现象，使一些令人咋舌的"天价菜"出现在了大众的眼前，引发舆论热议。这种价格不合理的餐饮店实际上是一种误导消费者消费的违规侵权行为，不仅侵害了消费者的利益，也容易将品牌或者个人塑造成店大欺客、骄横嚣张的形象，引起人们的反感，让更多的消费者望而却步。

（6）品牌内部危机（员工言行、融资失败等）。除了食物、环境、服务等这些能够直接与消费者切身利益相挂钩的因素外，餐饮店的内部危机也容易给品牌带来大众形象上的负面影响，比如内部管理不当、经营丑闻、劳资冲突等，都会为消费者心中的品牌形象蒙上一层阴影，形成负面情感，影响消费选择。很多品牌因为员工离职怨言、高管言行不当等暴露出企业内部的一些问题，而关于一些经营方面的负面不实消息也会引发消费者的担忧。

3.餐饮危机公关处理方法

根据危机公关中速度第一、承担责任、真诚沟通、权威证实、系统运行的5S原则，面对不同餐饮公关危机，可以参考图5-21所示的处理方法。

方法一	培养危机意识，做好防范工作
方法二	组成专门负责小组，统一口径，制定解决方案
方法三	第一时间给出回应和道歉，及时了解危机事件并保持沟通
方法四	如有过失主动承担责任，及时改正并尽快解决问题

方法五	给出一定补偿，接受惩罚和监督，表明诚意
方法六	若被诋毁或者抹黑，应及时通过第三方权威进行自证，挽回信任
方法七	在危机事件中看到危机与转机，点到即止，不断完善自身

图5-21　餐饮危机公关处理方法

（1）培养危机意识，做好防范工作。关注舆论和评价，危机无论大小都应该得到彻底处理，防微杜渐；餐饮店在处理这类问题时，最好形成一个长期稳定的系统机制，如服务投诉机制，加强交流，多听取建议，不断提升。

比如，麦当劳和肯德基都有较为成熟的投诉机制，这就能够在日常经营中解决大多数服务问题上的公关危机，防微杜渐，建立起稳固的防御系统。

（2）组成专门负责小组，统一口径，制定解决方案。一般来说，当餐饮店遭遇危机时，应该抓紧时间尽快想出对策和回应，但即使事态再紧急，也应该保持镇定与冷静，通过系统性的运行和筹划来有序地进行危机公关，而并非草率给出回应。当危机事件发生后，餐饮店最好迅速组成一个针对性的负责小组，并在企业内部统一口径，稳定军心，进行分工配合，及时制定出一个彻底全面的解决方案。

（3）第一时间给出回应和道歉，及时了解危机事件并保持沟通。餐饮店应该尽早给出关于事件的回应和道歉，一般来说在"黄金24小时"内为佳，并在之后对危机发生的原因、发展状态、当事方和受害者等相关情况都了解清楚，向大众说明细节和情况，表示对事件和大众的看重。同时在事件解决的过程中，也应该随时和大众保持联系与沟通，及时稳定住大众的情绪和舆论的进一步扩大，让大众看到自身处理危机的作为。

新手指南：

在这一方面，餐饮店要明白大众想要的回应和沟通是什么，针对问题的根本性质和过错所在，企业要正视，给出准确和正面的回应，打消消费者的疑虑和不安。

（4）如有过失主动承担责任，及时改正并尽快解决问题。当餐饮店确实犯下过错引发舆论不满时，应该及时主动地承担责任，表明歉意和改正的决心。承担责任可以表明餐饮店的责任心，在表达这一态度时需要尽可能地放低身段请求大众的原谅，同时及时提出解决的方案，并尽快将其落实，及时将过错弥补，将责任尽到。危机解决得越快越好，造成的影响也会相对更少。

（5）给出一定补偿，接受惩罚和监督，表明诚意。如有需要，或是错误较为严重，餐饮店一定要主动接受调查和惩罚，如停业、罚款、整改等，都需要迅速果断，用实际行动表明餐饮店进行改正和处理的决心，并对受害者给出身心上的补偿，获得当事人的谅解，这样也就更容易获得大众的原谅。

（6）若被诋毁或者抹黑，应及时通过第三方权威进行自证，挽回信任。如果餐饮品牌被抹黑或者诋毁，也要及时对舆论所关注的焦点问题进行说明和澄清。在谣言兴起后，大众对于餐饮店更多地怀有了恐慌和不信任的心情，所以品牌应该借助第三方权威的影响力来为自身站台，有理有据地说服大众，挽回信任和口碑。

一般来说，餐饮企业中最常遇到的就是关于食品质量安全上的漏洞，要让谣言不攻自破，只需要及时进行质检，公布权威机构的检测结果，表明清白。

（7）在危机事件中看到危机与转机，点到即止，不断完善自身。公关的最终目的还是维护企业与大众之间的信任，维护品牌的口碑和形象，对于舆论的态度，需要做到正视和尊重，满足大众的合理需求，解答疑惑，让消费者放心，这样不仅可以挽回形象，还可以借助危机的焦点性进一步扩大知名度，让更多的人看到品牌的态度，提高认同。

新手指南：

公关危机中"危"与"机"是并存的，要解决风险，还可以适当地利用，点到即止地进行借势，顺其自然地让事件热度冷却，并不断地完善自身。

相关链接

餐饮危机公关15大禁忌

餐企要做好危机公关，必须在建立有效预警机制的基础之上，及时发现危机，一旦锁定危机信号，就要争取在"最佳时效"内拿出可行的处理决策，各个部门、员工之间用积极、诚恳的态度，以及具有公信力的证据统一发声，而后再通过其他的公关策略让餐企转危为安甚至转危为机。

可以说在当下的互联网时代，危机公关已成为餐饮人的一门必修课，不但为了预防"千里之堤溃于蚁穴"，同时也是为了让餐企在竞争激烈的快节奏社会中适应市场环境，找到更多的发展机会。所以提倡餐企都必须具备一定的危机忧患意识，并非只是为了应对单个突发事件或是危机负面本身，更多是出于餐企长足发展的层面来考虑。

1.忌站在"相关部门"及媒体的对立面

在这个时时与危机如影随形的时代，无论是用强硬的手段对抗相关部门，还是用生硬的语言对付媒体，显然都不是明智之举，否则便会很容易出现舆论反弹。

要知道在危机面前，鲜少有餐厅能够完全确定自己的"无辜"，此时如若一味地因为辩解而去刻意质疑相关部门的调查结果，一而再地挑战相关部门的权威性，那就要做好准备迎接相关部门的"反击"。相关部门可能会因此拿出更多的"证据"揭发餐厅的问题所在，也可能会从其他角度入手将问题再次细分化、扩大化，无论是哪一种，对于餐厅来说，都注定得不偿失。

而对于媒体来说，试想当危机来临之时，如果餐企将目光放置在抱怨媒体的夸大其词与无良曝光之上，媒体难道就会退缩任由事件的热度冷却？相反，媒体可能会以此来制造另一个热点，让餐厅的危机进一步发酵。

2.忌习惯性地对频发的细小危机视而不见

每一个问题都无伤大雅，却又频发不断，这种现象在一些餐品品类繁多却又价值不高的小食领域很常见，比如蛋糕甜点、零食小铺、休闲餐厅等。有一部分餐厅会习惯性选择对这些细小到可以"忽略不计"的事件视而不见。

例如，过期的面包未及时清理、结账时漏算或重复计算、偶发口感偏差等，每一件事情被独立开来时都构不成危机，然而当每一个问题都被不了了之，当问题频发而得不到解决与改进，那么这些频发的问题就很有可能让消费者对餐厅形成管理混乱、服务不到位等印象，而且很有可能让细小危机相关叠加而形成大危机集中爆发。

3.忌遇事就选择"鸵鸟式"逃避

只有当危机层级不够，危机险情已然衰退时，才适合选择"沉默"。其实大多数情况下，危机来袭时，正面迎战才是硬道理。

那么反言之，遇事就像鸵鸟一样逃避，那就极有可能会放任舆论危机的持续扩大，而放任时间越久，事件发展越难把控，以至于最终一发不可收拾。

4.忌在公众关心的问题上顾左右而言他

有一些餐企为了弱化危机中的矛盾而选择在公关行动中避重就轻，在声明中刻意避开公众关心的敏感话题，试图通过解答一些无关痛痒的问题来转移视线，而事实上这种做法也是不受认可的。

一般情况下，只有当焦点问题得到解答时，各种猜测的声音才会得到有效遏制；只有当危机的根本问题被暴露于阳光之下，才能缓解公众的好奇之心。所以在危机公关行动中，在公众关心的问题上顾左右而言他非但没能转移视线，还有可能因此激化矛盾。

5.忌公事公办，敷衍了事

如今，不管是服务设计还是场景搭建，都在寻求人性化的体现，在公关行动中亦然。面对危机事件，人们对于"模板化"的声明，公事公办的说辞早已产生了"疲劳"。所以餐饮店若一味站在企业的角度，而忽略公众的情感诉求，套用"模板"而缺失个性化与温情的体现，这样的处事方式往往会被公众认定为是在敷衍了事，也因此不会买账。

6.忌自说自话

在危机公关行动中，有不少企业因为缺乏"有力论据"或是"自以为是"而失去话语权与主动权。在有消费者参与的危机事件中，有些餐企非常自信地以为能单方面解决危机，而忽略与当事人沟通，误以为让当事人参与其中会给事件添堵。殊不知，当事人说的一句话有可能会抵过餐企说的十句话。

于是很多餐企是在"自以为是"的无凭猜测中决策失误，自以为过两天公众的情绪就会自动缓解，自以为公众喜欢这样的论调。殊不知，没有建立在"调查基础"上的发言，就有可能失去群众基础，失去发声先机。

7.忌被舆论牵着鼻子走

公关部门行动不力，或是餐企压根就没有相应的公关部门，也没有与公关公司合作，那么在公关经验极度欠缺，且没有公关人才的情况下，就有可能导致公关行动总是"慢半拍"。

等到舆论热度攀上峰值的时候，才意识到危机的严重性，在出现新话题的时候才发现舆论已经被"有心人"一路引导，在全套的解决方案执行过后才发现事件似乎已经被舆论所"定性"……

总是被舆论牵着鼻子走，总是被动地发声辩解，不仅事件的处理效果会大打折扣，也会让公众对于品牌的管理能力失去信心。

8.忌生硬的处理手段

其实危机公关就是有些人说餐企错了的时候，餐企或是承认错误，且承诺正在改正；或是极力辩解没有错的过程。然而公众所希望得到的餐企信息却不是简单的一句我错了，我正在改，或是我没错，而是餐企将拿什么来改；餐企为什么会有错。

在这样的一个公示过程当中，公众既希望餐企能够拿出有效的措施以杜绝类似事件的再度发生，能够出示相关的证据证明自身的清白；同时又希望企业能够少用专业术语，少点生硬的辩解，多用通俗易懂的语言，多些切实可行的解决方案，这样才能让公众"心甘情愿"地关注事件处理的过程，才能重拾公众对餐厅的信心。

9.忌只看危机表面，只懂得见招拆招

每一件或大或小的危机事件的发生，都有它的深层次成因，是管理疏忽？是烹饪水平欠佳？抑或是体制不健全？挖掘危机背后潜伏的危险因子继而铲除掉，才能有效杜绝类似事件的再次发生。与此同时，只看危机表面，不懂得透过现象看本质，亦不

能参透危机中的"机会"所在，也便很难在公关行动中转危为机。

例如，一个面包过期了却未被及时换下，引来消费者的不满。当时门店经理送了顾客两个面包以表歉意，顾客满意而归，这次事件看似圆满落幕。然而如果只看事件的本身，而没有深度思考事件发生的背后成因，那么事件就有可能会再度发生。

10.忌对危机事件走向全凭"猜"

每一个成功的危机公关案例的背后都需要专业、理性、科学的处理态度来支撑。比如，要想把握事件处理的先机，就必须对事件走向、舆论趋势等情况有一个正确的判断与预测，以此为基础才能策划出及时且有效的处理方案。反之，一路靠"猜猜猜"，缺乏事实依据与科学分析提供的策划方案，往往会令危机公关行动事倍功半。

11.忌无预警与危机意识

每一次总是在危机爆发之后才后知后觉，每一次处理的脚步总是跟不上公关策划的步调，那就有可能意味餐厅的预警机制不健全，或是员工缺乏危机意识。

"好事不出门，坏事传千里"，在互联网环境中，负面信息有着传播速度快、受众范围广等特点，所以在餐企无网络监测与预警机制的情况下，极有可能在发现负面危机时，负面信息已经蔓延很广，餐企已经处于非常被动的地位；同时若员工缺乏相应的危机意识，缺乏应对突发事件的经验与智慧，也有可能因延误危机的最佳处理时机而导致公关行动的失败。

12.忌虎头蛇尾

大多情况下，危机处理并不是简单地发一两条声明，开一次新闻发布会就能解决的，中间可能还需要处理一些烦琐的事宜，更有甚者，在危机风口过后，依然会有媒体持续跟进餐企。

所以在危机处理过程中，餐企所表现出来的积极态度一定要有始有终。一方面表现在公关部门的执行力度上面，另一方面也表现在其他部门的配合上面，任何一方面不给力，或是在事件处理中途突然噤声，难免会给公众留以虎头蛇尾的印象。

13.忌变幻莫测

在危机公关中，一定要"统一口径"。事实上，发表意见前后不一、处理风格变幻莫测的情况却比较常见。

比较普遍的是因内部协调不够，有危机出现之后有人认错道歉，有人坚持辩解；或是前面还在为公众描绘一幅温情人性化的画面，转眼之间又变成了公事公办的语气，如此一来，扑朔迷离的变化就会让公众加大心中的疑惑和猜测，非常不利于舆论的压制与引导。

14.忌捏造事实

在一些公关案例中，为了逃避责任，转移公众视线而刻意捏造事实的企业并不鲜见，而这么做的最终结果无疑都是为餐企"雪上加霜"。

在追求信息透明化的当下，在媒体与公众的集体攻势下，一些被企业特意隐藏的信息以及捏造出来的证据等，都已经很难再找到它们的存在空间。一旦隐藏后被挖掘、捏造后被拆穿，将很容易引起舆论的反扑，对企业造成不可逆的负面影响，由此而引发的信任危机也将很难再修复。

15.忌偏激发声

在扑面而来的负面危机面前，有些餐企会在第一时间丧失理智，表现在声明中往往会出现偏激、爆粗口等措辞。

例如，有的餐企面对负面危机的第一想法，不是自身是否真存在问题，而是怀疑是不是有竞争对手在恶搞自己，同时将这种想法表现在声明中，就难免会给公众留下有失担当的印象。又或者，为了让声明起到更明显的效果，有些餐企会在措辞上大做文章，比如无底限卖萌套近乎、不留口德飙脏话，或做一些夸大其词的保证等，其实这些都不适合出现在公开声明中。因为在危机当头，餐企正处于信息敏感期，稳妥起见，餐企应该尽力避开一些具有争议性的语言措辞。

第六章

控制菜品，让顾客爱上你的店

导言

现在的消费者尤其注重饮食健康，注重产品品质，所以对于餐饮经营者来说，从原料供应到产品的加工制作过程都要非常注意，要保证食材的新鲜，保证餐品味道的稳定性。

第一节　菜品质量控制

菜品质量受多种因素影响，其变动较大。餐饮店要确保各类菜品出品质量的稳定和可靠，要采取各种措施和有效的控制方法来保证菜品品质符合要求。

一、阶段控制法

控制菜品质量包括图6-1所示的三个阶段。

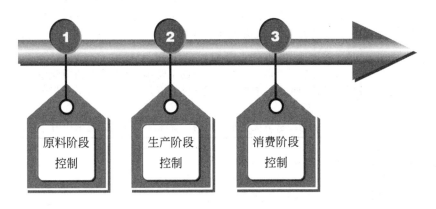

图6-1　控制菜品质量的三个阶段

1.原料阶段控制

菜点质量原料阶段控制可从表6-1所示的三个方面来进行。

表6-1　菜点质量原料阶段的控制措施

序号	控制点	具体措施
1	要严格按规格采购各类菜肴原料	要确保购进原料能最大限度地发挥其应有作用,使加工生产变得方便快捷。没有制定采购规格标准的一般原料,也应以保证菜品质量、按菜品的制作要求以及方便生产为前提,选购规格分量相当、质量上乘的原料,不得乱购残次品
2	全面细致验收,保证进货质量	验收各类原料,要严格依据采购规格标准进行,对没有规定规格标准的采购原料或新上市的品种,对其质量把握不清楚的,要认真检查,从而保证验收质量
3	加强原料储存管理,防止因保管不当而降低其质量标准	严格区分原料性质,进行分类储藏。加强对储藏原料的食用周期检查,杜绝过期原料再加工现象。同时应加强对储存再制原料的管理,如泡菜、泡辣椒等。如这类原料需要量大,必须派专人负责。厨房已领用的原料,也要加强检查,确保其质量可靠和卫生安全

2.生产阶段控制

菜点质量生产阶段主要应控制申领原料的数量和质量,菜点加工、配份和烹调的质量,具体如表6-2所示。

表6-2　菜点质量生产阶段的控制措施

序号	阶段	具体内容
1	菜点加工	(1)严格计划领料并检查各类原料的质量,确认符合要求才可加工生产 (2)对各类原料的加工和切割,一定要根据烹调的需要,制定原料加工规格标准,保证加工质量 (3)对各类浆、糊的调制建立标准,避免因人而异的盲目操作
2	配份	(1)准备一定数量的配菜小料即料头。对大量使用的菜肴主、配料的控制,则要求配份人员严格按菜肴配份标准,称量取用各类原料,以保证菜肴风味 (2)随着菜肴的翻新和菜肴成本的变化,及时调整用量,修订配份标准,并督导执行
3	烹调	(1)开餐经营前,将经常使用的主要味型的调味汁批量集中兑制,以便开餐烹调时各炉头随时取用,以减少因人而异常出的偏差,保证出品口味质量的一致性 (2)根据经营情况确定常用的主要味汁,并制定定量使用标准

3.消费阶段控制

菜点质量消费阶段控制可从以下两个方面进行。

(1)备餐要为菜肴配齐相应的佐料、食用和卫生器具及用品。一道菜肴配一到两个味碟,一般由厨房自行按每个人头配制。对备餐也应建立相应规定和标准,并督导服务,以方便顾客。

（2）服务员上菜服务要及时规范，主动报菜名。对食用方法独特的菜肴，应对客人做适当介绍或提示。

二、岗位职责控制法

利用岗位分工，强化岗位职能，并施以检查督促，对厨房产品的质量也会有较好的控制效果。

1.所有工作均应落实

（1）厨房所有工作应明确划分、合理安排，毫无遗漏地分配至各加工生产岗位。

（2）厨房各岗位应强调分工协作，每个岗位所承担的工作任务应该是本岗位比较便利完成的，厨房岗位职责明确后，要强化各司其职、各尽其能的意识。

（3）员工在各自的岗位上保质保量及时完成各项任务，其菜品质量控制便有了保障。

2.岗位责任应有主次

（1）将一些价格昂贵、原料高档，或针对高规格、重要身份顾客的菜肴的制作，以及技术难度较大的工作列入头炉、头砧等重要岗位职责内容，在充分发挥厨师技术潜能的同时，进一步明确责任。

（2）对厨房菜肴口味以及对生产面上构成较大影响的工作，也应按规定让各工种的重要岗位完成。

比如，配兑调味汁、调制点心馅料、涨发高档干货原料等。

（3）员工要认真对待每一项工作，主动接受督导，积极配合、协助完成厨房生产的各项任务。

三、重点控制法

菜品质量重点控制法是指对重点岗位和环节、重点客情和任务、重大活动的控制。

1.重点岗位、环节控制

（1）对厨房生产运转进行全面细致的检查和考核。

（2）对厨房生产和菜点质量的检查，可采取餐饮经理自查的方式，采用顾客意见征求表或向就餐顾客征询意见等方法。

（3）聘请有关专家、同行检查，进而通过分析找出影响菜品质量问题的主要症结所在，并对此加以重点控制，改进工作，从而提高菜品质量。

2.重点客情、重要任务控制

（1）从菜单制定开始就要有针对性，就要强调有针对性地在原料的选用到菜点的出品的全过程中，重点注意全过程的安全、卫生和质量控制。

（2）餐饮经理要加强每个岗位环节的生产督导和质量检查控制，尽可能安排技术好、心理素质好的厨师为其制作。

（3）对于每一道菜点，尽可能做到设计构思新颖独特，安排专人跟踪负责，切不可与其他菜点交叉混放，以确保制作和出品万无一失。

（4）在客人用餐后还应主动征询意见，积累资料，以方便今后的工作。

3.重大活动控制

（1）从菜单制定着手，充分考虑各种因素，开列一份（或若干份）具有一定特色风味的菜单。

（2）精心组织以及合理使用各种原料，适当调整安排厨房人手、计划使用时间和厨房设备，妥善及时地提供各类出品。

（3）厨房生产管理人员、主要技术骨干均应亲临第一线，从事主要岗位的烹饪制作，严格把好各阶段产品质量关。

（4）有重大活动时，前后台配合十分重要，走菜与停菜要随时沟通，有效掌握出品节奏。

（5）厨房内应由餐饮经理负责指挥、统一调度，确保出品次序。

（6）重大活动期间，加强厨房内的安全、卫生控制检查，防止意外事故发生。

四、异物控制法

客人在进餐时，偶尔会在菜品中发现异物，一般属于严重的菜点质量问题。菜肴中异物的混入往往会给就餐的客人带来极大的不满，甚至会向餐厅提出强烈的投诉，如果处理不当，就会严重影响门店的形象和声誉。

常见的异物主要有以下几种。

（1）金属类异物。清洁丝、螺丝钉、书钉等。

（2）头发、动物毛、纸屑、烟蒂等。

（3）布条、线头、胶布、创可贴。

（4）杂草、木屑、竹刷棍等。

（5）碎玻璃碴、瓷片。

（6）骨头渣、鱼骨刺、鱼鳞。

（7）砂粒、石渣、泥土等。

（8）小型动物。苍蝇、蚊虫、飞虫、蜘蛛。

菜品中混入杂物、异物会造成菜品被有害物质污染。尽管有的异物可能不等于有害细菌，但给客人的感觉是反感的；有些异物在进餐中如果不小心的话，可以给客人造成直接肉体伤害，如碎玻璃碴、螺丝钉等。因此餐饮店应采取图6-2所示的有效控制措施，以避免菜品中混入杂物、异物。

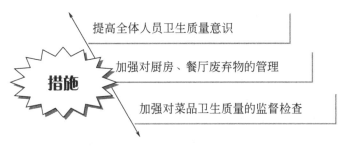

图6-2 控制菜品中混入杂物、异物的措施

1.提高全体人员卫生质量意识

提高全体人员卫生质量意识是指强化菜品加工人员、传菜人员、服务人员（分餐人员）的个人卫生的管理，具体措施如图6-3所示。

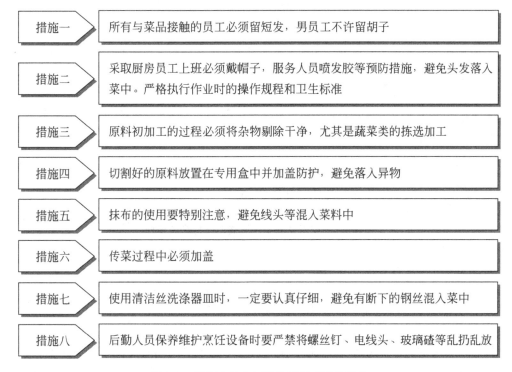

措施一	所有与菜品接触的员工必须留短发，男员工不许留胡子
措施二	采取厨房员工上班必须戴帽子，服务人员喷发胶等预防措施，避免头发落入菜中。严格执行作业时的操作规程和卫生标准
措施三	原料初加工的过程必须将杂物剔除干净，尤其是蔬菜类的拣选加工
措施四	切割好的原料放置在专用盒中并加盖防护，避免落入异物
措施五	抹布的使用要特别注意，避免线头等混入菜料中
措施六	传菜过程中必须加盖
措施七	使用清洁丝洗涤器皿时，一定要认真仔细，避免有断下的钢丝混入菜中
措施八	后勤人员保养维护烹饪设备时要严禁将螺丝钉、电线头、玻璃碴等乱扔乱放

图6-3 提高全体人员卫生质量意识的措施

2.加强对厨房、餐厅废弃物的管理

加强对厨房、餐厅内废弃物的管理，严禁员工随地乱扔、乱放、乱丢废弃不使用的零散物品、下脚料及废弃物等，也是防止异物、杂物混入菜品的卫生管理的重要内容之一。具体措施如图6-4所示。

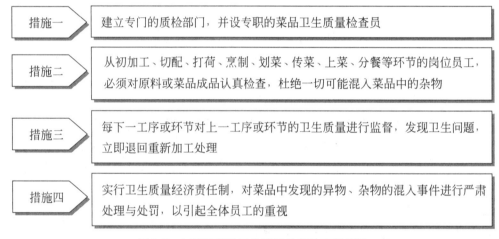

措施一　所有废弃物必须使用专门设备存放，并且要加盖防护

措施二　有专人按时对垃圾桶进行清理

措施三　餐厅内应设专门的隐藏式废弃物桶，严禁服务人员将废纸巾、牙签、烟头等乱扔乱倒，尤其要禁止将餐厅内的废物与餐饮具混放在一起

图6-4　加强对厨房、餐厅废弃物的管理措施

3.加强对菜品卫生质量的监督检查

平常菜品中的异物都是由于对菜品的加工、传递过程中缺少严格的监督与检查造成的。因此必须加强各个环节对菜品卫生质量的监督与检查，具体措施如图6-5所示。

措施一　建立专门的质检部门，并设专职的菜品卫生质量检查员

措施二　从初加工、切配、打荷、烹制、划菜、传菜、上菜、分餐等环节的岗位员工，必须对原料或菜品成品认真检查，杜绝一切可能混入菜品中的杂物

措施三　每下一工序或环节对上一工序或环节的卫生质量进行监督，发现卫生问题，立即退回重新加工处理

措施四　实行卫生质量经济责任制，对菜品中发现的异物、杂物的混入事件进行严肃处理与处罚，以引起全体员工的重视

图6-5　加强对菜品卫生质量监督检查的措施

第二节　菜品开发创新

餐饮产品是餐饮店提供给消费主体的消费对象，是餐饮店赖以生存发展的物质基础。餐饮店要在激烈竞争的市场中获胜，就必须努力改善自己的经营思路，提高餐饮产品研发与创新的能力和速度，不断推出新产品，以提高自己的竞争力。

一、新菜品的构思或创意

创新菜肴的研发工作是一个从搜集各种构思开始，并将这些建议、设想转变为市场上成功的新菜品为止的前后连续的过程。构思是餐饮产品的研发与创新过程的第一步，是餐饮店根据市场需求情况和企业自身条件，充分考虑消费者的食用要求和竞争对手的

动向等，有针对性地在一定范围内首次提出研发新菜品的设想。

构思实际上是寻求创意，构思的新意以及构思是否符合市场需求，是日后菜品开发能否顺利进行的重要环节。

1.构思或创意的主要来源

构思或创意决不能凭空臆想，而应到实践中去做深入细致的调查研究，与各类相关人员进行信息交流，再通过构思者或创意者艰苦的脑力加工而成。具体来说，新菜品的设想主要来自图6-6所示的几个方面。

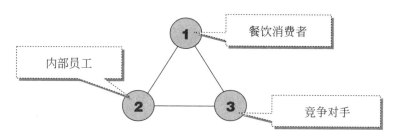

图6-6 新菜品构思或创意的主要来源

（1）餐饮消费者。消费者是创新菜肴的直接食用者，创新菜肴的提供主要是为了满足消费需求。随着人们物质、精神文化和生活水平的不断提高，人们对于创新菜肴的需求也在日益变化，并且更注重营养的搭配与吸收及原料的鲜活程度。

通过消费需求途径，餐饮店可以直接明了地掌握消费者对于创新菜肴在各个方面提出的新的要求，可以更加清楚地把握市场中餐饮供给的空白点或薄弱环节。在此基础上所寻求的创意构思及推出的新菜品更容易为市场上的消费者所接受，也更容易成功。

> **新手指南：**
>
> 调查显示，成功的新产品设想有60%～80%来自用户的建议。

（2）内部员工。一方面，员工最了解餐饮店提供的产品；另一方面，一线员工直接对宾客服务，是与宾客接触最多的人员，宾客的各种意见包括正面意见和反面意见都是直接向服务人员表达出来的，因此员工是除宾客自身以外对顾客需求了解最多的人员，自然也就是菜品开发创意较好的来源之一。

（3）竞争对手。在激烈的市场竞争中，各餐饮店为了获取竞争优势，势必会不断地根据市场需求对产品组合推陈出新，这些餐饮新品是在认真的市场调研基础之上推出并能够满足消费者需求的，是经过市场考验之后才在市场中立足的。对此，餐饮店可以通过监视竞争对手的举动和菜品，对其进行调查分析，汲取经验，获取一些有关市场需求或比较受欢迎的新菜品的信息，并在此基础上发现新的构思，重新调整门店自身创新菜肴种类及其组合。

新手指南：

这一途径是餐饮产品的研发与创新过程中获取创意的主要途径，特别是在餐饮店采用仿制策略、引进策略对菜品进行开发与创新时，竞争对手途径是菜品开发构思的主要来源。

2.构思或寻求创意的主要方法

餐饮店在菜品研发创新时可以采取图6-7所示的方法来构思或寻求创意。

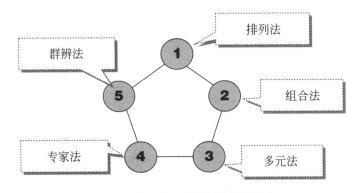

图6-7　构思或寻求创意的主要方法

（1）排列法。将现有菜品按照其属性进行有序排列，便于快捷地寻找出应改进属性的类型、要求与方法，并以此为基础形成新的菜品构思或创意。

（2）组合法。先列举出若干具有不同功能、特性、用途、款型、规格等菜品，通过将其中的两种或多种菜品进行排列组合，从中产生新菜品构思或创意。

（3）多元法。构成菜品的要素很多，该方法是把新菜品的重要因素抽象出来，然后对每一个具体特征进行分析，从中形成新菜品的构思或创意。

（4）专家法。围绕新菜品开发要求，组织由若干名有独特见解的专家、专业技术人员、发明家等聚集在一起进行相关专题讨论，在会前便向与会人员提出若干问题，给予他们以充足时间准备，通过专家及其有关人员提出的各自设想和建议进行综合归纳与分析，在此基础上形成新菜品的构思或创意。

（5）群辨法。这种方法是在广泛征集各类信息基础上经分析整理、辨明真伪、择优转化所形成的新菜品构思或创意。其中所涉及的征询人员除专家、发明家和专业技术人员以外，还通过调查问卷、召开座谈会等方式向消费者征求意见，询问各类专业人员看法，包括各类中间商、广告代理商、储运商等。在认真听取意见和建议基础上对各种信息进行综合、分类与归纳，经辨析后形成的新菜品构思或创意，比较能切合市场的实际需求。

二、新菜品构思筛选

构思筛选是新菜品研发组织从各种设想的方案中，根据新菜品开发的目标和所有实际开发能力进行挑选、择优的工作过程。经构思产生的新菜品设想和方案是大量的。取得足够创意构思之后，必须要对这些创意加以评估，研究其可行性，淘汰掉那些不可行或可行性较低的菜品构思，并挑选出可行性较高的构思，进行可行性决策。

1.筛选阶段的两个层次

新构思产生之后，需要综合研究以下几个问题：这种新菜品是否有适当的市场？它的潜在需求量有多大？使用的原料是否受到季节的限制？烹饪设备是否齐全等。

筛选阶段分两个层次，如图6-8所示。

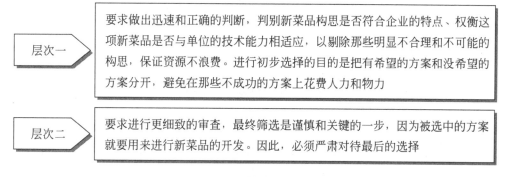

图6-8 构思筛选阶段的层次

2.筛选要避免的两种偏差

筛选是新菜品设想方案实现的第一关，筛选阶段的目的不是接受或拒绝这一设想，而是在于说明这一设想是否与企业目标的表述相一致，是否具有足够的实现性和合理性，以保证有必要进行可行性分析。餐饮店进行新菜品筛选还要努力避免两种偏差，如图6-9所示。

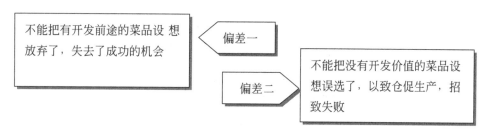

图6-9 筛选要避免的两种偏差

三、新菜品的设计定位

一道新菜品的构想通过创造性筛选后，继续研究，使其进一步发展成菜品概念，对菜品概念进行测试，了解消费者的反映，从中创造性地选择最佳的菜品概念。

在市场调查的基础上，餐饮店才能界定出明确的菜品概念。恰当的菜品概念是菜品能否畅销、品牌能否建立的前提。就新菜品本身而言，竞争主要集中在其包含的特殊卖点上，没有独树一帜的特点，想杀出重围是很困难的。

菜品概念必须清晰体现出市场定位，既要体现出菜品在消费者心目中的认知层级，还要体现出菜品与竞争品牌之间的差异性，具体来讲包括图6-10所示的内容。

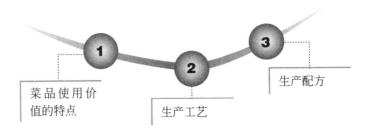

菜品使用价值的特点

生产工艺

生产配方

图6-10　菜品概念包括的内容

当市场定位有效转化为具体的菜品结构时，新菜品本身就将体现出消费者的价值需求。新菜品的设计定位，直接影响菜品的质量、功用、成本、效益等方面，进而影响餐饮店菜品的竞争力。有关统计资料表明，产品的成功与否、质量好坏，60%～70%取决于产品的设计工作。因而菜品设计在新菜品研发的程序中占有十分重要的地位。

四、新菜品的试制

新菜品设计定位完成后就可以进行菜品试制。所谓试制就是由厨师等技术人员根据构思采用新的原材料或烹饪方法，尝试着做在外观、口感等方面有所突破的新菜品。试制设计阶段是研发的主体阶段，是能否推出新菜品的关键时期，没有这一阶段，新菜品就不可能出现在市场中。

新菜品试制是为实现菜品供应的一种准备或实验性的工作，因而无论是烹饪原料、烹饪设施的准备，还是烹调工艺的组织、菜品的上桌服务，都要考虑实际操作的可能性。否则，新菜品试制出来了，也只能成为样品、展品，只会延误餐饮店的开发。同时，新菜品试制也是对设计方案可行性的检验，一定要避免设计是一回事，而试制出来的菜品又是另一回事。不然，就会与新菜品研发的目标背道而驰，导致最终的失败。

在试制过程中，要注意实现在菜品外形、口感和营养设计方面的突破，给消费者以全新的菜品形象，使其有一种全新的感官感受。

1.外形设计

菜品外形的研发与创新要在市场调研的基础上，在菜品的形、配比、量、色等方面下功夫，根据菜品目标市场的要求，对菜品外形有所突破，确定最合适的外观形式，在菜品造型上吸引消费者。在这一过程中，要注意图6-11所示的两点。

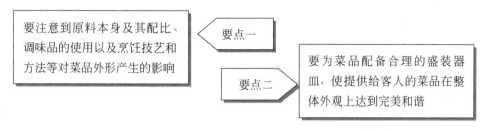

图6-11 菜品外形设计的注意要点

2.口感设计

菜品口感的研发与创新依然是通过以上所提的各种途径，使消费者对菜品在嗅觉和味觉上有一种新的独特的感受。每一种菜肴新品都会有异于已有菜肴的风味和特色，体现在口感上的不同就是其中十分重要的一个方面，而且由于菜品的口感是吸引消费者的一个要点，因此在对菜肴新品进行研发时同样要特别关注口感方面的创新。

3.营养设计

在研发新的菜肴或对已有菜品进行改良时，除了菜品外形及口感之外，菜肴营养质量的研发也不容忽略，即研发人员应充分运用有关质量参数指标（如营养卫生等），提高新研发菜品的质量。伴随着人们生活水平的不断提高，菜肴的营养含量及其构成日益成为消费者选择菜品时考虑的关键要素，也是菜品价值实现过程中的新卖点，在这方面有所突破的餐饮企业会受到一些对健康及营养较为关注的消费者的青睐。

在对菜肴营养进行研发时，研发人员应注意图6-12所示的两个要点。

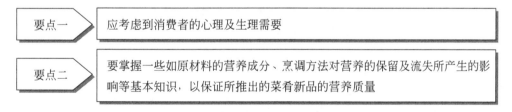

图6-12 菜肴营养设计的要点

五、新菜品的试销

新菜品试制成功以后，就需要投入市场，及时了解客人的反映。市场试销就是将开发出的新菜品投入某个餐厅进行销售，以观察菜品的市场反映，通过餐饮店的试销得到反馈信息，供制作者参考、分析和不断完善。

赞扬固然可以增强管理者与制作者的信心，批评更能帮助制作者克服缺点。对就餐顾客的评价信息需进行收集整理，好的方面可加以保留；不好的方面再加以修改，以期达到更加完美的效果。

经过试销反映良好的菜品，就可以正式生产和投放市场。试销中情况不大令人满意的菜品，达不到预定的市场销售目标就要及时撤退，以免造成更大的损失。当然并不是所有新菜品都要经过试销阶段。国外有些企业为了减少新菜品的试销费用，避免试销泄露情报以战胜竞争者，采取了加速新菜品开发、越过试销阶段的策略，把力量集中于菜品的概念试销和样品试验等阶段。

六、新菜品的正式上市

正式上市即将在试销阶段比较受顾客欢迎的菜肴产品正式列入菜单之中向外销售。创新菜肴上市后应加强跟踪管理，观察统计新菜品的销售情况，通过不同渠道搜集信息和资料，根据销售态势及反馈的信息，分析存在的问题，不断完善新菜品。此时餐饮店亦可开始为下一批新菜品的开发而筹划。

> **新手指南：**
>
> 　　创新菜肴的研发是由一系列的活动组成的一个完整的过程，餐饮店一定要重视每一环节的不同作用，在各个环节的保障下，争取顺利完成菜品的研发创新活动。

第三节　上菜速度控制

餐饮虽然好做，但是竞争也大，在人工成本、原料采购成本居高不下的情况下，要想让餐饮店得以生存和发展，提高上菜速度、增加翻台率不失为一个好办法，因为只有这样才能通过增加客流，从而提高营业利润。

一、提高厨房上菜速度

现在餐饮是微利时代，大型餐饮业都以客流量作为获取更多利润的手段，提高出品速度，缩短客人就餐时间、增加翻台率是菜品质量管理中要面临的问题。图6-13所示的5个环节都是对提高出菜速度的一个改进。

1.做足餐前准备

餐前准备要充足，必须在规定的时间内完成，这项工作尤为重要。每个岗位都要根据菜品平常的销售情况做一个统计，然后做餐前粗加工、切配、半成品底货烹制的准备

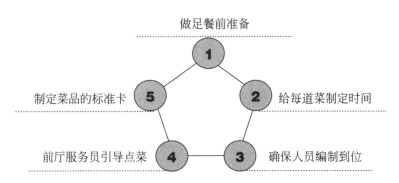

图6-13 提高上菜速度的改进措施

工作，拿到菜单后，配菜这个环节就省事多了，只需抓配即可，不需要现择现洗切，配菜上省了时间那么整个出菜就会赢得时间。

比如，蔬菜择洗过后，按份分装起来冷藏保鲜；需要改刀工或上浆就需要根据相应的客流量以及菜品的销量而备料；冰鲜的原料，像鱿鱼须、虾仁等，治净之后要按照每份的用量分装起来，然后冷藏；再如梅菜扣肉、腊味合蒸、珍珠丸子等菜，可以提前加工成半成品，只需稍微加热即可出菜。

除此之外，各种原材料在处于半成品状态时，调料的使用也不可忽视。如我们在做梅菜扣肉、腊味合蒸时，提前将家乐浓缩鸡汁煨制到足够的时间，也是提高出菜速度的重要一步。

2.给每道菜制定时间

在菜谱上注明每道菜的出菜时间，就是从客人点菜到将点菜单传递给后厨，再到厨房加工制作出菜这一段所需要的时间。其目的是让客人了解每个菜从加工到出品的大体时间，客人可自己对出菜时间做一些把握，避免出现客人因为点了几个很复杂、很费事的菜品却迟迟上不了菜时不停催菜的尴尬局面

比如，有客人点了几个很复杂的菜品，那就需要准备一个小夹子，上面标有台位的编号，可分为绿色、黄色和红色3种颜色，绿色代表正常出菜速度，黄色代表快速出菜，红色则代表需要加速出菜，打荷的则会根据颜色安排出菜顺序，尤其在加菜时就需夹上醒目的红色，以加速出菜。

3.确保人员编制到位

厨房中人员编制是否恰当合理是出菜快的一个重要因素。各岗位设置一位头脑灵活、业务精通的主管，在接下点菜单后能有条不紊地指挥工作，使后厨人员各司其职。

比如，配菜人员将小夹子随配好的菜一同交给荷台，荷台再根据点菜单及小夹子的颜色合理分配灶台。菜做好后小夹子夹在盘子边上，将菜端到传菜间，传菜间一看夹子就知道是哪一桌子的菜品，即使在很忙的情况下也不会因为同菜不同桌而出现错菜或漏菜的现象。

4.前厅服务员引导点菜

虽然菜谱上注明每个菜的出菜时间，但有时客人还是会点一些很复杂的菜品，并因着急而频繁催菜，这会给客人留下不良印象。这时就需要服务员引导客人点菜，将容易出的菜与慢菜尽量搭配得平衡一些，使等待时间趋于合理。有时备好的原料未能及时卖掉，也需要后厨与前厅及时沟通，让前厅服务员重点推销，而且因为是提前预制的菜，只要推销出去，出菜速度自然很快。

5.制定菜品的标准卡

每一个菜单标准卡上都有制作的规定时间限制，此时间是从落单到刷单的时间差。因此每条生产线必须在规定的时间内完成操作，否则会受到制度的处罚。

每一个标准菜卡都附上这个菜肴的照片和文字，张贴在厨房的墙面上，让各岗位的厨师都可以学习自己所生产的产品并默记下来，这样工作起来就不会出现差错，因为出现差错任何人都可以对照标准菜卡进行互相指正，从而保障菜肴出品的稳定性。

二、调整菜品结构

虽然餐饮店里日常销售的菜品一般都会控制数量，但在就餐的高峰，即使炒锅师傅连轴转，也很难说不会造成菜品"塞车"的现象，通过调整菜品结构可以防止这一现象，具体如图6-14所示。

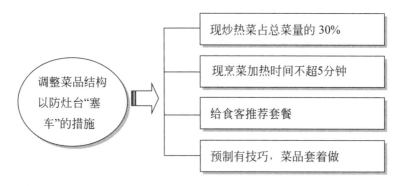

图6-14　调整菜品结构以防灶台"塞车"的措施

1.现炒热菜占总菜量的30%

要想解决厨房人手短缺的问题，最重要的还是要在菜品设计上下功夫。冷菜、面点两块是比较好控制的，因为很多冷菜和面点都可以大批量提前制作，所以在人手问题上是比较容易解决的。热菜是最麻烦的，因为所有的菜品都要在灶台上烹调而成，"塞车"是再正常不过的事情了。为了解决这个问题，除了要对很多菜品进行提前预制外，还应在菜单设计上下点工夫。

例如，餐厅整体菜品结构可以设计成：冷菜占菜品总数的15%，面点占10%，蒸菜占35%，灶台现烹菜占30%、汤羹占10%。从这个比例中不难看出，蒸菜的总体数量是非常多的。之所以这样做，主要是考虑到两个方面的原因：一是蒸菜制作比较简单，对于厨师的技术要求相对较低，而且一两个厨师就完全可以搞定所有的蒸菜制作；二是一个大的蒸箱同时可以烹调很多菜品，符合快速上菜的要求。再就是要严格控制现烹菜品的数量。如果现场烹调的菜品数量设计得太多，那么肯定会加大炒锅师傅的工作量。菜品是需要一份一份炒的，好的炒锅师傅现在又比较紧缺，所以这部分菜品设置得不能太多。

2.现烹菜加热时间不超5分钟

在菜品设置方面最好是将每款现烹菜品时间控制在5分钟以内，从而加快上菜的速度。为了做到这点，可以对现有菜品进行梳理，能够提前大批量制作的，一定要提前加工，使菜品后期的烹调时间控制在规定的时间以内。而对于那些不能在5分钟之内完成的，可以直接放弃。

3.给食客推荐套餐

现在餐厅一般都准备两种菜谱，一种是正常的菜谱，另一种是套餐菜谱。在点菜时，如果客人没有特定的需求，会要求服务员尽量请客人选择提前设定好的套餐菜肴，这样就可以提前准备，缩短烹调时间。

4.预制有技巧，菜品套着做

提前预制菜品已经是很多餐饮店都在使用的方法了。但是如何更高效地管理好这项工作呢？一种方法，那就是菜品的主料和辅料分别预制，然后再套着制作菜肴。

比如，制作牛腩菜，餐厅销售的牛腩菜品种非常多样，比如番茄炖牛腩、萝卜煮牛腩等。这时就应该将厨房内所需的牛腩一起提前预制好，然后分给负责制作菜品的厨师，当客人点菜时，再加入辅料一起烹调即可。当然辅料也是可以采用这种方法加工的，比如可以提前焖制好萝卜，点萝卜煮牛腩时，就将萝卜和牛腩放在一起片刻加热；如果制作萝卜煲，就把萝卜和筒子骨一起加热，这样就把复杂的菜品简单化了。

第四节　菜品成本控制

餐饮店的日常经营消耗主要集中在菜品原材料上，要想有效地降低原材料成本和消耗，就要加强原料生产加工、配份、烹调等环节的成本控制。

一、粗加工环节成本控制

粗加工在烹饪中也被称为初步加工，如活鸡、活鸭的宰杀，鱼的宰杀，菜的挑选、洗涤等都属于粗加工环节的工作。

1.粗加工环节对成本的影响

粗加工过程是影响原料出材率的重要环节，有四个因素会影响原料出材率，这四个因素中的任一因素出现疏忽，都会直接对原料出材率产生影响，如表6-3所示。

表6-3　影响原料出材率的四个因素

序号	因素	具体说明
1	原材料质量	以马铃薯为例，如果马铃薯个大、浑圆，用刮皮刀将外层马铃薯皮刮掉后，其出材率可以达到85%以上。如果原料个小或外观凹凸不平，其出材率可能就只有65%。因此，原材料质量在整体出材率的影响中占25%，如果原材料质量不理想，就会产生25%的损耗率
2	粗加工厨师技术	粗加工厨师技术是很重要的影响因素。粗加工厨师的技术水准即对原料的特点、秉性的了解程度，操作熟练程度，也就是对原料的认知程度。粗加工厨师技术在影响整体出材率因素中也占有25%的比例。也就是说，如果粗加工厨师技术不过硬，将损失25%的原料
3	加工工具优劣	刀和砧板是粗加工厨师使用的两个主要加工工具，其优劣如下 （1）砧板中间凹凸不平、周围破裂，刀不锋利等都会给粗加工厨师造成很大麻烦，无论多么熟练的粗加工厨师，面对不尽如人意的工具，其技巧都很难得到发挥 （2）加工刀具一定要锋利，长短、宽窄都要恰到好处，而且要根据宰杀对象的特征挑选合适的工具，使粗加工厨师使用起来得心应手
4	科学的加工方法	科学的加工方法是指预先规划好先从何处下手，到何处终结，中间需要几个步骤，做到下刀比例以及深浅程度都合适，从而实现加工完成后不造成任何浪费。如剔一只鸡，应从鸡肋下手剔第一刀，最后一刀由腿骨收尾。加工方法对出材率的影响为25%

只有以上四个因素均达到最佳状态时，加工后的出材率才能达到最理想状态。

新手指南：

根据实际经验，掌握好净出率可以将毛利点提高5%，如果原本是月均200万元的总收入，可以提升10万元的毛利。

2.保证粗加工的净出率

餐饮店可以按表6-4所示的措施保证粗加工的净出率。

表6-4　保证粗加工的净出率

序号	加工类别	具体措施
1	蔬菜粗加工的净出率	粗加工厨师根据不同蔬菜种类和烹饪规定使用标准，对蔬菜进行择、削等处理，如择去干老叶子、削去皮根须、摘除老帮等。对于一般蔬菜择除部分可按规定净出率进行

续表

序号	加工类别	具体措施
2	活禽粗加工的净出率	餐厅应根据不同活禽类别、制作菜品的不同质量规格需求、活禽基本加工步骤来控制活禽粗加工的净出率
3	海产品粗加工的净出率	当天进购的海产原料，如需要解冻后再进行加工则先进行解冻；从海产冰箱中取出当天需要的原料，进行解冻；在夏季解冻原料应注意要浸在水中
4	干货原料粗加工的净出率	干货原料粗加工主要指的是干货的涨发。由于干货原料品种多样，涨发方法也各不相同。掌握正确的涨发方法可以大大提高干货净出率。粗加工厨师在对干货原料进行加工时，需要掌握其净出率

3.做好收台减少浪费

粗加工厨师应做好相应收台工作，以减少浪费、节约成本，收台的具体工作如表6-5所示。

表6-5　粗加工收台工作要求

序号	工作事项	具体说明
1	整理货架	整理货架是指将用于陈列蔬菜加工品的货架进行全面整理 （1）将货架上的所有原料、用具、盛具等取下，进行清扫清洁处理 （2）对于剩余的无需保鲜处理原料，如南瓜、冬瓜等，应摆放在固定位置上，以便下餐使用 （3）用于加工和盛放蔬菜的工具、盛具应摆放在货架的固定位置上，以便于取用
2	余料处理	余料处理是指将剩余的加工好的蔬菜、肉类、水产品等原料，放置在专用料盒内，包上保鲜膜，放恒温箱内存放，留待下一餐再用
3	清理台面	清理台面是指将料盒、刀、砧板等清洗干净，用干抹布擦干水，放回货架固定存放位置或储存柜内，然后将料理台的台面及其四周用抹布擦拭两遍后晾干
4	清洗水池	清洗水池是指先清除不锈钢水池内的污物、杂质，用浸过餐洗净的抹布内外擦拭一遍，然后用清水冲洗干净，再用干抹布擦干

二、配份环节成本控制

配份环节即厨房当中俗称的"配菜"，也被称为配膳。配菜就是将加工成形的各种原料加以适当配合，使其可烹制出一道完整菜品的过程。如为凉菜，即配合成可以直接食用的菜品，这个操作过程即为配份环节。

配菜是制作菜品过程中非常重要的中心环节，菜品量大小都取决于配菜师。主料、配料、调料这三个要素构成菜品成本。

比如，某餐厅配菜师成本意识不强，在配鳝鱼丝时只用目测，每次配半盘用量。经称量每盘鳝鱼丝约为350克，经计算每道鳝鱼丝菜品的成本比售价高出8元，即餐厅每销售出一盘鳝鱼丝要损失8元。

菜品成本的高低与配菜具有直接联系。如鱼香肉丝的味道是以辣、甜、酸为基础的三种口味综合而成，制作工艺比较复杂，但制作出的菜品精美无比，且价格经济。那么鱼香肉丝的成本究竟有多高呢？这就需要配菜师来确定。

一家高级餐厅的鱼香肉丝的标准用料是330克通脊丝，125克竹笋丝，50克香菇丝，配上明汁亮芡打红油，红油汪出菜边一个韭菜叶宽度，围着盘周一圈，价格38元/道。同样一道菜如果放在普通小餐厅，则可能只售20元/道，其原料组成当然不同，在小餐厅中使用的主料是125克肥瘦肉丝，一把胡萝卜丝，一把糟木耳，也没有明汁亮芡打红油。

所以菜品售价由成本而定，成本是根据配菜中加的原料而定，由原料成本、人工成本为基础确定其价格是最科学、最准确的。当然也需要考虑周围餐厅价格，以便同营运挂钩。

三、烹调环节成本控制

烹调环节是指通过加热和调制，将加工、切配好的原料熟制成菜品的加工过程。菜品的烹调不但影响菜品质量，也与菜品成本控制密切相关。

1.统一制汁节省成本

制作菜品时经常需要制作各种汤汁，如糖醋汁、番茄汁、果汁、沙子汁等。为了节省成本，可采用统一制汁法，即每天早上由制汁厨师把汁制作好，然后统一分发给每位厨师，那么厨师就不用再制作所需的各种汁了。

2.掌握过油技巧

餐饮店的食用油消耗量比较大，而食用油又不断涨价，因为几乎每道菜都要使用食用油，所以厨师应注意节约食用油的使用，从而达到节约成本的目的，过油技巧如表6-6所示。

表6-6　过油技巧

序号	技巧	具体说明
1	选用大豆油	选用大豆油是指餐厅一般应选择大豆油，黄豆是素菜之宝，大豆油营养最全面，它含有23种人体所必需的氨基酸。花生油只含有15种氨基酸，而且价格比大豆油贵
2	热油下锅	热油下锅是指厨师在下油时要注意油温，如炸茄子、炸馒头、炸豆腐等。有些厨师在炸豆腐时，油刚温就放原料，结果很多油被吸到豆腐里去了，吃豆腐时，油会从豆腐里往外冒。因此在炸这些原料时，油温应高一些。油温可从0℃一直上升到240℃。油一般在20℃左右融化，加温到七成，就可以放原料了
3	将调料中红油炒出来	厨师在炒制过程中如何将调料中的红油炒出来也是一门学问。如麻婆豆腐、鱼香肉丝、干烧鱼、回锅肉这类菜品都需要有红油。炒红油的时候一定要使用小火，在几秒钟之内将调料里的红油炒出来，如麻婆豆腐加上汤烧，油比水轻，油漂在上面，水在下面，出锅时不用兑明油，红油就在上面漂着，可避免重新放红油的成本

3.加强对厨师的监控

从烹调厨师的操作规范、制作数量、出菜速度、剩余食品等几个方面加强监控，具体如表6-7所示。

表 6-7 对厨师的监控

序号	类别	具体内容
1	操作规范	操作规范是指餐饮企业管理者必须督导烹调厨师严格按操作规范工作，任何图方便的违规做法和影响菜品质量的做法都应立即加以制止
2	制作数量	制作数量是指厨师应严格控制每次烹调的生产量，这是保证菜品质量的基本条件，少量多次的烹制应成为烹调制作的座右铭
3	出菜速度	出菜速度是指在开餐时要对出菜的速度、出品菜品的温度、装量规格保持经常性的督导，阻止一切不合格的菜品出品
4	剩余食品	剩余食品在经营中被看作是一种浪费，即使被搭配到其他菜品中，或制成另一种菜

四、利用标准菜谱控制成本

标准菜谱是以菜谱形式列出用料配方，规定制作程序，明确装盘形式和盛器规格，指明菜品的质量标准和每份菜品的可用餐人数、成本、毛利率与售价。

1.标准菜谱设计内容

一般来说，标准菜谱设计内容主要如表6-8所示。

表 6-8 标准菜谱设计内容

序号	项目	具体说明
1	基本信息	基本信息是指标准菜谱中的基本信息，主要包括菜点编号、生产方式、盛器规格、烹饪方法、精确度等。基本信息虽然不是标准菜谱的主要部分，但却是不可缺少的基本项目，而且必须在设计之初就设定好
2	标准配料及配料量	标准配料及配料量是指菜品的质量好坏和价格高低很大程度上取决于烹调菜品所用的主料、配料和调味料等的种类与数量。标准菜谱在这方面作出了规定，为菜品实现质价相称、物有所值提供了基础
3	规范烹调程序	规范烹调程序是指烹调程序全面地规定烹制某一菜品所用的炉灶、炊具、原料配份方法、投料次序、型坯处理方式、烹调方法、操作要求、烹制温度和时间、装盘造型、点缀装饰等，使烹制菜品的质量有了可靠保证
4	烹制份数和标准份额	烹制份数和标准份额是指厨房烹制的菜品多数是一份一份单独进行的，有的也是多份一起烹制的。标准菜谱对每种菜品、面点等的烹制份数都进行了规定，是以保证菜品质量为出发点的。如一般菜品为单份制作，也就是其生产方式是单件式；面点的加工一般是多件式，带有批量生产的特征等

续表

序号	项目	具体说明
5	每份菜品的标准成本	每份菜品的标准成本是指对每份菜品的标准成本作出规定，就能对菜品生产进行有效的成本控制，最大限度地降低成本，提高菜品的市场竞争力。标准菜谱对标准配料及其配料量都有规定，由此可以计算出每份菜品的标准成本。由于食品原料市场价格不断变化，每份菜品的标准成本要及时做出调整
6	成品质量要求与彩色图片	成品质量要求与彩色图片是指通过标准菜谱对用料、工艺等进行规范。为保证成品质量，对出品的质量要求也做出了规定。因为菜品成品质量的有些项目难以量化，如口味轻重等，所以在设计时应制作一份标准菜品，拍成彩色图片，以便作为成品质量最直观的参照标准
7	食品原料质量标准	食品原料质量标准是指只有使用优质原料，才能加工烹制出好菜品。标准菜谱中对所有用料的质量都做出了规定，如食品原料的规格、数量、感官性状、产地、产时、品牌、包装要求、色泽、含水量等，以确保菜品质量达到最优标准

2.编制标准菜谱程序

虽然每家餐饮店的编制标准菜谱程序都各有特色，但是其基本程序却是相同的，具体如表6-9所示。

表 6-9　编制标准菜谱程序

序号	程序	操作说明
1	确定主配料原料及其数量	确定主配料原料及其数量是指确定菜品基调，决定菜品主要成本；确定其数量，有的菜品只能批量制作，则平均分摊测算，如点心等；菜品单位较大的品种，无论如何都应力求精确
2	规定调味料品种，试验确定每份用量	规定调味料品种，试验确定每份用量是指调味料的品种、牌号要明确，因为不同厂家、不同牌号的调味料质量差别较大，价格差距也较大，调味料只能根据批量分摊的方式测算
3	根据主、配、调味料用量，计算成本、毛利及售价	根据主、配、调味料用量，计算成本、毛利及售价是指随着市场行情的变化，单价、总成本会不断变化，每项核算都必须认真全面负责地进行
4	规定加工制作步骤	规定加工制作步骤是指将必需的、主要的、易产生歧义的步骤加以统一，规定可用术语，要求精练明白
5	确定盛器，落实盘饰用料及式样	确定盛器，落实盘饰用料及式样是指根据菜品形态与原料形状，确定盛装菜品餐具的规格、样式、色彩等，并根据餐具的色泽与质地选取确定对装盘后菜品进行盘饰的要求
6	明确产品特点及其质量标准	明确产品特点及其质量标准是指标准菜谱既是培训、生产制作的依据，又是检查、考核的标准，其质量要求更应明确具体才能切实可行
7	填写标准菜谱	填写标准菜谱是指对以上的内容，按项填写到标准菜谱中，在填写标准菜谱时，要求字迹端正、表达清楚，要使员工都能看懂
8	按标准菜谱培训员工，统一生产出品标准	按标准菜谱培训员工，统一生产出品标准是指按标准菜谱的技术要求，对各个岗位的员工进行操作培训，以规范厨师作业标准，从根本上统一生产出品标准

如何减少厨房的浪费现象

1.烹调技术上的浪费

要减少烹调技术上的浪费，有以下两种应对方法。

（1）对厨师的业务素质定期培训。只有对厨师进行系统的理论学习，使他们对烹饪原料的基本属性有一个明确的认识，这样才能确保不会出现烹调方法上的失误。

（2）制定标准烹调程序。如果把酒店中所涉及的菜肴的烹调程序以表格的形式写出来，发给厨师学习，就可以防止因为操作不当引起的浪费。

比如，把烹调时间（油炸时间、成菜时间）、烹调温度、火候等需要量化的东西制定出来，让厨师严格按照烹调程度烹调，就可以有效地防止烹调技术上的浪费。

2.加工技术问题导致的浪费

要避免加工技术问题导致的浪费，有以下三种应对方法。

（1）严格规定原料的净料率。只有规定严格的净料率，才能规范粗加工环节，使这种潜在的浪费得以控制。

例如，山药如果直接拿来去皮，皮黏而厚而且脆而易断，可是如果把它带皮煮一下再去皮就会容易得多，而且去的皮也没有那么厚，这样一来就减少了不必要的浪费，使原料的可利用率增加。

（2）制定严格的原料加工程序。以标准菜谱的形式来制约厨师在工作台中的随意性，标准菜谱中已规定了多少原料出多少成品，厨师就要严格按照标准菜谱的要求去做，否则就要进行必要的处罚。

（3）专人专职负责。厨房中的用人也是关键，厨师的专长不一样，技术特长也不一样，让每个人只负责他最拿手的一块，他会越做越好，利用率就越高。

比如，一个人经过三个月的培训，在肉类加工上的出料率是酒店最高的；另一个人的海鲜加工是最好的，如果现在将两个人的岗位对换一下，两边的出料率肯定都会有下降，因此培训要有明确的方向性和准确性。

3.下脚料上的浪费

厨房里通常会在砧板边堆满各式各样的下脚料，这些看似派不上用场的东西，就会被大手大脚的厨师顺手倒在垃圾桶里。虽然都是些不值钱的东西，但积累下来也是一个惊人的数字。

针对下脚料的浪费现象，我们可以采取以下几种方法来避免。

（1）强制执行。其实有些下脚料，只要厨师动脑筋想想，完全可以做成精美的菜。

比如，削花剩下的胡萝卜可以用来做熬蔬菜水的原料；剩下的姜、葱叶和虾头用来炼制料油；老白菜帮可切丁腌小菜或包包子等。一般情况下，厨师长要带头动脑筋思考利用下脚料的好方法，一旦有了方法，就要强制每一位厨师执行，而对于不屑于用下脚料的厨师要做出严格处罚。

（2）用发奖金的形式督促厨师用好下脚料。如果下脚料浪费现象严重，而又没有好办法解决，这时候可以利用发奖金的形式激励各位厨师发挥其才智，充分利用下脚料。相信在奖金的激励下，厨师创新的积极性一定会高涨。

比如，有些餐厅推出的"美极西芹根"，就是将刮去老皮的西芹根切薄片，然后用冰水冰镇后经美极鲜味汁调料拌制而成的，这道菜清爽鲜脆，深得客人的赞赏；还有一些餐厅将花叶生菜使用后所剩下的心部嫩叶和西芹芯、萝卜皮（雕花所剩）等组合在一起，做成"丰收菜篮"，旁边再配上面酱、虾酱等，就成了人们喜欢的美味；还有做土豆丝剩下的边角土豆，可以用来做土豆泥、做成土豆丝饼等。

（3）厨师长检查垃圾桶。很多厨师不用下脚料，很多时候不是不会，而是懒，像香菜根、萝卜皮、白菜帮等下脚料收起来麻烦，还得洗、切，因此累了一天的厨师们干脆就将它们扔进垃圾桶，然后再盖张报纸以防被厨师长看见。针对这种情况，厨师长就要每天翻看一下垃圾桶，看是否有这种浪费现象。

4.滥用调味品、装饰物造成的浪费

调味品如果量放得适当，当然能增加菜肴的色香味，但是有很多没有经过培训的厨师会误认为量越大效果就越好，这其实是一思维误区。再加上现在餐厅中所用的各种调味品、装饰物成本很高，这样就会进一步增加了原料的成本。

比如，有个小伙子在做海鲜汤时就爱用高汤去调味。一瓶"乾隆一品汤王"能调50份左右，他最多只能调20份。餐厅有一款海鲜疙瘩汤一直卖得很好，可是从他来了之后这款菜受到了很多人的投诉，原因是海鲜汤变了味。通过调查才发现原因就出在这个小伙子过分使用调料上，海鲜汤被他放调料放得都成了调料汤了。这不仅影响了菜品的品质，更增加了原料的成本。

避免这种浪费现象的发生，应根据不同菜肴的风味，严格掌握调料的使用量。不做"调料大厨"，最好的办法就是制定标准菜谱，严格规定各种原调料的用量，然后把费重调料按照每一个标准单位分量分成固定的小份，这样在用的时候既保证了用量的标准，又节省了时间，可谓是一举两得。

5.原调料储存上的浪费

要减少原调料储存上的浪费，应对方法有以下三种。

（1）建立合理的原料库存制度，根据原料的特性制定适合它们的正确存放方法。原料在储存中造成浪费的最主要原因是储存方法不正确。

比如，土豆、洋葱摆在潮湿的地方很容易发芽；叶菜放在通风处就很容易失水；茭白放置一段时间后就会发黑。

（2）建立和制定好的调料添加程序。比如，在倒入新调料时，把容器内剩余的部分先倒出来，放入调料后再将剩余的那部分调料放在最上面，这样最先用光的就是以前的了，既保证了调料的质量，又不至于造成成本浪费。

（3）建立出入库标准。出库坚持"先存放，先取用"的原则，不让原料在存放时因过了保质期而造成浪费。入库时认真查看原调料的保质期并做好记录，对保质期短和数量较多的物品分类，并且要和总厨、采购员沟通，保证其物品能在保质期内用完。

6.传统工作方式造成的浪费

传统的加工方式所造成的浪费表现在很多方面：因没有净菜供应而造成厨房的用水过多；烹调菜肴时食用油使用过多；为加工一道特殊菜、特色菜投入过多，造成燃料、水、电等成本浪费；学徒工加工菜肴不成功造成的浪费；炉台调料、汤料因保管不善变质或剩余浆、糊、粉、茨料的浪费；使用后的炸油，腌渍主料的调味料弃料，不够单独加工一份菜肴使用的剩余蛋液，熬油后的油渣，鸡、肉泥剩料及某些调味料也多数都被倒掉或用水冲入下水道等。

传统加工方式的浪费有些是不可避免的，但有些是能减少或杜绝的，作为工作人员不能轻视这类浪费现象，应该设法改进加工方法，从采取更合理的加工方式入手，最大限度来减少浪费。

比如，速冻食品要明确保管人的责任，应该按当天的出品份数和用量合理预算、提前自然解冻，杜绝用水长时间冲化，这样不仅减少了原料的营养和味道的流失，还节约了用水；冰箱、冰柜冷藏室的菜架、调料架也要配专人管理、定期清理，发现腐败变质过期的材料要及时处理，以免污染其他原料，做到新老交替使用。

7.责任心不强造成的浪费

这是指管理不严或者责任心不强而造成的浪费。此类浪费现象几乎随时随处可见。

比如，厨房自来水的跑、冒、滴、漏或用后不关；炊事电器设备的空转；空火炉灶不及时关、压火；照明灯具长明不关；排风、排烟设备空转；原料加工无计划或一次性加工过多而造成的浪费，或因未经及时加工处理而造成霉变、混杂、污染等，最后只能做垃圾处理；对于厨房炊具、炉具、机冷藏、加工、消毒电器等因使用不当造成损坏报废等。

以上现象都是责任性浪费的种种表现，属于无谓的浪费。要杜绝人为浪费，就要加强员工的责任感，平常也要培养员工手脚勤快的习惯，安排工作要注意责任到人。

比如，最简单的洗菜择菜，首先要明确洗菜人的责任，还要让他了解洗菜的一些常识：菜要择洗干净，洗菜后要控干净水，尤其在夏天，如不控干净水，菜很快就烂掉了；随手关灯、关水龙头等。

07

第七章
提升服务，让顾客享受你的店

导言

　　餐饮业是传统的服务业，提升服务质量是餐饮管理的核心内容。要提高餐饮店的服务质量，必须首先弄清楚服务质量的含义，找准顾客的真正需求，然后再有针对性地提出应对措施，而不是一味地改进设施设备。

第一节　提高服务素质

　　随着竞争的加剧和消费者需求的不断提升，客人对餐饮服务质量的标准与期望也越来越高，而餐饮服务质量的提高依赖于高素质的服务人员。因此，餐饮服务人员应树立正确的服务观念与意识，完善服务态度，丰富更新本职工作所需的知识，致力于提高个人素质。

一、思想素质要求

良好的思想素质是树立正确的人生观、价值观和做好服务工作的基础。

1.政治思想素质

餐饮服务人员应确立正确的世界观。在服务工作中，应严格遵守外事纪律，讲原则，讲团结，识大体，顾大局，不卑不亢，不做有损国格、人格的事。

2.专业思想素质

餐饮服务人员必须树立牢固的专业思想，充分认识餐饮服务知识对提高服务质量的重要作用，热爱本职工作，养成良好的行为习惯，将企业和消费者的利益放在第一位，提供尽善尽美的服务。

二、职业道德要求

职业道德就是同人们的职业活动紧密联系的符合职业特点所要求的道德准则、道德情操与道德品质的总和，它既是对本职人员在职业活动中的行为标准和要求，同时又是职业对社会所负的道德责任与义务。为了能更好地提供优质的服务，每一个餐饮服务人员都必须遵守一定的职业道德规范。

1.热情友好、客人至上

热情友好、客人至上是餐饮服务人员职业道德中最基本和最具特色的一项道德规范，是餐厅真诚欢迎客人的直接表现，是餐饮服务人员敬业、乐业精神的具体体现。其具体要求如图7-1所示。

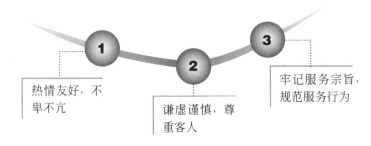

图7-1　热情友好、客人至上的要求

2.真诚公道、信誉第一

真诚公道、信誉第一是正确处理餐厅与客人之间利益关系的一项行为准则。其具体要求如图7-2所示。

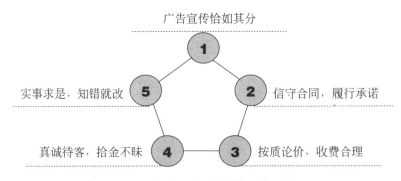

图7-2　真诚公道、信誉第一的要求

3.文明礼貌、优质服务

文明礼貌、优质服务是餐饮业一项极其重要的道德规范和业务要求，也是餐饮服务人员职业道德一个最显著的特点。其具体要求如图7-3所示。

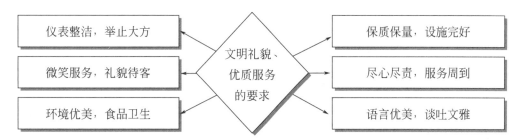

图7-3 文明礼貌、优质服务的要求

4.团结协作、顾全大局

团结协作、顾全大局是餐厅经营管理成功的重要保证，是餐厅内部处理同事之间、岗位之间、部门之间以及大局利益与整体利益、眼前利益与长远利益等相互关系的一项行为准则。其具体要求如图7-4所示。

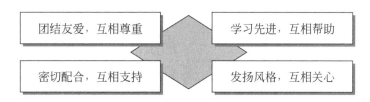

图7-4 团结协作、顾全大局的要求

5.遵纪守法、廉洁奉公

遵纪守法、廉洁奉公是餐饮服务人员正确处理个人与集体、个人与国家关系的行为准则，既是行政和法律的要求，又是道德规范的要求。其具体要求如图7-5所示。

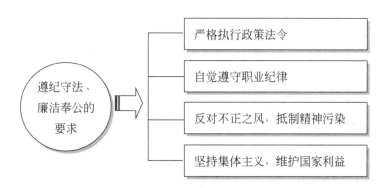

图7-5 遵纪守法、廉洁奉公的要求

6.钻研业务、提高技能

钻研业务、提高技能是各行各业共同的业务要求和道德规范，也是餐饮服务人员职业道德不可缺少的基本规范之一，是餐饮服务人员做好本职工作的关键。其具体要求如图7-6所示。

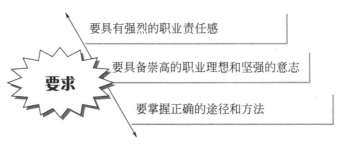

图7-6 钻研业务、提高技能的要求

7.平等待客、一视同仁

每一位餐饮服务人员都应自觉地尊重客人的人格，主动热情地满足客人的合理要求，把令人满意的服务提供给每一位客人；在提供服务时，要摒弃"看人下菜碟"的旧习气，绝对禁止以貌取人和以职取人。

具体来说，要注意以下两个方面。

（1）在接待服务中，要做到"三个一样"，具体要求如图7-7所示。

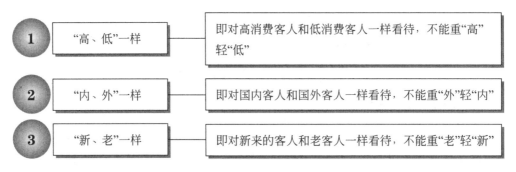

图7-7 接待服务的"三个一样"

（2）在一视同仁的前提下，做到"三个照顾"，具体要求如图7-8所示。

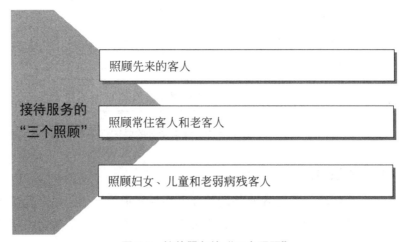

图7-8 接待服务的"三个照顾"

相关链接‹⋯⋯⋯⋯⋯⋯⋯⋯⋯⋯⋯⋯⋯⋯⋯⋯⋯⋯⋯⋯⋯⋯⋯⋯⋯⋯⋯⋯⋯⋯⋯⋯⋯⋯

餐饮服务五忌

一忌旁听

这是餐厅服务员的大忌，客人在交谈中，不旁听、不窥视、不插嘴是服务员应具备的职业道德，服务员如与客人有急事相商，也不能贸然打断客人的谈话，最好先采取暂待一旁，以目示意的方法，等客人意识到后，再上前说："对不起，打扰你们谈话了。"然后再把要说的说出来。

二忌盯瞅

在接待一些服饰较奇特客人时，服务员最忌目盯久视、品头论足，因为这些举动容易使客人产生不快。

三忌窃笑

客人在聚会与谈话中，服务员除了提供应有的服务外，应注意不随意窃笑、不交头接耳、不品评客人的议论，以免引起不应有的摩擦。

四忌口语化

有些服务员缺乏语言技巧方面的学习和自身素质的培养，在工作中有意无意地伤害了客人或引起某些不愉快的事情发生，如："你要饭吗？"这类征询客人点饭菜的语言使人听起来很不愉快、不舒服。另外服务员在向客人介绍餐位时，"单间儿"一词也是忌讳的词语，因为"单间儿"在医院指危重病人的房间，在监狱为关押要犯、重犯的房间，所以应用"雅座"代替"单间儿"为好。

五忌厌烦

如果个别顾客用"喂""哎"等不文明语言招呼服务员，服务员不能因顾客不礼貌就对其表现冷淡或不耐烦，相反我们更应通过主动、热情的服务使客人意识到自己的失礼。如你正忙碌，可以说："请您稍等片刻，我马上来。"

三、服务态度要求

服务态度是指餐饮服务人员在对客服务过程中体现出来的主观意向和心理状态，其好坏直接影响着宾客的心理感受。服务态度的优劣取决于服务人员的主动性、创造性、积极性、责任感和素质的高低。其具体要求如图7-9所示。

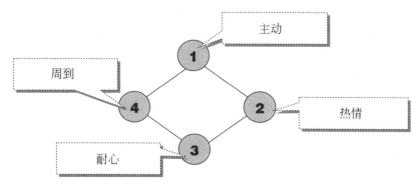

图7-9　餐饮服务人员服务态度要求

1.主动

餐饮服务人员应牢固树立"宾客至上、服务第一"的专业意识，在服务工作中应时时处处为宾客着想，表现出一种主动、积极的情绪，凡是宾客需要，不分分内、分外，发现后即应主动、及时地予以解决，做到眼勤、口勤、手勤、脚勤、心勤，把服务工作做在宾客开口之前。

2.热情

餐饮服务人员在服务工作中应热爱本职工作，热爱自己的服务对象，像对待亲友一样为宾客服务，做到面带微笑、端庄稳重、语言亲切、精神饱满、诚恳待人，具有助人为乐的精神，处处热情待客。

3.耐心

餐饮服务人员在为各种不同类型的宾客服务时，应有耐性，不急躁、不厌烦，态度和蔼。服务人员应善于揣摩宾客的消费心理，对于他们提出的所有问题，都应耐心解答，百问不厌；并能虚心听取宾客的意见和建议，对事情不推诿。与宾客发生矛盾时，应尊重宾客，并有较强的自律能力，做到心平气和、耐心说服。

4.周到

餐饮服务人员应将服务工作做得细致入微、面面俱到、周密妥帖。具体如图7-10所示。

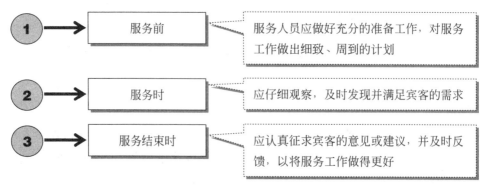

图7-10　服务周到的体现

【案例赏析】▶▶▶

温馨的眼镜布

戴眼镜的客人到餐厅吃饭时，如眼镜片遇到热气腾腾的饭菜就会蒙上一层雾气，影响视线，带来用餐不便。而一家餐厅却留意到宾客用餐的这个细节，凡是戴眼镜进店的进餐者，服务员都会及时将一块擦眼镜用的绒布递上，供其擦拭眼镜用。

点评：

提供擦眼镜绒布只是一个细小的动作，却令众多戴眼镜前来就餐的宾客倍感亲切和温馨，也让客人感受到了餐厅服务工作的细致和周到。

四、服务知识要求

餐饮行业的服务人员虽然看似不要求学历，不要求技术，但是想做好服务，服务人员也须具备一定的服务知识。

1.基础知识

基础知识主要有员工守则、礼貌礼节、职业道德、外事纪律、餐厅安全与卫生、服务心理学、外语知识等。

2.专业知识

专业知识主要包括食品营养卫生、烹饪知识、岗位职责、运转程序、运转表单、管理制度、设备设施的使用与保养、餐厅的服务项目及营业时间、沟通技巧等。

3.相关知识

相关知识主要包括哲学、美学、文学、艺术、法律、医学及各国的历史地理、习俗和礼仪、民俗与宗教知识，本地及周边地区的旅游景点与交通等。

五、相关能力要求

餐饮服务人员要经常与客人接触，为客人服务，同时又要与客人进行必要的沟通和交流，这就要求餐饮服务人员具有图7-11所示的相关能力。

图7-11　餐饮服务人员应具备的能力

1.语言表达能力

语言是人与人沟通、交流的工具。餐厅的优秀服务需要运用语言来表达，因此餐饮服务人员应具有良好的语言表达能力。

【案例赏析】▸▸

表达不妥致客人不满

几位客人在中餐厅愉快的用餐要结束了，招呼服务员结账，值台服务员拿着账单迅速地走到餐桌旁，对客人简单地说："先生，二百五。"客人听到这句话很不高兴，便委婉地提醒服务员："是不是算错了？"服务员快速核实后，再次向客人说："没错，是二百五"。客人非常的不满意。

点评：

在服务过程中，应随时注意用文明礼貌的服务语言进行表达，尤其还要注意语言表达时的习惯和禁忌。本案例中服务员在进行服务时没有充分考虑客人的感受，从而导致客人的不满。建议在服务时不要太随意，服务用语不要太简单，服务员可对客人说："先生您好，你们这餐消费了二百五十元，这是账单，请过目！"

2.应变能力

由于餐厅服务工作大都由员工通过手工劳动完成，而且客人的需求多变，所以在服务过程中难免会出现一些突发事件，如客人投诉、员工操作不当、客人醉酒闹事、停电等。这就要求餐厅服务人员必须具有灵活的应变能力，遇事冷静，及时应变，妥善处理，充分体现餐厅"宾客至上"的服务宗旨，尽量满足客人的需求。

【案例赏析】▸▸

对待突发事件沉着应变

一位商人到北京谈生意，期间他的朋友邀请他到一家酒店吃饭。服务员在给他们拿筷子的过程中，不小心把筷子掉在了地上。这位商人有些不高兴，脸阴了下来。服务员见状有点儿紧张，想把筷子捡起来，谁知他在蹲下捡筷子的时候，又把这位商人的骨碟碰掉了，只听"啪啦"一声，骨碟碎了。满桌的客人都非常不高兴。那位服务员更是吓得腿直发抖，不知所措。

正在这时，餐饮部的领班走过来了，他把筷子捡了起来，然后对客人说："各位先生，真不好意思，今天给你们添麻烦了。我们说，筷子筷子，快乐快乐，筷子掉地上了，说明我们永远都是快乐者，而且中国有一句俗语叫'岁岁平安'，所以我相信我们这位朋友，一定会永远快乐、平安，投资也会很顺利。"话一说完，客人都高兴地举起了酒杯。这位商人也面带微笑，连声说"谢谢"。

点评：

案例中的服务员处理问题时太慌张，乱了分寸，惹得客人很不高兴；而领班通过两句吉祥话就化解了危机。所以服务员在处理这类突发事件的时候，要沉着冷静、灵活处理，最终要让客人满意。

3. 推销能力

餐饮产品的生产、销售及客人消费几乎是同步进行的，且有无形性的特点，所以要求餐饮服务人员必须根据客人的爱好、习惯及消费能力灵活推销，以尽量提高客人的消费水平，从而提高餐饮店的经济效益。

4. 技术能力

技术能力是指餐饮服务人员在提供服务时显现的技巧和能力，它不仅能提高工作效率，保证餐厅服务的规格、标准，更可给客人带来赏心悦目的感受。因此要想做好餐厅服务工作，就必须掌握娴熟的服务技能，并灵活、自如地加以运用。

5. 观察能力

餐厅服务质量的好坏取决于客人在享受服务后的生理、心理感受，即客人需求的满足程度。这就要求服务人员在对客服务时应具备敏锐的观察能力，随时关注客人的需求并给予及时满足。

6. 记忆能力

餐厅服务人员通过观察了解到的有关客人需求的信息，除了应及时给予满足之外，还应加以记忆，当客人下次来的时候，服务人员即可提供有针对性的个性化服务，这无疑会提高客人的满意程度。

7. 自律能力

自律能力是指餐厅服务人员在工作过程中的自我控制能力。服务人员应遵守酒店的员工守则等管理制度，明确知道在何时、何地能够做什么，不能做什么。

8. 服从与协作能力

服从是下属对上级的应尽责任。餐厅服务人员应具有以服从上司命令为天职的组织纪律观念，对直接上司的指令应无条件服从并切实执行。服务人员还应必须服从客人，对客人提出的要求应给予满足，但应服从有度，即满足客人符合传统道德观念和社会主义精神文明的合理要求。餐厅服务工作需要团队协作精神，餐厅服务质量的提高需要全体员工的参与和投入。

新手指南：

在餐厅服务工作中，服务人员在做好本职工作的同时，应与其他员工密切配合，尊重他人，共同努力，尽力满足客人需求。

第二节　调动服务意识

对于餐饮店来说，员工良好的服务意识是为就餐顾客提供良好服务的前提。拥有好的服务意识，才能吸引更多的消费者。

一、服务人员应具备的服务意识

作为一名优秀的餐饮服务员，必须具备最佳的服务意识。最佳服务意识可依据图7-12所示的标准来进行衡量和判断。

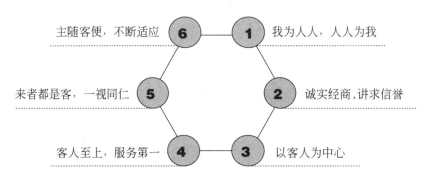

主随客便，不断适应　**6**　**1**　我为人人，人人为我

来者都是客，一视同仁　**5**　**2**　诚实经商，讲求信誉

客人至上，服务第一　**4**　**3**　以客人为中心

图7-12　服务人员应具备的最佳服务意识

1.我为人人，人人为我

随着社会生产的发展，社会分工不断细化，社会是一个有机整体，各行各业都需要协调发展，没有高低贵贱之分。各行各业都是不可缺少的，是相互服务的，因此服务员应该具备相互帮助、相互服务的意识。

2.诚实经商，讲求信誉

店铺经营以诚信为本，诚实经商、讲求信誉是餐饮服务员良好品质的具体体现，也是实现以服务满足客人需求的前提条件。向客人介绍、宣传菜点时应实事求是、不弄虚作假；要按质论价，不以次充好、以少充多，决不出售不合质量要求的饮食；按客人的意愿介绍、推荐菜点，不强求客人消费；把好食品卫生和食品质量关。

3.以客人为中心

餐饮服务的中心既不是服务员自身，也不是餐饮业经营者，餐饮店是以餐饮服务作为商品来提供给客人的，因此，应当以客人和客人的需要为中心提供服务。市场经济带来了产品竞争、销售竞争，要想在竞争中取胜，就要适应市场需要，牢固树立一切为客人着想、一切从客人出发的观念和意识。

4.客人至上，服务第一

餐饮业属于服务行业，所以服务员必须以顾客感到宾至如归为服务原则，树立"客人至上，服务第一"的意识。

5.来者都是客，一视同仁

服务员对所有客人都要一视同仁，不能喜大厌小，也不能厚此薄彼，坚持来者都是客的原则，为客人提供统一标准的服务。对每位客人都给予热情、周到的服务，才能真正体现餐饮店的优质服务意识。

【案例赏析】 ▶▶

高级餐厅吃面的老先生

一天中午，某高级餐厅来了一位老先生，这位老先生自己找了一个不显眼的角落坐下来，对服务员说："不用点菜了，给我一份面条就行。"服务员仍然微笑着为他服务，同时给他送来了免费茶水。当天晚上，又是这位老先生再次来到这家餐厅，还在老位置上坐下，又点了一份面条，服务员同样为他提供了满意的服务。吃完了饭，老人满意地对餐厅经理说："我要给我儿子订十八桌婚宴，标准要高一些，这些天我到几家高档餐厅看了看，就数这里服务好，决定就在这儿订了！"服务员一听，真是喜出望外。

点评：

好的服务不会带着歧视和有色眼光。对顾客一视同仁对待往往能带来意外的收获。

6.主随客便，不断适应

餐饮店在服务客人时，无论是服务方式、服务项目，还是菜式品种、价格标准等，都必须以客人的消费心理为基础，并有效适应客人的消费心理，增强服务的实际针对性，以客人为中心，为客人提供更好的服务。

餐饮服务作为一种商品，也有其寿命周期，因而餐饮店要经常注意客人的需求变化，注意客人对服务的适应程度，不断提高改善。

二、调动员工服务意识

餐饮店应该强调门店、员工和顾客三方共赢的原则，使员工在服务的过程中获得有利于自身的实际利益，从收入、晋升和职业生涯角度去培养员工主动、热情的服务意识，将员工服务意识的焦点转移到对切身利益的关注上来，从员工的切身利益出发，调动员工的服务意识。具体措施如图7-13所示。

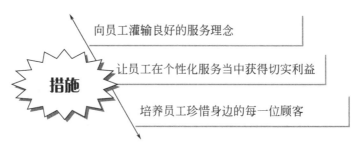

图7-13　调动员工服务意识的措施

1.向员工灌输良好的服务理念

由于餐饮行业员工流动率极高，很多员工对企业并没有归属感，没有在某一个餐饮店长期工作的心理基础，往往以"此处不留人，自有留人处"的态度对待自己的日常工作，"做一天和尚，撞一天钟"，对餐饮店的工作缺乏责任心，不愿意用心去钻研服务技巧。这时，餐饮经营者要这样灌输员工，"人与人之间总是在不断地进行价值交换，相互给予和获取"，当员工在餐饮店以劳动获取工资和报酬时，餐饮店就是员工的顾客。当服务员以优质服务在餐饮店中获得更高的工资、报酬和晋升时，表明他对顾客的服务获得了认同；当服务员因工作失误而导致的罚款、减薪和降职，则是由于服务导致了顾客的不满。因此员工就会认识到，对他人提供良好服务可以帮助服务员在职业生涯的发展上取得更大的成就。

比如，在很多知名餐厅工作过的员工，即使离开了原来的餐厅，由于自己的工作简历上显示曾经在这些知名餐厅工作过，在人力市场上都会获得优先录用的机会，这就是市场对知名企业员工服务能力和工作习惯的一种认同。

所以餐饮店需要强化员工的顾客观念，帮助员工养成为任何人服务都竭尽全力的良好习惯，使其获得终生职业的成功。

新手指南：

> 在餐饮行业中，绝大多数员工都是从基层做起的，餐饮经营者应在员工从事基层工作的过程中向员工灌输优质服务的理念。

2. 让员工在个性化服务当中获得切实利益

经营者要时常激励员工在服务过程当中分析顾客的消费心理。实践中经常有客人指定某一个服务员为其服务，当这个服务员离职后，该顾客也往往随之流失，甚至追随这个服务员到其新的工作地方消费。对这位服务员而言，这样的顾客已经转变为其特有的顾客资源。经营者应以开放的心态对待这种现象，鼓励每一个员工通过个性化服务赢得对自己忠诚的客人，针对这样的员工，餐饮店应该设置激励措施给予重奖。

【案例赏析】▶▶

个性化服务赢得忠诚顾客

一次一名客人来某餐厅包房就餐时，服务员发现这位客人喜食软糖，口味偏清淡。当下一次客人来时，一进包房就发现包房里摆放的都是他喜欢的糖果。点餐时，服务员又主动向他推荐自己喜欢的菜品，客人吃惊地说："你们怎么会知道我的喜好？"并连声夸服务员工作做得细。此后这位客人成为该餐厅的常客。餐厅为了激励员工，除将该服务员的事迹作为典型事例向全体员工通报外，还给该员工丰厚的奖金进行重奖，并提拔为基层管理者，为其他员工树立了一个个性化服务的榜样。

点评：

这是通过服务员的个性化服务赢得忠诚顾客的典型例子。

在薪酬体制上，很多餐饮店实行固定工资制，同样工种享受同等待遇。在收入水平上，根据各个岗位进行了适当的划分，总体上迎宾员高于服务员，服务员高于传菜员，传菜员高于洗碗工。有的餐厅为了平衡同一工种的工作量，还根据工作区域划分服务范围，服务员为自己负责区域的客人提供服务。如某些区域的客人数量多、劳动强度大，某些区域的客人数量少、劳动强度小，员工的待遇基本一样，只通过工作区域的轮换来解决劳动强度问题，但助长了员工希望轮换到劳动强度小的区域的愿望。由于有固定工资为保证，员工希望客人越来越少，这种工资制度助长了员工的懒散情绪，不利于调动员工开展个性化服务的积极性。

因此餐饮店普遍实行的固定薪酬分配制度必须改革，可将个人薪酬与公司营业收入直接挂钩，以激励员工工作积极性。为了解决员工工作疲劳的问题，可以在服务员中实行岗位轮岗制，既平衡了劳动强度，培养了复合型人才，还可以提高员工之间的团队意识。

比如，某知名餐饮企业员工在酒楼和茶楼间进行轮岗，由于酒楼服务员的工作要求和工作强度比茶楼服务员高，因此其工资比茶楼服务员高300元。每三个月，酒楼和茶楼服务员轮岗一次，轮岗时间为一个月，工资保持原来水平不变。茶楼服务员轮岗到酒楼一个月后，如果他的表现已达到酒楼服务员的要求，就可按新工资水平领薪。这样既提高了员工的工作能力，丰富了员工的工作内容，又保证了酒楼服务员流失时，企业可及时从茶楼服务员中挑选补充。

餐企为了调动员工参与企业管理的积极性，还应制定多种多样的激励措施。如图7-14所示。

措施一	可为员工设立合理化建议奖，员工提出的建议被公司采纳后，给予适当奖励
措施二	可以在企业中开展各种服务技能比赛，根据企业各部门的工作流程和标准制定各自考核指标，每月一评，不限数量，当选者可以获得公司颁发的荣誉证书，并领取适量奖金；连续三个月获得荣誉证书的员工，就可以再次晋级，获得重奖

图7-14　调动员工积极性的措施

新手指南：

这样做的目的是培养员工的竞争意识、主人翁精神，让他们更关注个人与企业的共同发展。

3.培养员工珍惜身边的每一位顾客

餐饮店的经营成败与顾客流失关系紧密，员工的工作是否稳定跟顾客流失也是息息相关的。餐饮店应对员工进行教育，让员工认识到顾客流失与员工职业稳定之间的关系，使员工养成珍惜每一位客人的习惯。

在日常的培训工作中，许多餐饮店忽视了员工工作的稳定、经济收入的提高与顾客流失之间的相互影响，一线服务员对少数顾客的流失不在意，形成思想上承认顾客的重要，行动上却表现为对客服务的忽视、冷漠状态，以致服务人员在对客提供服务时没有热情，不愿为顾客的额外需求提供服务。

比如，有的餐厅服务人员在为部分顾客打包时，常常面无表情、一副苦瓜脸，行动迟缓，甚至以冷漠的态度为客人服务，打包时故意将餐具碰出声音，由此引发的顾客不满导致顾客的流失。还有的因为服务员没有对就餐的客人问候或微笑，信息传递不准确或缺乏应有的菜品知识，与其他员工聊天，因工作电话而忽视面对面的顾客，行动鲁莽或者漠不关心，过于频繁的销售战术，不得体、不卫生或太随意的外表打扮，甚至让客人感到不快的语言等个人行为导致的顾客流失。

这种漠视顾客流失的工作氛围一旦成为餐饮店文化的一部分，顾客流失将不可逆转，门店经营步履维艰，员工失业指日可待。因此餐饮店要将对客服务的态度从空乏的口号落实到每一个具体行动中，增强员工忧患意识，让员工以珍视自己工作机会的态度珍惜每一位顾客。

相关链接

服务三字经

我服务，创优质。须谨记，要热情。三米内，要问好。有礼貌，有微笑。

帮拉椅，请问茶。请稍等，请饮茶。客叫时，应收到。上菜时，报菜名。

客装饭，要记录。请慢用，多谢您。换碟时，打搅了。碟换完，请慢用。

收菜碟，要问客。有主食，跟进上。上水果，上热茶。结账时，说多谢。

客离席，礼送客，请慢走，再次来。

第三节 提升服务效率

在互联网+环境下，做餐饮行业就要与时俱进，一款智能餐饮点餐软件，就可以大大地减轻服务员的工作量，并且能够有效提升服务员的工作效率。

一、公众号点餐

商家通过公众号点餐系统把店铺搬进微信，顾客通过关注餐厅的微信公众号，即可完成点餐、下单并在线支付。

1.微信公众号点餐的特点

这种方式需要顾客关注餐厅的微信公众号，虽然比二维码点餐多了一步操作，但餐厅也多了一个留存客户的方式，通过微信公众号可以向顾客推送图文消息，还可开通微信外卖、微信预订、微信会员卡等功能，具有更多营销作用。

新手指南：

虽然搭建一个微信餐厅需要花费几千元，但相较于后续的粉丝转化和顾客留存，这些花费还是值得的。对于想做微信营销、微信外卖、预订等功能的餐厅来说，这种方式可以作为首选。

2.公众号点餐平台的搭建

微信公众号的在线点餐功能是通过第三方开放平台来实现的，微信公众号本身是没有这个功能的，也就是说商家需要把自己的微信公众号绑定到可以提供在线点餐功能的系统上，就可以拥有自己的微信公众号网上餐厅，顾客就可以通过这个点餐系统来点餐、下单、付款。

但是搭建这个在线点餐功能必须具备图7-15所示的两个前提条件。

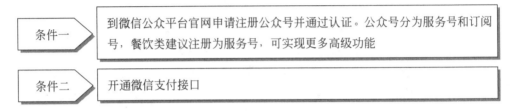

图7-15　搭建公众号点餐平台需具备的条件

餐饮店具备了上述条件后，就可以选择一个微信公众号订餐系统，注册成为他们的商家，通过订餐系统验证资质后，绑定餐厅的微信公众号，然后餐厅在后台上传菜品和活动宣传等信息，就完成了整个搭建过程。

新手指南：

对于餐饮店而言，研发专属于自己的扫码点餐系统是完全没有必要的，因为成本太昂贵了。所以直接挑选一家微信第三方平台是最适合的选择。

3.点餐系统的选择

目前市面上的扫码点餐系统有很多，各大开发商都针对微信公众号二次开发了扫码点餐系统功能。对于餐饮店来说，应该从图7-16所示的几个方面来考虑如何选择点餐系统。

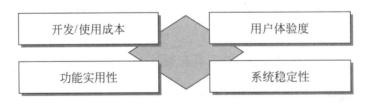

图7-16　选择点餐系统应考虑的因素

4.公众号点餐的操作流程

顾客通过扫描餐厅公众号的二维码或直接搜索餐厅公众号名称，然后点击"关注"，即可进入餐厅公众号界面，按提示操作即可实现点餐、支付。

二、扫码点餐

社会在不断进步与发展，科技手段也不断推陈出新，餐饮行业也在寻求新的突破与变革，随着"互联网+"的热潮，餐饮"互联网+"的概念也越来越火爆，手机扫描二维码点餐系统已经成为餐饮行业的未来趋势，发展空间巨大。

1.扫码点餐的特点

随着餐饮市场需求的不断变化，扫码点餐系统已经正式推出了正餐点餐和快餐点餐两种形式，以此来满足不同的顾客点餐需求，让点餐更加的人性化、便捷化、合理化。其中正餐点餐的功能比较复杂一些，包含一些加菜呼叫、续菜呼叫、多人点餐、店员加菜退菜等功能。

2.扫码点餐的设置

餐饮店可以通过PC端后台添加桌号，然后将点餐的二维码桌牌（桌贴）放置在餐桌显眼位置，顾客到店后就可以选择拿出手机扫码点餐。在点餐首页，餐饮店还可以推荐本店特色菜、销量排行榜、当天特价菜等营销模块。如图7-17所示。

图7-17　顾客扫码点餐

由于客人是在座位上完成的点餐操作，这种方式就更适用于正餐店，对于需要按号码取餐的快餐店则需要配合叫号器使用。

3.扫码点餐的操作流程

当顾客排队取号进入餐厅就座后，通过手机微信或支付宝扫描桌面上的二维码，进入到餐厅的点餐界面，进行餐品点选、下单、支付等操作，然后等候上餐即可。

4.扫码点餐的工作原理

当顾客完成支付下单后，系统会将订单信息推送至收银台，并下发到厨房。后厨的小票打印机会自动打印订单，厨师即可根据订餐小票开始做菜。如图7-18所示。

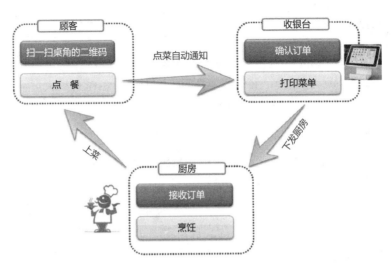

图7-18　扫码点餐的工作原理

5.扫码点餐的好处

扫码点餐是将传统的服务员点餐环节，改为由顾客自己用手机扫二维码点菜。这种在手机上点菜的方式，缓解了服务员（收银台）的点餐压力，将其时间解放出来，用在为顾客上餐等服务方面，从而提高店内现有服务员的工作效率，同时减少需要雇佣的服务员数量。对餐饮店而言，既节约了支出成本也提升了服务；对顾客而言，减少了点餐等待时间，提升了用餐体验，达到了双赢的局面。

新手指南：

对于不太习惯或是不愿意扫码点餐的顾客，餐饮店还是应该提供纸质菜单，或是按传统点餐模式为顾客服务。

三、APP点餐

顾客通过下载一个APP，在APP中进入到就餐的餐厅并进行点餐、支付等操作。这种方式的点餐环节与前两种没有太大区别，由于是在APP中完成的点餐操作，加载速度会比较快，界面功能也会更多些，但最大的问题就是需要顾客下载APP，这对于餐饮店的WIFI环境、顾客的手机信号强弱、流量使用情况都是一个挑战。

新手指南：

相较于仅需扫描二维码和关注微信公众号即可点餐的方式，这种需要下载APP的模式推广起来难度会比较大，顾客会不太愿意为了吃顿饭而让自己的手机里多个来路不明的APP。

四、自助点餐机点餐

过去的餐饮店给我们留下的印象是：呆板的印刷菜单和推荐高价菜的服务员。而现在取而代之的是图文并茂的自助点餐机，菜品价格、图片甚至原材料介绍一应俱全，消费者轻轻滑动指尖，就可以独立完成点菜、下单甚至买单环节。如图7-19所示。

图7-19　顾客在自助点餐机上点餐

自助点餐机不同于以上三种在顾客手机中点餐的方式，而是改为在一个特制的机器上完成点餐操作，顾客就像在ATM机上自助提款一样，在自助点餐机上完成点餐、支付等操作。这种方式非常适合凭票取餐的快餐店，顾客接受程度较高，等于店里多了一个收银台、一个收银员。

虽然成本较高，一台机器需要几千元到上万元不等的价格，但相较于一个收银员的工资来说，还是很值得的。

◆ 新手指南：

　　自助点餐机有大有小，有像ATM机一样大的落地机器，也有像平板一样小的mini机器，餐饮店应根据自己店内的环境情况，选择适合自己的设备。

五、引进机器人服务

在人力成本逐渐攀高的时代，随着AI技术的发展，机器人在餐饮、商场、酒店等场景开始占据一席之地，帮助完成最基本的重复性的工作，解放员工的双腿，使之有精力去做更多与顾客互动体验的服务。

目前餐厅机器人主要有迎宾机器人、点餐机器人、送餐机器人等。迎宾机器人能够实现智能迎宾、餐厅气氛音乐播放；点餐机器人能够实现智能语音自助点餐，并语音推荐特色菜，根据顾客需求点餐，云同步到厨房显示器；传菜机器人能够实现智能送餐到顾客所在餐位、回收餐具等功能。

1. 热情礼貌的迎宾服务

迎宾机器人在门口感应到有人进来后，会主动向顾客问好，还会主动介绍该餐厅的特色和亮点，从而起到烘托氛围的作用。

比如，PEANUT引领机器人在餐厅大堂接待食客后，会立即转身，方便食客在其UI广告屏选择就餐区（包厢/桌号），待顾客选择完毕，立即引领顾客前往目的地。万一碰到有人挡道，它还会说"对不起，请让一让，我在工作。"到达目的地后，它会停下来通过语音提醒，然后按照规定的路线返回至home点。如图7-20所示。

图7-20　迎宾机器人

2. 精准流畅的送餐服务

具备超强功能性的传菜机器人，能根据工作人员设置好的送餐路线和指定位置，来进行准确送餐并播放用户所喜欢的音乐，还会与顾客进行问答交流，提高送餐准确率的同时也能让顾客更加舒适愉快地用餐。

比如，擎朗智能机器人可以根据桌号进行传菜，每次能传一桌菜（或同时为多个餐桌送餐），一趟相当于服务员跑两三趟。一分钟它能完成一个来回的服务。选好桌号，轻轻一点，机器人便能准确地将菜肴送到固定的桌位上，等菜肴被端上餐桌后，服务员只需轻轻抚摸一下机器人的头部位置，机器人便能自主回到原地等待再次送餐任务发起。送餐过程变得更加有条不紊，机器人自主避障系统避免了汤汁洒出、高峰期碰撞的发生，基本上能够做到零失误。如图7-21所示。

图7-21 送餐机器人

3.体验舒适的包厢服务

在包厢中待客是习以为常的事情。但是每次需要服务的时候，都需要服务员进来以后再次沟通才知道需要什么服务，这对于顾客的体验是极其不佳的，也增加了时间跟人工成本。引入餐厅机器人以后，每个包厢只需要一个机器人，当客人需要服务的时候，给机器人明确下达指令，服务员接到指令直接把需要的东西送到包厢，这样给顾客的感觉更加舒服。

新手指南：

> 餐饮业的升级已经迫在眉睫，通过人机搭档可大幅提高工作效率，打造服务特色，提升服务水平，吸引更多新顾客，提高老顾客回店率。

第四节 注意服务细节

服务难做，顾客难伺候，都是有原因的。也许是你的服务不到位，也许是你不够仔细。餐厅作为一个公众场所，相信每一个来吃饭的客人都是带着一种享受或者期待来的。只要我们能常把自身置于消费者的心态，就可以优化很多工作细节。

一、客人进店服务

1.称呼上的技巧

对于客人要记住对方的姓氏和称谓，并用这个称谓来称呼对方，并告诉你的其他同事。

2.客人到达服务

（1）主动向客人问好，并帮客人提行李。如遇下雨天则准备好雨伞袋，帮客人把伞包好。

（2）当地面有水迹、油渍时，要提醒客人小心地滑。

（3）上下楼梯时提醒客人小心台阶，上下电梯时帮客人按好电梯、扶好电梯门再请客人进入，同时送客人至包厢或餐桌。

（4）发现客人在走道上东张西望时，马上迎上去，询问客人有什么需要帮忙的。

二、客人等位服务

客人在等位时，也需做好相应的细节服务，让顾客在等待中充满快乐。

通常而言，就餐排队是大家极其厌烦和讨厌的，一是快节奏的社会生活已经让我们或多或少失去了应有的耐心，成了"急性子"，不愿意将宝贵的时间浪费在吃饭的等待上；二是传统的等待只是干坐在餐馆的椅子上干等着，稍微好点的能够奉上一杯水或者一块西瓜。

餐饮店如何打破陈规，需反其道而行之，通过一系列创新性举措，让这个原本怨声载道的苦闷等待成为一种洋溢着快乐的等待。当顾客在等位区等待的时候，热心的服务人员可以立即送上西瓜、橙子、苹果、花生、炸虾片等各式小吃，还有豆浆、柠檬水、薄荷水等饮料（都是无限量免费提供）。此外还可以在此为顾客提供打牌、下棋和免费修眉、美甲的机会。就这样相信原本枯燥无味的等待时间就在这些吃喝玩乐中悄然而逝，也许这个等位服务将是餐厅的经营特色和招牌之一。

三、入座开位服务

（1）拉椅让座。注意先后顺序引导客人入座，将重要的客人带到主人主宾入座，然后按照顺时针的方向依次进行。

（2）脱挂衣帽。客人入座后，服务人员把客人的衣服按从主宾再主人顺时针的顺序将衣服依次挂在衣柜里。同一个客人的衣物、围巾、手套、帽子挂在一起，不要混搭，注意帮客人整理脱下来的衣物，如袖子有卷起的将其拿出来、衣领上有杂物头屑等进行清理。

（3）进入包房。客人进入包厢后安排客人就座，并向客人介绍包厢备有杂志和报纸。

（4）为客人上茶时，提醒客人小心烫，特别是有吸管的茶。

（5）客人准备上桌时，服务员必须引领客人就座，提前站在主人主宾位后拉椅让座。

（6）当客人随意入座未明显区分主次时，服务员一定要观察客人哪一位或是哪几位重要的客人坐在什么位置，从而更改服务顺序，不要一味地按照从主宾开始服务起的原则进行操作。

四、餐中服务

1.点菜服务

（1）当点菜员点菜时，服务员可协助其先将已确定的凉菜、主菜、海鲜等提前下单准备，以确保上菜速度。

（2）点完菜后及时核对菜单，准备好相应的配料。如菜已上桌客人仍在谈话时，服务员可适当提醒客人："您好，您的菜已上桌，您看可以入座了吗？"如客人回答的是："再稍等一下，还有些事情未谈完。"服务员可将一些需保温的菜式拿至厨房加热保温，以保持菜式的温度。

（3）小孩喝的饮料果汁根据情况换小杯或放吸管，点菜时提醒点菜员介绍几款小孩吃的菜式。

（4）在为顾客点菜服务中，如客人点菜的量要超过可食用量时，服务员要及时提醒客人，这样善意的提醒会在顾客的内心形成一道暖流；此外服务员还要主动提醒食客，各式食材都可以点半份，这样同样的价钱可以让顾客享受平常的两倍品种的菜品等。这些细节体现了餐厅对服务的重视和对服务人员培训的投入。

【案例赏析】▶▶▶

"白切鸡"引发的纠纷

有一桌来自东北的客人，点了一道"白切鸡"，在用餐过程中一位女士突然大叫："怎么这鸡是生的？还带血！"听到喊声，服务员马上过去处理，并解释道："因为这是粤式白切鸡，为使其口感更好，鸡的熟度会控制得恰到好处，但不代表生，请您放心食用吧！"客人听完解释，依然不接受，坚持是生鸡血，一定要退，甚至提出要去医院做身体检查。

点评：

此案例中，如果服务员在为客人点菜时注意到客人的交谈，就能感觉到客人是来自外地或对广东菜式不是太了解时，在推荐菜式时就要多留神。当客人点的菜是地方菜式时，服务员在下单前就应向客人预先讲解该菜的主要特点，如偏咸、带辣或生上等，在清楚介绍完该菜的特点后，客人觉得可以接受，那服务员才下单。菜上台后，客人一般都不会有太激烈的投诉，从而避免了在经营当中出现不必要的"误会"，对顾客、对经营者都是"双赢"的，因此问题的关键就是在于细节服务。

2.上菜服务

（1）上菜前必须检查餐具是否清洁、食物是否摆放整齐，如在传菜过程中造成菜式摆盘发生移动或汤汁溢出的，服务员则帮其清理，用抹布将菜碟擦拭干净，上来的浓汤上面有厚厚的油膜时要打净。

（2）当主菜上菜时间较长时，可征询客人意见是否先上其他的菜式。上菜固定好上菜位，上每一道菜时要先移好上菜位，有汁酱的先上汁酱后上菜，汁酱摆在菜式的右边，干锅菜式要及时翻动、调整火苗。高档的海鲜和大盘带头带件的菜必须帮客人分菜，提醒客人尽快食用。

（3）上高档菜应及时为客人进行讲解，说出菜的特色、制作方法、营养价值，并请客人提意见。上海鲜时提醒客人趁热吃，鱼需要询问是否剔骨。对于为客人特意准备的菜品，服务员必须做特别介绍。

（4）在上菜的过程中要注意上菜的忌讳和摆盘，如：第六道菜不能上鱼、鸡不现头、鸭不现尾、鱼不现脊等。两道菜对称摆、三道等边三角形、四道正方行、五道梅花形，依此类推。

（5）如转盘摆不下时选择吃得差不多的菜，用分羹勺将菜式分给客人，尽量不要大碟换小碟，以免客人碍于面子都不吃造成浪费。

（6）转盘上菜式比较少时，则将菜式集中到菜盘中间来充当个数，这样不会显得请客的客人小气。如有粒状或菜的残渣掉在转盘上，要及时用脏物夹进行清理，如有油渍或汤汁时则用操作巾及时清理。

（7）当刺身或带汁酱的菜式吃完时，要及时将配料撤走。

（8）如遇客人有感冒咳嗽、头痛、胃痛的现象时，应及时帮客人准备常用药品。

（9）在服务过程中如遇客人催菜时，服务员必须掌握每一道菜式的制作时间来把控上菜的速度和顺序，及时跟客人做好解释。如：凉菜5分钟、起菜后头道菜的上菜时间是15分钟，所有菜上齐大概在45分钟左右。

（10）在服务过程中注意留意客人的谈话，对所表达出的一些对菜式、服务或其他方面的建议和疑问，要主动改进或解释，或将客户意见反馈给有关部门。如：客人在谈话过程中提到××地方的××菜品很好吃时，服务人员应及时向上反映，特意为客人制作这道菜，给客人惊喜。或客人说这个菜好吃时，可以多给他分一点。

（11）了解客人的忌讳，如：给有糖尿病的客人及时准备无糖水果和果汁，痛风病人避免喝啤酒和吃海鲜、豆制品之类的食物，应注意菜式的搭配。

（12）如有带陪同或司机过来用餐的，可主动询问是否先上米饭。米饭必须保持一定热度。

（13）当桌上菜式因遇冷而影响口味时，应及时询问客人将菜式重新加热。

（14）当客人夹菜时，应主动帮客人盛装或按住转盘，协助客人夹菜。当菜上完没点点心的情况下，应及时询问客人是否添加菜式或主食。

3.包房细节服务

（1）本包厢的客人需要出去上洗手间或做其他事情时，应及时告知其包厢名称，以免客人找不到。

（2）当包厢的空气不好或太冷太热的情况下，应及时把空调调到合适的温度，或将房间的门、窗、电风扇打开。

（3）现在有许多食客都喜欢在包房宴请贵客，因为在房间里洽谈事务时比在大厅较安静，不会受其他客人的影响，也显出被宴请者的尊贵。在用餐期间，服务员不可避免地会进进出出为客人服务，一时上菜、一时加茶。在这个过程中，许多餐厅的服务员都忽略了一个服务细节，就是出入要随手关门。他们通常为了方便自己工作而打开房门进进出出，大厅的喧闹声随之而来，严重影响房内的客人进行谈话，有时甚至要客人多次提醒服务员关门，这样一来，既影响客人的用餐心情，也严重影响客人的谈话，完全没有了在房间用餐的尊贵感觉，跟在大厅吃饭没什么区别，最终餐厅也会流失了这些客人，从而影响餐厅的经营。

4.席间穿插服务

（1）热毛巾服务。餐饮店可为顾客主动提供热毛巾，服务员在席间主动为客人更换热毛巾，次数在两次以上。

（2）围裙服务。穿围裙一是可以避免让美味不小心溅到顾客的衣服上，二是可以部分拦截火锅的味道，免得衣服上散布着火锅的味道。

（3）保姆服务。带孩子上餐馆经常是父母的两难，有时候淘气的孩子会破坏就餐的氛围，会让原本美味的食物陡然间索然无味。为此，餐饮店可考虑在餐厅内创建儿童天地的氛围，孩子们可以在这里尽情玩耍，暂时让父母全身心投入到品尝美味之中；服务员可以免费带孩子玩一会儿，主动帮助给小孩子喂饭，让父母安心吃饭。

（4）其他附加服务。火锅餐饮店还可为长头发的女士提供橡皮筋、小发夹；给戴眼镜的顾客提供擦镜布等。

5.老幼特别服务

（1）如遇有带小孩的顾客，应及时送上BB椅，并交代大人看管好小孩，以免摔伤或烫伤，提醒家长不要让小孩玩弄餐具，以免发生意外伤害。

（2）老人较多的话应准备比较软一点的食物供其食用。

（3）如遇用餐客人有手脚不方便的（老人、小孩、残疾人），服务员必须协助其用餐，如为客人切好食物、为客人盛汤等。

6.酒水服务

（1）客人点到酒时，要征求客人的意见是否开瓶或验酒，并询问是否需要加其他饮料一同饮用。如果点了红酒则需准备好醒酒器提前醒酒，高档红酒还要准备水晶杯。同时点到几种酒时应把杯具及时添加。

（2）当客人点到一些需要加热或是冰镇的酒时，服务员必须提前做好准备。如：干白需提前准备好冰桶和冰块为其冰镇，黄酒需拿加热壶放入姜丝或话梅加热。喝洋酒提前准备好苏打水和冰块。

（3）如遇客人不能喝酒时，可以建议客人提前喝点牛奶或是吃点点心之类的以护肠胃，也可为干杯较频繁的客人适当少倒一点酒。

（4）对于个别客人在用餐途中提出的一些特殊要求，服务员服务时一定要特殊对待。如餐中倒酒时客人示意少倒点，服务员一定要理会意思。

（5）发现客人把酒吐在毛巾或茶杯中时，及时帮客人换毛巾和茶。

（6）如遇醉酒的客人，应及时准备好柠檬蜂蜜水，递上热毛巾，并准备好呕吐的用具。

（7）如有杂物或菜式汁酱掉入酒中或茶杯中，则必须及时为客人换一杯。

（8）客人不小心将酒水或菜汁掉到自己的身上时，服务员要迅速用干口布或香巾进行擦拭清理。如是服务员不小心将汁水掉到客人身上时，在迅速处理的同时必须先向客人道歉，并及时向上级汇报。

7. 洗手间特色服务

细节做到位的餐饮店，不只是对顾客吃饭的地方讲究，对洗手间服务更是做到细心。不需要洗手间装饰得跟宾馆似的，但干净卫生是一定要注意的。一瓶洗手液、一卷卫生纸就能方便顾客。

有的餐饮店在洗手间的墙上你能看到一个袋子，其中装有各色的线和缝衣服的针，这是为了客人万一遭遇裤子拉链坏了、衣服破了或扣子掉了等特殊情况时，可以避免尴尬。其实能用得上这些针线的概率特别小，但这样的服务的确细致周到得让人感动。

还有的餐饮店会在洗手间里为女性顾客准备好热水、头绳、护手霜，甚至卫生巾，面面俱到，从而让女性消费者产生出很强烈的信赖感。

8. 过生日顾客服务

对于来店过生日的客人，应送上祝福语表示祝福。餐饮店可以免费送上一碗生日寿面或是鲜花，也可以是其他的小礼物，给顾客营造一种贴心、真诚的感觉，增加顾客的忠诚度。

五、餐后服务

（1）当客人用餐完毕，应及时上餐后水果，主动询问对菜式和服务的意见，把握时机与客人交流。

（2）及时对单，对单前应把没有开动的酒水、饮料开退单，仔细核对账单，以免漏掉或沽清的菜式未退，而影响客人对店的信誉度。

（3）用过的未喝完的酒水饮料或者需要打包的菜式则帮客人打包好，菜式打包需配好筷子和纸巾、牙签或是用小纸条写上加热加工方法，以便客人带走。如需存在门店的酒水则帮客人按存酒手续进行操作寄存。

（4）清理台面时先从转盘上清理起，先撤菜碟，再是每个餐位（玻璃器皿、小件餐具、瓷器餐具）。在客人未离店之前每位客人的面前要有茶、烟缸、毛巾、果盘和牙签。

（5）清理完台面之后，巡视台面是否有客人需要添茶倒水。然后从衣柜里依次取出客人的衣服按顺序挂在客人的椅背上，当客人起身时迅速将衣服递到客人手中。

六、送客服务

（1）送客时，为客人起身拉椅，提醒客人带好随身物品并检查好是否有遗留物品，主动帮客人开门提行李，送至电梯口，并帮客人按好电梯，扶好电梯门，请客人进入，送至店门口或是停车场。

（2）送客回来后，及时检查台面或地面是否有燃烧的烟头，再次检查是否有遗留物品。

◎ 新手指南：

细节服务须全程关注，服务没有句号，细节体现在服务的整个过程之中，正如没有"点"就没有"线"一样。做好细节服务就是从小事做起，就是对"简单"的重复，并持之以恒。

第五节　打造服务特色

打造特色服务的目的是为了区别同行业，在同行业中脱颖而出，便于顾客识别、记忆、加深印象。打造特色是一种竞争手段，最终的目的就是为了更好地吸引顾客、创造效益，使餐饮店有竞争力和吸引力。

一、为顾客提供超额的价值

餐饮店可以多提供人性化服务，这点需要服务人员有较强的察言观色本领。

比如，当发觉进店的客人感冒了，可以主动提供热水、姜汤等；如果察觉到客人喝醉酒了，可以为客人上一杯醒酒茶，同时可以"间接"地提醒客人的朋友不要再为难他，客人如果觉察到也会感动的。

二、提倡光盘行动

"光盘行动"可以有效节约粮食，提高消费者珍惜粮食的意识。

1.形成宣传氛围

餐饮店可利用电子屏、宣传画、桌牌等多种形式，树立一种倡导节约、反对浪费的思想意识，在店内形成一种宣传氛围。

2.合理点餐

在顾客点餐过程中，餐饮服务人员应站在顾客角度介绍餐饮店的菜品特色和分量，并且根据顾客人数，对其所点菜品进行评估，主动提出建议，告知顾客所点菜品已经足量，如果不够吃，可在就餐过程中再行增添，以避免消费者损失。

◆ 新手指南：

顾客在这样的主动提醒后，往往会感受到经营者的良好用心，增加对餐饮店的信任程度，为今后再次来店消费起到良好的促进作用。

3.剩余餐食打包带走

顾客就餐后产生剩余餐食的时候，餐饮店应主动提供打包用具，帮助顾客将剩余食品带走，并提示保存和食用安全等注意事项，目的是减少浪费，同时减少餐饮店餐厨垃圾的排放。

（1）自然大方地为客人提供打包服务。当客人提出要将剩下的饭菜打包时，服务员要及时回应，并自然地帮助客人将饭菜打包，态度要真诚，不能说"我们没有这项服务"，或用异样的眼神让客人感觉难堪。

除此之外，服务员也可以提醒客人哪些食品需要尽快吃完，哪些食品可以短时间存放，这样细心的提醒往往也会赢得客人的好感。

（2）在餐厅醒目位置粘贴提示语。餐厅可以在醒目位置粘贴一些提示语，如"剩菜打包，减少垃圾"，或"请勿浪费，否则加收管理费"等予以惩戒。当客人看到这些提示，在点餐时也就会注意，不至于点很多自己吃不完的食物，这样也可以在一定程度上减少浪费现象。

（3）对客人进行适当奖励。有不少餐厅都会对不浪费的客人进行适当奖励，这也是个好办法，可以促使客人们将自己餐桌上的饭菜吃干净，并将剩菜打包。

比如，有一家餐厅就向客人承诺，没有浪费食物的客人都可以在用餐结束后参加抽奖，奖品是一些钥匙扣、手提袋、手机链等非常实用的小礼品，自从这项活动开展之后，这家餐厅食物浪费的现象就大为减少了。

（4）提供精美的包装盒。许多餐馆的打包无非是用饭盒装好，然后装进透明塑料袋中。殊不知，有的顾客需要提着这个塑料袋乘公交车赶路，有的也许还要去见朋友，这样提着一个饭盒既不方便也不体面。如果能将塑料袋换成结实的纸袋，岂不是免去了顾客的尴尬。

【案例赏析】►►►

吃不完可以打包，还可以抽奖

　　新年快到了，在一家热闹的火锅店，有一大家子人在包间里一起聚餐。其中有老人有孩子，一共八个人。他们点了一大堆肉和蔬菜，还有很多酒水。

　　吃着吃着，年纪最大的奶奶说话了，"现在的生活真是好啊，想吃什么都有，哪像我们年轻的时候，穷得玉米面都吃不起啊！今天点了这么多菜咱们可不能浪费了，要是吃不了就打包带回去！"

　　众人听了一致表示赞同。他们开开心心地一边聊天一边享用着美食，其乐融融。过了大概一个小时，大家都觉得吃饱了，桌上还有很多蔬菜和生肉，老太太的孙子走出包间，找到服务员，询问有没有餐盒可以将食物打包带走。服务员立即答道："有的，请稍等！"

　　很快服务员就拿来了一摞精美的餐盒，大家凑近一看，餐盒上还写着"文明餐桌 反对浪费"的字样。服务员帮他们把剩菜都装进了餐盒里，在外面套好袋子，又微笑着对他们说："根据我们店的规定，凡是能做到不浪费饭菜的客人，都能够到前台免费领取一份小纪念品，一会儿你们可以去看看！"

　　这家人高兴地来到前台，发现纪念品中既有小孩的玩具，也有实用性很强的布书包，还有一些精美的小扇子。四岁的小男孩选择了一辆上发条的小汽车玩具，开心得不得了。

　　就这样，一家人在餐厅迎宾员"欢迎下次光临"的声音中结束了一次愉快的聚餐。

　　点评：

　　可以说，勤俭节约是我国人民的传家宝，但在当今社会，铺张浪费的现象已经在全国各地越来越严重。我们经常看到三五个人去餐厅吃饭，却点十好几道菜，吃完了也不打包带走，有些菜几乎连动都没有动。

　　客人点了很多菜却吃不了，针对这种情况，餐饮店就应该及时协助顾客打包。

三、提供个性化餐位和菜单

　　到餐厅用餐的客人有多种类型，包括家庭聚会，生日聚会，商务宴请，朋友、情人之间的聚餐等。因此餐厅要能够主动根据这些客人的构成和特点准备各具特色的设施服务，关键是要让其在日常经营中发挥作用，这就要求餐厅和服务人员处处做有心人。

　　比如，客人在预定餐位时一般会主动说明需要什么样的餐位，有什么特殊要求，如果客人没有说明具体要求，负责预定的服务员应顺便问一下这是一个怎样的聚会，并在预定记录中备注说明。

另外，个性化的菜单也尤为重要。菜单作为客人在餐厅用餐的主要参考资料，起着向客人传递信息的作用，客人从菜单上就可以知道餐厅提供的菜品、酒水价格，进而决定消费目标，还可以从菜单的设计、印制上感受到餐厅服务的气息和文化品位。

比如，日期、星期、当日例汤、当日特菜。有了这些最新内容再加上与当天（如某个节日）相配的问候语，印在菜单第一页顶部，就能使客人感受到一种亲切感，让他们感受到他们享受的是最新服务。

第八章
花样推广，让顾客知道你的店

导言

　　餐饮业的推广从广义上说分为线下推广和网络（线上）推广。在互联网发展迅速的情况下，餐饮企业要灵活运用各种方式，最大限度地提升餐饮企业的知名度，推广自己的产品，让顾客知道你的店，知道你店的特色。

第一节　微信推广

　　微信的庞大用户群体优势让现在的各行各业都无法拒绝微信带来的可观效益，餐饮行业也不例外，借助微信推广，餐饮能获得更加长远的突破发展。

一、微信公众号的创建

　　微信公众号是一个做CRM的绝佳平台，这个平台植壤于微信平台中，其流程简单、易操作，可相应降低对餐饮店及消费者的普及、推广难度，而且在沟通、互动、服务、搜集用户信息和客户关系管理方面有不可比拟的优势。

1.公众号类型的选择

　　微信公众号分为公众平台服务号和公众平台订阅号，两者的区别如表8-1所示。

表 8-1　订阅号与服务号的区别

项目	订阅号	服务号
服务模式	为媒体和个人提供一种新的信息传播方式，构建与读者之间更好的沟通与管理模式	给企业和组织提供更强大的业务服务与用户管理能力，帮助企业快速实现全新的公众号服务平台
适用范围	适用于个人和组织	不适用于个人

项目	订阅号		服务号	
基本功能	群发消息	1条/天	群发消息	4条/月
	消息显示位置	订阅号列表	消息显示位置	会话列表
	基础消息接口	有	基础消息接口/自定义菜单	有
	自定义菜单	有	高级接口能力	有
	微信支付	无	微信支付	可申请

从表8-1可以看出，订阅号与服务号还是有很大的区别，那么餐饮行业创建微信公众号是选择订阅号还是服务号呢？

对于餐饮店来说，创建微信公众号的主要目的是通过推广餐厅产品，提升餐厅实际收益，树立企业品牌形象。餐饮行业的企业官微实际上是侧重"用户运营"的一个渠道。而大多数媒体的企业官微都是订阅号，这是因为媒体需要实时推送最新的资讯，粉丝之所以关注也是希望可以获取实时资讯，所以类型和粉丝的需求是匹配的。但是作为服务行业的餐饮企业官微，应该更加注重"用户服务和管理"，而不是一直推送餐厅单方面想要推送的资讯，换句话说，餐饮企业官微的粉丝的需求更加偏重于"服务交互"，比如获取餐厅的趣味体验机会、特价产品等，所以餐饮行业在选择官微注册的时候，大多会选择"服务号"。

2.头像的选择

选择头像时，识别度越强越好。比如，提起麦当劳，马上就能让人想起"M"字样。对于餐饮店来说，微信公众号的头像可以选择品牌卡通人物，可以放门店LOGO，具体放什么要根据餐饮品牌推广需要而定。

3.公众号的命名

"人如其名"这是形容人的姓名跟人的整体形象一致，那么能否从名字当中透露出餐饮店自身的调性也很关键。这个名称决定了顾客对关注这个餐饮店之后获取信息的所有想象。所以名称要精简，精简才便于记忆，建议采取"品牌名＋产品品类"的办法。

比如"一品红川菜"很清晰地告诉粉丝：我是"一品红"，我做的是川菜。

4.公众号功能介绍

粉丝扫描二维码或者搜索公众号进来，看到的第一个页面很关键，功能介绍上面要清晰地表述公众号的目的和定位。

比如"食尚湘菜，打造更湘 更辣 更地道 湖南菜"，就很清晰地向粉丝传递出餐厅的特色与定位，喜欢湘菜的、爱吃辣的顾客就会多加关注了。

二、微信公众号的运营

餐饮微信公众号不仅能够增强餐饮店与顾客间的互动与沟通，而且可以使餐饮店信息在顾客社交圈中得以分享。可以这样说，公众号推广做得好不好，直接关系到餐饮店的声誉与利润。基于此，餐饮店可以按照图8-1所示的要求，来做好微信公众号的运营。

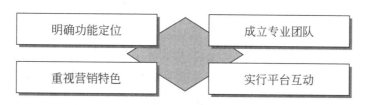

| 明确功能定位 | 成立专业团队 |
| 重视营销特色 | 实行平台互动 |

图8-1 微信公众号的运营要求

1.明确功能定位

餐饮店需要制定出行之有效的营销战略，根据微信公众平台的实际特点，确定其在营销体系中的应用范畴。在使用公众账号之前，一定要对其有一个全面的认知，并将餐饮店特色充分融入其中，明确其运营的实际功能，定位好公众号在餐饮店营销体系中所扮演的角色。从根本上讲，微信公众账号的运营目标就是发展客户，因此餐饮店必须将服务放在经营的首位。

许多餐饮店微信推广走错了方向，主要停留在餐厅品牌、餐饮菜品的宣传上。其实餐饮店公众号推广应该做到多元化，具体如图8-2所示。

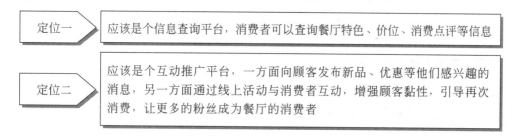

| 定位一 | 应该是个信息查询平台，消费者可以查询餐厅特色、价位、消费点评等信息 |
| 定位二 | 应该是个互动推广平台，一方面向顾客发布新品、优惠等他们感兴趣的消息，另一方面通过线上活动与消费者互动，增强顾客黏性，引导再次消费，让更多的粉丝成为餐厅的消费者 |

图8-2 公众号平台的功能定位

2.重视营销特色

营销特色是餐饮店吸引顾客的关键，在运用公众账号进行消息推送时，需要在满足用户需求的基础上，打造自身独特的风格，无论是界面设计，还是信息内容，都需要将餐饮店特色凸显出来。

> **新手指南：**
>
> 餐饮店可以抛弃传统的图文推送方式，运用视频动画等新颖方式来使信息更加具有趣味性，从而达到吸引用户的目的。

3.成立专业团队

实际上，公众账号的经营是一项非常专业的工作，餐饮店想要做好这项工作，就需要成立一支专业的经营团队，而且要配备专业的运营人员来经营公众账号。经营团队不仅需要了解顾客的消费心理，及时与顾客进行沟通，还需要对餐饮店的特色与经营文化非常熟悉，从而确保公众账号的风格同餐饮店风格相同，以此吸引更多顾客。

4.实行平台互动

互动性是微信的一个主要特点，公众平台实际上也具有很大的互动性，因此餐饮店可以将这一特点充分利用起来，通过微信来联系顾客，从而实现与顾客之间的实时互动。人工后台服务是实现这一功能的关键，能够让餐饮店的微信公众账号更加人性化，帮助顾客解决实际问题，并将顾客提出的建议传达给企业，让餐饮店的服务更加完善。另外，餐饮店还可以定期回访一些重要顾客，了解顾客所需，及时反馈顾客信息。

三、微信公众号线上推广

餐饮店可以采取图8-3所示的措施来做好微信公众号的线上推广。

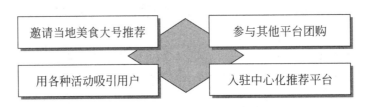

图8-3　微信公众号线上推广的措施

1.邀请当地美食大号推荐

餐饮店经营初期，微信公众平台也才搭建起来，在完全没有顾客基础的情况下，可以先邀请其他有大量粉丝基础的美食推荐大号进行推荐，宣传餐饮店美食及优惠活动信息等，用于初期吸引人气。

2.用各种活动吸引用户

餐饮店可结合第三方平台，开展各种活动，比如发红包、各种抽奖游戏，不但可以激活老用户，还可以让他们分享到朋友圈带来部分新用户。

3.参与其他平台团购

餐饮店在其他平台做团购的目的，是为了用低价从其中心化平台吸引目标客户，并且留住他们，而不是为了卖东西，要做的是品牌，更多是为未来的回头客做准备，特别适合新店。

4.入驻中心化推荐平台

比如大众点评等这种中心化推荐餐馆的平台，都可以作为吸引新用户的途径，让用户关注公众号之后，就完成了"去中心化"和"扁平化"，彻底去掉中介，让用户和店铺直接沟通，减少中间成本。

新手指南：

在完成最初的粉丝积累后，餐饮店通过对微信公众号的日常维护，可以将优惠信息推送给顾客，刺激顾客二次消费；也可以通过公众号和粉丝互动，提升顾客活跃度；或者是推送美文通过软性的营销手段塑造企业品牌形象，提升品牌在顾客心中的形象。

四、微信公众号线下推广

餐饮店可以采取图8-4所示的措施来做好微信公众号的线下推广。

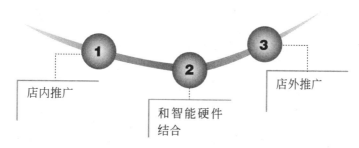

图8-4 微信公众号线下推广的措施

1.店内推广

店面是充分发挥微信营销优势的重要场地。可在菜单的设计中添加二维码并采用会员制或者优惠的方式，鼓励到店消费的顾客使用手机扫描。一来可以为公众账号增加精准的粉丝；二来也积累了一大批实际消费群体，这对后期微信营销的顺利开展至关重要。如图8-5所示。

图8-5 店内二维码推广

店面能够使用的宣传推广材料都可以附上二维码，包括墙壁、餐桌、收银台、吧台、易拉宝等，但不是就仅仅放一个二维码那么简单，而是要告诉用户，扫二维码后他们可以获得什么，需要给用户一个关注的理由，甚至是所有工作人员都要口头提醒用户，比如可以有以下方面的好处。

（1）别处所不能买到的团购套餐。

（2）特别的优惠。

（3）送饮料、菜或锅底。

（4）或是某个受欢迎的菜品只有关注公众号的用户才能点，甚至是只能通过微信平台点。

（5）通过微信点餐和支付可以享受打折、满减、送券等优惠。

> **◈ 新手指南：**
>
> 店内的推广，除了是利用服务差异化，吸引用户关注外，还是为了培养用户使用微信公众号完成点餐和消费的习惯。

2. 和智能硬件结合

餐饮店可以将公众号与路由器关联，用户只有关注了公众号才能享受WiFi服务；也可与照片打印机关联，用户只有关注了公众号才能打印照片，如果怕成本过高可以设置免费打印 1 ～ 3 张。

3. 店外推广

地推的方式是最传统的，不过现在发传单基本没人看了，所以要用相关的微信活动来吸引用户关注公众号，并且参与里面的活动，而不是简单地介绍几个菜谱和优惠活动，你的目的是为了吸引用户，并且通过微信深入地了解店铺。

餐饮店还可以搭建自己的活动场地，无论在店外还是人流集中的广场，都可以通过线上线下结合的活动、游戏、打印照片等，还有吸引眼球的海报来吸引用户关注。

五、微信公众号推广技巧

餐饮店在通过微信公众号推广时，可参考图8-6所示的技巧。

1. 展示餐厅信息，吸引顾客消费

在公众号上餐饮店应该展示一些什么呢？

比如，可以展示餐饮店的美食、环境、服务等信息；可以展示菜品有多新鲜，所采购的肉、鱼、蛋都是哪里来的，展示餐饮店做了什么优惠活动的结果、照片等。

让顾客能看得到品质、实惠，产生消费冲动，这就是展示的目的。

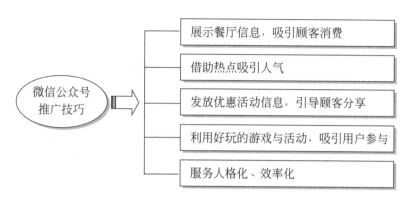

图8-6 微信公众号推广技巧

2.借助热点吸引人气

餐饮店做公众号推广一定要学会借势，借助网络、社会大众关注的热点，推送的内容才会更有关注度。

> **新手指南：**
>
> 追热点一定要结合餐饮店实际情况，必须要和店面结合起来才是最主要的。

3.发放优惠活动信息，引导顾客分享

在公众号上不定时发放优惠活动信息，是提高用户活跃度的最佳手段。

比如，向粉丝发送店内每日特价菜品信息，或者新品上市时可以向粉丝限量发放免费品尝优惠券等。

发放优惠给予顾客一个上门消费的理由只是第一个目的，后续如何让餐饮店通过这些顾客得到更多的曝光量是第二个目的。

比如，可以鼓励这些顾客在微信朋友圈分享"好好吃啊"，并附上各种菜品美图。这样就会提高餐饮店的曝光率，无形地将餐饮品牌和美誉在社交圈推送出去了。而对于这种分享的顾客，餐饮店可以赠送菜品、积累积分等，这就形成了良性的循环。

4.利用好玩的游戏与活动，吸引用户参与

微信公众号其实是为商家提供了一个与用户沟通的新渠道，通过不同的沟通形式和内容可以达到不同的效果。

比如，通过互动游戏可以提高用户黏性，如果功能设计得合理，还可以引发用户带动周围的朋友一起参与，达到口碑营销的效果。

微信公众号推广比较常用的方法就是以活动的方式吸引目标消费者参与，从而达到预期的推广目的。要根据自身情况策划一场成功的活动，前提在于商家愿不愿意为此投入一定的经费。当然，餐饮店借助线下店面的平台优势开展活动，所需的广告耗材成本

和人力成本相对来说并不是不可接受的，相反，有了缜密的计划和预算之后完全能够实现以小成本打造一场效果显著的活动。如果你的公众号的功能享有提前预订、会员折扣、生日特权、积分、买单、投诉建议的权利，那粉丝的黏性会不会更高？中国的节日特别多，意味着餐饮商家的趣味性活动和有利益的推送内容也是可以留住一部分活跃粉丝的。

以签到打折活动为例，商家只需制作附有二维码和微信号的宣传海报与展架，配置专门的营销人员现场指导到店消费者使用手机扫描二维码，关注商家公众账号即可收到一条确认信息（注意，在此之前商家需要提前设置被添加自动回复），消费者凭借信息在买单的时候享受优惠。

新手指南：

为防止出现顾客消费之后就取消关注的情况，餐饮店还可以在第一条确认信息中说明后续的优惠活动，使得顾客能够持续关注并且经常光顾。

5.服务人格化、效率化

很少有人乐意对一个冷冰冰的餐饮店敞开心扉，因此餐饮店应将其品牌人格化、故事化、场景化、去商业化，赋予门店人格魅力，让门店像个人去跟用户沟通。沟通过程中不必追求华丽的辞藻、炫酷的技巧，简单平实、接地气的语言往往最能打动顾客。

对于顾客的问题和投诉，公众号作为一个即时沟通平台一定要迅速响应给予答复，再巧妙地让用户宣传自己的品牌，一次好的服务也是一次好的潜在营销的机会。

六、个人微信号营销

微信作为目前大家交流最重要的工具之一，而且使用率不断提高。因此在微信上与常态客户或者潜在客户交流，无论是平常的闲聊或是介绍产品、商谈交易，都是很不错的营销方式。餐饮经营者可以按图8-7所示的策略，做好个人微信号的营销。

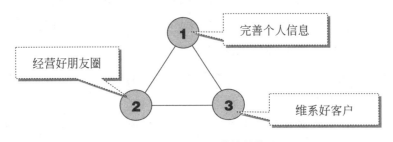

图8-7　个人微信号营销的策略

1.完善个人信息

（1）选择正确的头像。微信营销的目的就是希望先"卖人"后"卖服务"，所以营销人员可以将真实的自己展现给对方。

新手指南：

真实的头像能够在添加陌生人时加大通过率。最好不要使用卡通类的、美颜后的自拍、宠物类作为头像。

（2）合适的微信名字。建议与头像目的一样，名字也能将最真实的自己营销给对方，所以理想的方式就是大方地将自己的真名设为微信名。也可运用英文名以及小名，这样会更有亲切感，且容易记忆。但前提是你的小名或者英文名在你的生活中、工作中是广为人知的。

新手指南：

虽然加上AAA在名字前的方式很容易将自己的联系方式放在通信录靠前的位置，但是这种方式特别容易被客户屏蔽。某些"字母"客户根本不知道什么意思，而"销售"字样在加好友时容易被拒绝。

（3）用你的签名来为你做广告。个性签名在微信的各类设置中相对来说是比较不起眼的，但是对于营销型的微信来说还是希望借由这里的文字给自己做广告，同时将自己的联系方式、简介公之于众。

新手指南：

在平时维护中可以定期更新，将餐饮店最近活动以及优惠信息进行发布。

2.经营好朋友圈

做好营销型的个人微信号，经营好朋友圈至关重要。一般来说，适合朋友圈发布的内容主要如图8-8所示。

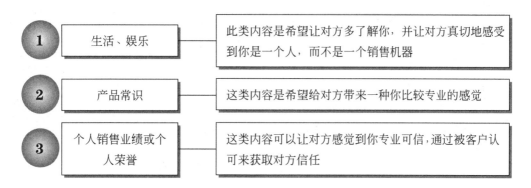

图8-8

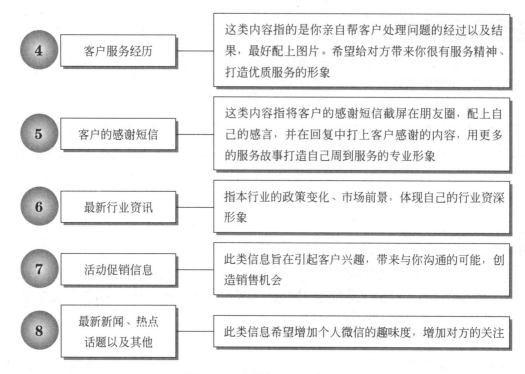

图8-8　适合朋友圈发布的内容

3.维系好客户

玩手机也能玩出单，为了维系新老客户，经营者应该怎么去做？表8-2所示的是经营者在与客户交流过程中常出现的几种情况与对策。

表 8-2　经营者在与客户交流过程中常出现的情况与对策

序号	情况	具体分析
1	客户开了微信，也知道你有微信，互为好友却很少联系	说明你们关系很一般，没有沟通的欲望。这时就要多做努力，节日发一些祝福，平常发一些关怀的语言，拉近双方的关系
2	你主动加客户，也报了姓名，没有回应	说明你对他是可有可无的。不用心急，不必频繁跟其联系，要常关注其朋友圈，储备好知识，找一个好的时机跟他讨论其分享的内容
3	对方很在意你的朋友圈分享，常点赞但从不说话	这时你如果主动沟通，如得到积极回应，说明其对你是无防御的，否则说明你目前处于弱势
4	你经常关注对方朋友圈点赞评论他的分享，每次或多数都有及时回应	说明他不厌烦你并尊重你。若得不到顾客的及时反馈，说明对方并不希望与你有过多联系
5	如果对方从未对你有过痕迹式的赞美与评论	说明他对你重视不够，或不愿与你拉上瓜葛，以免不必要的麻烦

续表

序号	情况	具体分析
6	如果你给他发信息，弹出一个框让你验证身份	说明你已经被他从微信通信录里删除，在对方眼里，你已经是一名陌生人。回想一下，是不是过于频繁骚扰客户？甚至在顾客提醒之后，依旧我行我素
7	如果你发给对方的信息被拒收	说明你已经被对方打入黑名单，成为对方不欢迎的人了。原因和第六种情况类似，也许是因为骚扰、发广告的频率太高。想要客户把他的钱放入你的口袋，需要建立强大的信赖感

 相关链接

个人号如何与客人私聊

个人号顾名思义就是个人的联系号码，餐饮店和顾客之间是一对一的私人交流方式，所以又简称私聊。

关于私聊如何开展呢，可参考以下内容。

1.私聊前的准备

在我们准备与顾客私聊的时候，可以根据自己对用户的判断，先对目标顾客的信息和备注有一个了解，然后浏览对方的朋友圈，确定其近期的生活、工作状态和兴趣等。

2.从关心对方开始

私聊开始的问候是不可或缺的，然后可以从对方的近况切入，适当聊聊对方感兴趣的话题。聊天也能聊出对方需求，让人感受到我们的真诚与关心。

3.输出价值提供干货

私聊到一定阶段，可以围绕工作、就餐等话题输出价值，产生共鸣后逐步提供有价值的干货。一对一的私聊互动虽然看起来很慢，但效果却会惊人的好，正所谓：慢就是快。

第二节　抖音推广

抖音上的内容呈现方式很多和小品、相声、脱口秀、吐槽大会、笑话大全等都是一样的，它可以说是在当下流行趋势和年轻人的精神需求下应运而生的一款产品。抖音基于粉丝效应，同时具有社交属性，很适合餐饮店做推广。

一、抖音制作的技巧

抖音自带传播属性，这对餐饮店做推广来说，不仅成本低，而且速度快，能在很短时间内达到意想不到的效果。那么，如何才能制作出好看的内容来吸引消费者呢？技巧如图8-9所示。

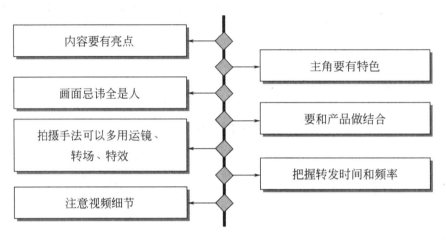

图8-9　抖音制作的技巧

1.内容要有亮点

有亮点的内容被分为5大类，分别是：从未看到过的、期待看到的、比期待更好的、与期待反差极大的、消费者可以记住的。

2.主角要有特色

拍摄一条有亮点的内容离不开主角。主角不一定是美女或帅哥，而漂亮精致的外表、热情开朗的性格、萌宠或萌物都具备了足够吸引用户的特征。

比如"黑河腰子姐"操着一口正宗东北话、带着朴实爽朗的笑容，用一句"来了老弟"为她的门店带来了143.8万粉丝，近1000万的点赞数。

有人可能会觉得帅哥美女能吸引注意力，实际上，一个"不可貌相的内在"同样具有魅力。

3.画面忌讳全是人

当然如果过度依赖人物拍摄，"整个画面从头到尾几乎全是人"，效果会适得其反，最终只能餐厅自娱自乐。

4.要和产品做结合

在任何平台上做营销都不能脱离产品。奇特的产品就是不错的传播点，可让顾客在消费的过程中参与产品的个性化组合搭配。

比如，在杭州有一家店叫做"老纪蚝宅"，主打高压锅蒸生蚝，正如名字一样，这家店里的服务员直接端着高压锅上桌，在顾客面前将冒着腾腾蒸汽的锅盖打开露出生蚝，顾客需要用专用的小刀将生蚝撬开，蘸料吃。

抖音的火爆直接带来了生意的火爆：这家店每晚都在排队，而且在短短2个月内，"老纪蚝宅"就冲进了杭州夜宵四强。

5.拍摄手法可以多用运镜、转场、特效

好的拍摄手法在用户感官和体验上也会为抖音视频增加不少亮点。如果条件允许的话，商家不妨多用运镜、转场、特效等手法来美化视频。

6.把握转发时间和频率

在抖音发布频次和时间上，商家每周应至少发布一次，能一周发布两次更好，而中午12点左右或晚饭以后是相对合适的发送时机。

7.注意视频细节

即使有了亮点内容，如果不注意资料完整性、文字说明等影响流量分发的重要因素，传播效果也会大打折扣。

总的来说，从传播学的角度，一个具备亮点的内容可以促使用户去自觉传播，主动参与话题。

二、抖音推广的模式

抖音的用户互动性极高，因此特别适合营销活动的传播和扩散。通过图8-10所示的推广模式，抖音已经成为一项重要的餐饮品牌推广渠道。

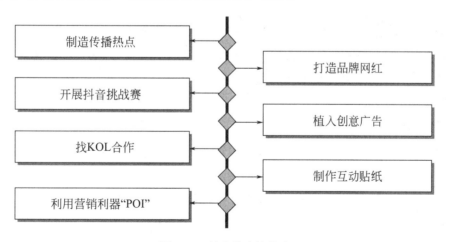

图8-10 抖音推广的策略

1.制造传播热点

抖音的用户互动性极高，因此特别适合营销活动的传播和扩散。一旦制造一个传播

热点出来，就会引起疯狂的转发和传播。

比如，关于海底捞的"神秘吃法"的爆红，一位网友在抖音上传的一个视频使得"海底捞番茄牛肉饭"成了网红吃法。之后就有越来越多的海底捞吃法被创意十足的网友开发了出来，各种充满参与感和创意的餐饮消费模式也容易被模仿，所以一下子就为海底捞带来了海量的线下转化的流量。

2. 打造品牌网红

如果你问一个经常刷抖音的人："你为什么看这个？"他的回答不外乎：好玩、新鲜、搞笑、有漂亮的小姐姐和小哥哥……所以，包装网红店员也是不错的选择，但是这个人物形象的定位最好要清晰，以建立出自己的餐饮品牌IP，以品牌人格化来聚集用户群体和增加粉丝黏性。

比如，"跳舞拉客"西塘小哥哥以自由不羁的舞蹈方式，加上搞笑的说话风格，凭借一己之力，就给自家菜馆带来超高的客流量，也带火了一整条街。

3. 开展抖音挑战赛

"挑战"类活动是抖音为企业提供的独特的营销模式，这种方式号召抖友们以一首歌或其他形式参与短视频的比赛，从而传播品牌，获得消费者好感。抖音每天都会更新不同主题的挑战，将时下热点和短视频相结合，不仅能够激发用户的创作热情，也更容易借热点进行内容传播。

比如，巴奴毛肚火锅曾在官微上征集#吃毛肚的最佳姿势#，吸引了众多网友的参与。而海底捞主题为"#海底捞#挑战赛"的活动更是吸引了1.5万人参加，引发超过200个相关吃法挑战赛，海底捞线下门店引流增长10%、虾滑和豆腐泡的订单量增加17%。

新手指南：

挑战赛能否火起来，主要看两点：一是内容足够好玩，使用户印象深刻；二是低门槛，用户容易模仿，传播造成的裂变效应明显。

4. 植入创意广告

很多餐饮品牌会选择在抖音上投放硬广以达到推广作用，但是硬广最大的问题在于内容不够有趣，反而会让用户反感，得到相反的效果。但是如果能在视频中植入创意广告，效果就另当别论了，既能保证用户看了不反感，也可以做到广告即内容的效果，让广告本身降低违和感，不过这对内容制作者的脑洞要求较大。

比如，江小白的一个视频是"他们非要我喝西瓜汁的时候酷一点"，把西瓜本身作为容器，把果肉捣碎变成果汁，加入冰块和江小白，插上水龙头。

这条贴近用户生活场景的广告获得了12.8万的点赞和2200多的评论。如图8-11所示。

图8-11 江小白抖音推广截图

5.找KOL合作

KOL通俗来说就是网红。网红自带流量，寻找到与自身品牌契合度高的网红来做抖音宣传，效果事半功倍。根据《抖音企业蓝V白皮书》数据显示，有KOL参与的企业蓝V视频，条均播放量明显更高。

通过KOL来植入广告有几个好处：一是观众不反感KOL的软性植入；二是"借"到了KOL在粉丝中的影响力，传播效果会更好；三是由KOL来构思创意植入，视频内容可以和产品特性做衔接，达到品牌露出的目的。

比如，自助形式的餐厅可以请"大胃王"人设的KOL来合作；以辣味著称的餐厅，请喜欢吃辣的网红。

6.制作互动贴纸

抖音上可以实现为商家进行创意贴纸定制，用户在拍摄视频时，可在贴纸栏下载品牌定制的抖音贴纸，其中包括2D脸部挂件贴纸、2D前景贴纸等。这种方式最大的优点是让用户主动参与其中。

比如，必胜客曾策划#DOU出黑，才够WOW#的主题活动，用户在参与挑战视频制作时，可随意运用含有必胜客元素的贴纸丰富视频内容。

7.利用营销利器"POI"

最近抖音又推出了一项新功能"POI（地理位置）"，可以说又成为餐饮商家营销的一大利器。POI功能可以让企业获得独家专享的唯一地址，呈现方式就是抖音视频中的定位图标。商家的视频只要添加了POI信息，用户就可以一键跳转到该店铺的主页，相当于进入该商家在抖音上的门店（POI详情页），可以了解店铺地址、客单价等信息，收藏种草、领取优惠卡券等。

简单来说，POI对于餐饮商家的营销价值在于，建立起了线下门店与线上用户直接互动沟通的桥梁，提升转化效率，有效为线下门店导流。

比如，上海餐饮商家联合推出的"跟着抖音，嗨吃上海"活动，上面就使用了POI功能。一家做烧烤的店（仅晚上营业），在活动期间，上海本地用户在线上共领了2.7万张券，实际核销数372桌，每天全场满座翻台4次，抖音为其带来了85%的客流。

> **◈ 新手指南：**
>
> 　　实际上上面七种策略也并非是单独割裂的，在一个成功的抖音推广案例中，要综合运用多种策略才能达到最好的效果。

三、抖音推广的策略

现在利用短视频做营销是企业（不论规模大小）的必备技能之一。抖音已成为餐饮店必须尽早面对而且要尽快加以重视的营销平台。因此餐饮店可以参考图8-12所示的策略来做好抖音平台的推广。

图8-12　抖音推广的策略

1.蹭流行因素

众所周知，每年都会有层出不穷的神曲出现，并迅速地在年轻人中传播开来，一个餐饮类的小视频加上一首当下最流行的歌曲，可以让人不自觉地将自己的情绪代入，从而起到"二次宣传"的作用。

2.运用夸张手法

比如，用饮水机煮火锅，或用一根渔线钓出一头大鲸鱼。

运用这样夸张的镜头和画面吸引人的眼球，加深品牌在用户脑海里的印象。

3.剧情反转

顾名思义，剧情反转就是将两个不同状态的故事嫁接在一起。

比如，录一桌子的山珍海味、满汉全席，最后发现原来只是电脑桌面的壁纸，而自己吃的是泡面。

这样的剧情反转营销是先让用户感到期待，再给用户看到真相，抓住他们的心理起伏。

4.展示绝活

比如，曾在抖音爆火的土耳其小哥哥，售卖冰激凌的他如同杂技高手，玩耍着手中的长勺，故意逗趣让顾客接不到冰激凌而开怀大笑。

将这样的小技巧小绝活加在餐饮中进行展示，也会是一个高附加值的亮点。

5.现场教学

摆脱传统的书本学习方法，利用短视频演示一个美食制作小窍门，或是一个美食制作小知识，生动易懂，而且不用花费太多的成本，就能提起用户的兴趣。

6.DIY食物

简单的搭配，DIY出不一样的食物，给人意想不到的惊喜，当用户自己试着DIY出一份属于自己的小食物时，自然也愿意拍个抖音留下这值得纪念的一刻。

7.形式创新

为美食增加一个故事、一个文案。

比如，奶茶广告"你是我的优乐美"，故事和文案都很简单，却深入到观众的心里，引起观众情感上的共鸣，进而起到自愿传播的效应。

第三节　会员推广

所谓会员即餐饮店的忠诚顾客，若喜欢这个餐厅，认可这个品牌，才会心甘情愿地加入。这是餐饮店与顾客之间的相互选择，与"歧视"无关。

一、会员的分类

会员群体一般是餐饮店的老顾客人群，他们不仅是餐饮店的顾客，还是餐饮店品牌传播自媒体的最大来源。根据不同的菜系和人均消费情况，生命周期会有所不同。根据生命周期，会员大致可以分为图8-13所示的五类。

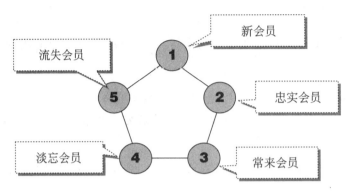

图8-13　会员的分类

1.新会员

这类型的会员是刚入会的会员，对于价格、优惠、折扣等信息比较在意，一般是来自餐饮店活动的引导关注，忠诚度较低。

2.忠实会员

在新会员入会后的10～20天内，再次到店消费的会员称之为忠实会员。这类会员占比5%～10%，比例虽然很低，但却是价值最大的会员群体。根据调查，餐饮行业内80%的收入来自20%的忠诚顾客。对于餐饮店来说，获得一个新会员的成本比保留现有会员的成本会高出五倍。并且由于这类会员忠诚度比较高，很有可能成为餐饮店的"免费自媒体"，不断为餐饮店带来更多会员。

3.常来会员

在新会员入会后的20～40天内，再次到店的会员称之为常来会员。这是会员中价值贡献较高的群体，餐饮店的用心维护很可能让他们成为忠实会员。同样的，不关注他们也可能变为淡忘会员，所以餐饮店需要多花心思。

4.淡忘会员

在新会员入会后的40～60天内，再次到店的会员称之为淡忘会员。大部分可能是从新会员加入后由于餐饮店没有后续吸引人的优惠和产品就不再光顾。

5.流失会员

这部分会员是指在新会员入会后的60天内没有到店的会员，一般意义上，被认为是已经流失的会员。

二、会员的价值

近年来，已有一些餐饮店开始尝试通过大数据技术收集会员数据进行深入分析，从而清晰地了解到会员用户的年龄、性别、喜好、消费习惯等信息，进而针对性地进行营销推广，做到了"知己知彼，百战不殆"，大大地提升了餐饮店的营销效率。

现在"互联网＋大数据＋会员"已经成为餐饮营销的黄金搭档。对于餐饮店来说，会员数据的价值主要体现在图8-14所示的几个方面。

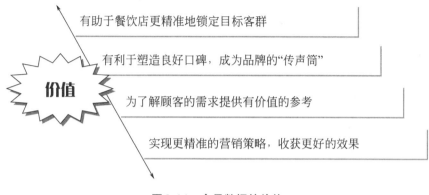

图8-14　会员数据的价值

1.有助于餐饮店更精准地锁定目标客群

大部分会员几乎等同于餐饮店的目标客群，他们基本上都是自发地进店消费，餐饮店运用大数据技术收集顾客信息以了解他们的年龄、消费水平、喜好习惯等特性，从根本上帮助企业划分出了目标客群，再经过一段时间的会员数据积累和分析，餐饮店就能够更清晰准确地锁定自己的目标客群，了解他们是什么样的属性，喜欢什么样的营销，从而在最正确的时间提供最合适的营销触达他们。

2.有利于塑造良好口碑，成为品牌的"传声筒"

会员是有一定忠诚度的顾客。首先餐饮店用美食和用餐体验令顾客感到愉悦，之后餐饮店再进行适当的引导，顾客们就会非常乐于将相关信息分享给身边的朋友，从而达到帮助餐饮店塑造良好口碑的效果。

比如近年来，喜茶、海底捞的走红，往往是靠顾客口口相传或朋友圈的分享打造的口碑，而不是靠简单粗暴的广告宣传做到的。

3.为了解顾客的需求提供有价值的参考

会员每次消费行为的相关数据，包括消费金额、消费频次以及对菜品的评价等，这些都能帮助餐饮店更好地了解目标顾客的需求，再通过对会员数据的分析，就能更好地为餐饮店经营发展提供有价值的参考。

比如，一茶一坐餐厅举办的生日关怀、线下品鉴会、一元秒杀等参与感极强的活动，就是通过数据了解顾客需求，贴近他们的消费习惯与心理，进行有目标的营销。

4.实现更精准的营销策略，收获更好的效果

有了会员数据作支撑，所有的营销活动，包括优惠券、折扣活动、积分奖励等都可以非常精准地对会员推送，这样有针对性的推广效果会大大提升营销效果。

比如，上海和记小菜曾用一个月时间对5000名会员展开生日营销，每人赠送300元生日礼券（餐厅的桌均消费高于300元），并提前一周告知会员拥有此优惠福利。最终根据系统统计的数据显示，60%左右的会员因为优惠活动选择来和记小菜庆生，每位会员除消费券以外还为餐厅贡献了大量额外的现金收益。

三、会员推广的策略

将顾客分为会员与非会员，再对会员进一步细化，目的就是为了通过更加具象的顾客特征策划更加"贴心"的营销服务。一般来说，餐饮店可通过图8-15所示的策略来做好会员推广。

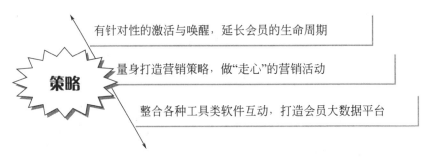

图8-15　会员营销的策略

1.有针对性的激活与唤醒，延长会员的生命周期

很多人会奇怪，为什么每次抢到饿了么的红包金额都不一样？刚想喝下午茶，饿了么就发了下午茶红包，这是为什么？这其实就是有针对性的唤醒。因为有了忠实会员和淡忘会员、流失会员等不同生命周期的会员数据，同时加上针对地域、消费能力、用餐习惯等多种维度的数据分析，饿了么运营部会判断会员的身份，决定红包投放策略和方向。同时他们会根据大量会员画像构建会员体验的监测模型，并且利用数据模型分析监测每个接触点相互间的转化率，从而调整下一次的发送红包策略，因此培养会员的消费惯性，延长生命周期。

2.量身打造营销策略，做"走心"的营销活动

根据会员的个人偏好、消费习惯打造个性化的营销策略，可以让营销宣传不再生硬、低效，达到"润物细无声"的潜移默化的影响。

比如，十分流行的丧文化，包括"丧茶""小确丧"等知名餐饮店推出的限定丧文化产品活动，引爆了整个朋友圈。这是因为餐饮店通过抓住了他们最大的客户群体——年轻人的喜好和习惯：85后、90后面临着经济放缓、房价高、赡养父母、学历贬值等压力，这些年轻人擅于用自嘲的方式减轻压力。因此"负能量营销"迅速地博得了他们的认同感，达到了极好的传播效果。

3.整合各种工具类软件互动，打造会员大数据平台

会员体系的具象化呈现可以理解为一个虚拟的社交朋友圈，借助微信等相关工具作为大平台，纳入基本的会员信息、积分情况和优惠券的管理与查询，提供如等菜间的游戏、线上支付等多种服务，无论是消费行为还是营销信息、评价互动等都可以在这个平台上呈现，不仅大大地减少了餐饮店的沟通成本，提高了信息到达率，还能轻松吸引大批"粉丝"关注，更好地培养忠实会员。

 相关链接

如何解读餐饮大数据

餐饮行业的数据主要围绕三个方面：第一是行业的数据趋势，它会告诉我们现今消费趋势和未来发展方向；第二是企业间对比的数据，这个数据可以告诉我们企业运营的健康情况；第三是企业内部运营数据，告诉我们如何优化能力。

1.行业的数据趋势：转向线上+线下结合的运营模式

从2018年埃森哲《中国消费者数字趋势研究》的报告中可以看出，未来的中国餐饮消费形势可以用"新消费、新力量"这六个字来形容。

首先，根据调研数据显示，未来消费者消费意愿最强的前五项中，第一第二位分别是购物和旅游出行，第三位就是占比33%的餐饮，再有就是休闲娱乐和子女教育。而且，餐饮行业中25～30岁的消费主力的消费占比也非常高，由此看来，餐饮行业的发展前景是非常可观的。

其次，消费者未来在线下消费会变得更加活跃，超过一半的消费者在增加网购比例的同时也增加了在实体店消费的比例，线下店的机遇依然非常多。

数据还显示，消费能力持续增强的"95后"对美食的支出意愿占比达到了57%，他们的消费渠道包括线上和线下。基于如今消费渠道的变化趋势，未来餐饮门店的运营结构会往线上虚拟门店+线下实体门店两者结合的模式调整。

2.企业间的数据对比：注重线上线下不同的功能区别

在企业间数据层面上，有一些跨界企业给餐饮行业提供了"线上+线下+餐饮"的新型运营模式的思路。例如盒马鲜生和超级物种，融合了线上和线下两种渠道，这种模式切合了顾客的消费体验需求，门店火爆到需要排队1个多小时才能进店。

而线上和线下在功能方面是有区别的，线下主要包括提升品牌体验和品牌调性这两大责任，重在打造体验场所，形成心理感知；而线上则是与消费者保持沟通互动，重在打造增值服务和持续营销通道。

通过线上和线下双轮驱动，可以打破时间和空间局限从而扩大交易。如下图所示。

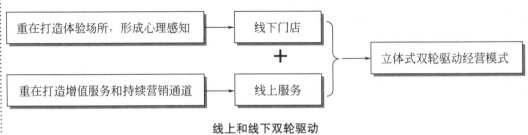

线上和线下双轮驱动

3.企业内部数据应用：与客户建立情感信赖

说到企业内部的数据应用，其实餐企更需要突出的就是品牌体验的数据，这个为什么重要呢？

从品牌发展的三个阶段来看，第一阶段是识别载体，告诉别人我是谁；第二阶段是营销定位，告诉别人我的独特之处；而最好的阶段则就是情感信赖，即客户已经非常信赖品牌了。

在与客户建立情感信赖和提升客户的品牌忠诚度上，很多餐饮品牌会建立餐饮会员运营体系，通常分为以下三个阶段。

第一阶段是储值积分体系，大部分传统餐饮的会员体系停留在此阶段；第二阶段则是品牌体验管理CEM系统；更高级的阶段则是零售电商体系，比如西贝、避风塘已经开启了零售电商体系，这些都是依托于企业内部品牌体验的数据而运营起来的。

为什么要如此看重消费者对餐企品牌的体验呢？

从整个消费大数据来看，移动互联网时代客户更加掌握主动权，并通过社交媒体放大自己的话语权，有94%的消费者其实是愿意为更好的体验适当地溢价买单的。

比如，星巴克的咖啡并不是那么好喝，但为什么30多块钱一杯都能卖出去，而且年轻人趋之若鹜地愿意一下午都坐在那里？就是因为它有很好的体验。

89%的消费者在经历糟糕的体验后会转向竞争对手，而50%的消费者会给企业最多一周的时间来解决投诉问题，之后他们将决定是否"抛弃"这家企业，还有26%的消费者会因为不满意的体验在网上传播糟糕的体验。

客户的体验是全过程的，他可能去一家店感觉非常不错，点菜好，服务态度也好，但就会因为最后一个买单的环节留下不好的印象而影响了客户体验。

而做好客户体验的好处在于以下几点。

（1）可以很好地提升消费者体验。通过大量的调研问卷，真实地掌握客户需求，持续提升客户体验。

（2）可以提升员工服务质量。

（3）可以做品牌提升，让消费者有通道可以跟品牌之间有交互。

（4）可以帮助做产品升级。

未来餐饮店在做自己的转型之路过程中到底应该怎么做？什么才能起到更好的指导作用呢？

第一，未来连锁型餐饮发展零售化之路，进行线下实体店＋线上虚拟店双轮立体的经营模式，使得服务客户的方式多样化、信息化。

第二，充分发挥上下游的商业合作能力，把连锁餐饮从全链条企业升级为运营型企业。比如快速发展的企业麦当劳和肯德基，它们的企业发展就做到了这三点：品牌运营、产品创新以及品质控制。

如果企业想实现规模化、品牌化、连锁化高速发展，那一定要把自己的商业模式和产业链条围绕这三大块而运转，这样传统餐饮才有可能基于产业合作链条升级为轻资产运作的企业。

第四节 节假日推广

节假日期间全力吸引消费者的注意力、做大做活节假日市场，已成为各大餐饮店每年促销计划中的重中之重。如果能够真正把握节假日消费市场的热点和需求变化趋势，制定符合目标市场的策划方案，必能获得可观的回报。

一、全年主要促销节假日

节日促销就是指在节日期间，利用消费者的节日消费心理，综合运用广告、公演、现场售卖等营销手段，进行的产品、品牌的推介活动，旨在提高产品的销售力，提升品牌形象。

每年365天的节日是一样的，通过图8-16所示的365节日循环图，可以看到每个季节主要的节日。

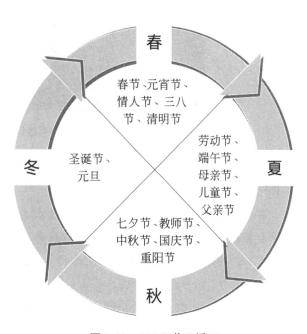

图8-16 365天节日循环

二、中国传统节假日促销技巧

随着国家的一系列政策出台，中国的传统节假日已日益增多，较为大型的节假日有春节、清明节、端午节、七夕情人节、中秋节、重阳节、国庆节等。餐饮店可以抓住重大节假日，开展与重大节假日有关的经典餐饮促销活动。

餐饮店可通过相应的设置，宣传有关传统节假日的文化典故，组织策划有关节日的专题促销活动，并推出各种主题菜品，深化人们对中国传统文化的认识。

1.春节年夜饭促销

近年来，已有许多家庭不愿让终年忙碌的母亲连过年都不得空闲，所以选择到餐厅享受精致美味又省时省力的年夜饭。鉴于除夕夜外食人口激增，餐饮店可大力推行除夕年夜饭专案的促销活动，以各式烹调美味的时令佳肴与象征好彩头的菜肴名称，营造出除夕夜年夜饭欢乐温馨的气氛。如图8-17所示。

图8-17　年夜饭促销海报截图

（1）提前准备，营造气氛。餐饮店应提前一个月将店内环境布置完毕，突出浓重的春节气氛。

某餐厅以干枝梅为主题布满餐厅，设立老北京四合院典型的垂花门楼，还在墙上挂上巨型剪纸，在屋顶上吊宫灯、各种吉庆的挂件等。大年三十前十五天，拉开了春节活动的序幕，"欢迎回家"是序曲，民乐的演奏、典型的环境布置，使得春节还没到，气氛就已经很浓了。

前期预热实质性的活动是赠送优惠券。不管搞什么样的促销活动，一定要给顾客实质性的利益，否则就没有吸引力，也就没有太大的拉动销售作用。一般情况下，餐饮店的优惠券使用时间都只有一个月，使用时间是从正月初一开始一直到正月十五日，每消费五百返五十。因为从初一到十五，商务宴请几乎没有，这样的返券就可以促进家庭消费。

比如，外地的老总商务宴请时消费了两千元，春节期间他就可以把200元优惠券送给他在北京的客户或员工，让他们感受一下餐厅的特色。这会带动这些人以后来餐厅消费。

（2）高潮年夜饭。年夜饭意味着春节活动正式启动。餐饮店应提前一个多月制定出年夜饭菜单，让客人有选择的余地。对于餐饮店来说，定满年夜饭是很轻而易举的，往往会因为预订太多，而又临时加桌，还有一些顾客订了外卖到家里摆年夜饭。

吃年夜饭，客人一般来得比较早，下午五六点钟很多客人就落座了。当天为营造热烈的气氛，餐厅可以做这样的安排。

① 安排领班、大厨都在门口迎宾，突出隆重的感觉。

② 大厅里播放喜庆民乐，如喜洋洋、步步高等吉祥如意的音乐，让客人一进来就感受到其乐融融、家和万事兴的家庭气氛。当晚还可聘请艺人来表演民乐、评书、相声等传统节目。

③ 把原来格子桌布全部换为红桌布，红彤彤的一片。

④ 为了突出春节气氛，可根据地方特色安排一些菜色，如某餐厅特地安排了盆菜（盆菜是广东菜，代表合家团圆）。

⑤ 对来就餐的儿童和老人，可以送一些礼物。

某餐厅给男孩子送一个地主帽，女孩子送一个格格帽，小孩子很高兴。孩子们一高兴，家长们自然就高兴了。有老人的也可以送一份礼物，如某餐厅给老人送一盒手擀的、包装精美的长寿面，象征着对老人新年的祝福，成本很低，但效果非常好。

（3）联动情人节。把情人节纳入春节营销策划中来，是餐饮店活动的一个特点。情人节恰好是在春节期间，与春节一起做，两个活动相互配合，效果更好。

情人节是洋节，在策划上要与春节不同，着重突出"洋味"。

（4）余音元宵节。春节到正月十五就算是过完了，这时大部分顾客已经开始上班，商务宴请也渐渐开始了。餐饮店也可以策划一下元宵节活动，一是把人气复苏一下，二是答谢新老顾客。

比如，某餐厅在元宵节策划了"表表心意"的活动。所有元宵节就餐的顾客，都有机会抽奖，奖品是合作企业提供的价值4000多元的一款瑞士名表。同时赠送所有顾客每人元宵一碗。

新手指南：

如今春节年夜饭的预订启动时间越来越早，一些餐厅在10月份就开始接受预订，有的顾客甚至在吃年夜饭时就把来年的年夜饭订下来了。所以餐饮店应注意提前做好宣传工作。

2.端午节促销

自从端午节定为法定节假日开始，不仅给了大家一次聚会的机会，同时也给餐饮店提供了一个好的促销机会。餐饮店在端午节期间搞促销、推新菜、亮绝活，让人们在短暂的假期享受盛宴。

端午节小长假，餐饮店精心准备创新菜品迎佳节，其中龙舟赛、鱼嬉汨罗、五谷丰登、神龙闹江等创新菜品的"端午宴"，增添了浓厚的传统文化气氛，令食客耳目一新。

端午节期间除了推出端午特价菜外，当天来就餐的顾客，每桌可免费品尝粽子，或赠送香袋，并在端午节当天安排了两场别开生面的手艺表演，现场的客人可以一边享受美食，一边在民间艺术家的手把手教授下，亲自感受艺术的不俗魅力。

如今餐饮店端午节促销将突出休闲、传统文化、食品安全、低碳美食、融合发展的五大趋势，如图8-18所示。

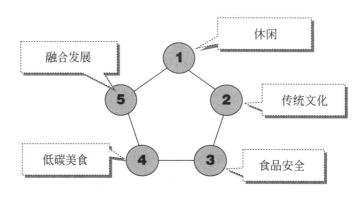

图8-18 端午节促销的趋势

（1）休闲。休闲是指随着休闲餐饮和节日的结合，上班族或选择路程较短的小城市，或在城市周边小住，品尝那里的美味佳肴。农家乐、乡村游、采摘、垂钓等多种形式于一体的餐饮业态形式得到发展。

（2）传统文化。突出传统文化是指餐厅在端午节促销中可以突出民族文化特色，只要精心设计，认真加以挖掘，就能制作出一系列富有诗情画意的菜点，以借机推广促销。在店内餐饮促销中，使用各种宣传品、印刷品和小礼品、店内广告进行促销是必不可少的。

（3）食品安全。食品安全是指端午节期间黄鳝、黄鱼、黄瓜、蛋黄（咸鸭蛋）及黄酒等"五黄"食品需求量会显著增加。为避免因食用时令食品发生食品安全问题，应该在采购、加工、烹调、出售各个环节控制好食品卫生，严把食品质量关。

（4）低碳美食。低碳美食是指在加大膳食平衡、低碳环保理念方面的宣传，加强素食研发创新，积极开展鼓励素食消费的有关活动；通过图片、影像等资料介绍平衡膳食、低碳生活的知识，强化饮食健康和环境保护意识。培养消费者合理科学饮食习惯，倡导

"均衡饮食、重质适量、剩菜打包、减少垃圾"的意识。

（5）融合发展。融合发展是指端午节并不是中国特有的节日，日本、缅甸、越南等国家都有各式各样的粽子。中国和周边国家饮食文化的不断融合、技术交流的频繁将饮食推向了一个新的起点。

3.七夕情人节促销

七夕节来自牛郎与织女的凄美传说，被浪漫之人称作中国人的情人节，借助这个浪漫的节日，各界商家纷纷推出了促销活动，餐饮店也不例外。每到七夕，许多餐饮店纷纷出手，推出"寓意菜"。

比如，全聚德根据七夕穿针引线"乞巧"的民俗讲究，推出了包括蒜茸穿心莲、五彩金针菇、湘彩腰果虾球等菜肴在内的七夕乞巧套餐，寓意祈福一年"心灵手巧"，在工作和爱情上得偿所愿；有的酒楼则为菜品讨了个吉祥名，如糖溜卷果取名"甜甜蜜蜜"，鲍鱼菜心取名"心心相印"等。

4.中秋节促销

农历八月十五是我国传统的中秋节，也是我国仅次于春节的第二大传统节日。八月十五恰在秋季的中间，故谓之中秋节。我国古历法把处在秋季中间的八月，称谓"仲秋"，所以中秋节又叫"仲秋节"。

在中秋节来临之际，各餐饮店可以结合自己的实际情况和中国传统的民族风俗，推出各具特色的促销活动，以达到经济效益与社会效益双丰收。

5.重阳节促销

要做好重阳节促销，一定要对该节日有一个准确的认识。农历九月九日为传统的重阳节。《易经》中把"六"定为阴数，把"九"定为阳数，九月九日，日月并阳，两九相重，因此又叫重阳，也叫重九。

庆祝重阳节的活动，一般包括出游赏景、登高远眺、观赏菊花、插茱萸、吃重阳糕、饮菊花酒等。九九重阳因为与"久久"同音，九在数字中又是最大数，有长久长寿之意，秋季也是收获的黄金季节，人们对此节历来有着特殊的感情。

1989年，我国把九月九日定为老人节，将传统与现代巧妙地结合，使这一天成为尊老、敬老、爱老、助老的节日。

重阳节当天，很多餐饮店将为到店就餐的老年人提供独享礼遇。

比如，为60岁以上老人免费提供一道传统风味菜，向70岁以上老人赠送特色甜点，为到店用餐老人优先安排餐位，赠送店里特制重阳果、菊花茶和重阳糕等。

餐饮店可以推出适合四五人食用的小型家庭重阳宴，为预订重阳宴的顾客专门准备寿桃，向提前预订重阳节包桌的顾客免费赠送麻婆豆腐一份。重阳节当天，消费满一定金额还可以获赠重阳饼一份。

　　餐饮店要针对老年人的口味和特点推出不同风味的老年宴席，注意荤素搭配、膳食营养合理、价格适中。

6.国庆节促销

　　国庆节是国家法定节假日，也是所谓的旅游黄金周，放假日期一般是10月1日至10月7日，共7天。绝大部分的企业都会按这个时间放假，这也为餐饮店提供了一个很好的促销机会。在这个机会面前，餐饮店主要是提高市场占有率，增加来客数。

三、西方传统节假日促销技巧

　　如今的年轻人热衷于过节，不仅过中国的节日，西方的节假日也会相聚在一起欢度节日。

　　针对西方节假日搞促销，餐饮店一定要抓住文化特色主题，介绍西方文化内容，才能吸引消费者。

1.母亲节促销

　　每年五月的第二个星期天是母亲节。近年来，母亲节越来越受到世界各地人们的重视，母亲节也成为各大商家借风使力的一个促销商机。餐饮店也不例外，借着母亲节来临之际，纷纷大搞促销活动。如果餐饮店能迎合顾客需求，能帮助顾客在母亲节表达自己对母亲的爱，相信会有很多的顾客愿意带母亲来餐饮店过母亲节。

　　五一节与母亲节相距很近，餐饮店可以将五一节与母亲节的促销活动安排在一起。

2.父亲节促销

　　每年6月的第三个星期天是父亲节，餐饮店可利用当天中午和晚上做全家福自助餐或全家福桌菜来进行销售。

　　在父亲节可以采用以下促销方式：推出父亲节特色套餐；家庭就餐，免掉父亲的单；家庭就餐，赠送全家福（也可以是其他的联合方式）；现场DIY为父亲献厨艺等。

四、国际性节假日促销技巧

　　元旦、五一劳动节、六一儿童节、三八妇女节，这些都是国际性的节假日。在这些节假日中，餐饮店可根据不同人群的需要，开展相应的促销活动。

1.元旦促销

元旦又被称为"新年"，指每年公历的1月1日，是世界大多数国家或地区的法定节日。元旦的"元"是开始、最初的意思；而"旦"表示太阳刚刚出地平线之际，也就是一日的开始。故"元旦"就是指一年之初、一年的第一天。

餐饮店可以借助元旦假期机会推出新品，以"辞旧迎新饭"作为重头戏；也可以以滋补类、营养保健类菜品作为主打菜；或者推出新年海鲜自助大餐，为顾客提供乐队伴宴和惊喜新年大礼，顾客在消费的同时还免费享受啤酒、饮料等。

2.妇女节促销

三八妇女节是全世界妇女共欢乐的日子，随着世界的不断发展与进步，女性地位越来越高，经常出差的女性工作者也很多，女性消费也在逐年增加。在三八节这个特殊的节日，餐饮店更应该为住店女性送上一份礼物。

比如，可以邀请周边小区常客来店里搞一个"厨艺比拼"；或者由店里厨师亲自操刀，办一个"快乐煮妇"烹饪培训活动；如果条件允许，也可以请养生专家到店里为大家讲解一下养生常识……

3.劳动节促销

五一国际劳动节是世界上80多个国家的全国性节日，定在每年的五月一日，是全世界劳动人民共同拥有的节日。为抓住这一难得的机遇提升销售，树立良好的品牌形象，增强餐饮店与消费者之间的亲和力，稳定客群，各餐饮店也在此节日纷纷推出各种促销活动。

4.儿童节促销

如今随着生活水平的提高，父母对于孩子的节日也越来越重视。因此餐饮店可以推出形形色色以儿童为服务对象的主题套餐。如图8-19所示。

图8-19 儿童节促销海报

新手指南：

小朋友都喜欢热闹，所以对于儿童节的促销不能仅仅局限于宴会，需要举办各式各样的活动，提高参与性。比如儿童画画比赛、亲子活动等。

五、季节性节假日促销技巧

对于季节性节假日，餐饮店的促销活动应当借题发挥，突出节日的气氛。餐饮店可以在不同的季节中进行多种促销。这种促销可根据消费者在不同季节中的就餐习惯和在不同季节上市的新鲜原材料来策划促销的菜品。

即使没有节假日，餐饮店也应当根据季节做出适当的促销。

比如，在酷热的夏天推出特价清凉菜、清淡菜，在严寒的冬天推出特价砂锅系列菜、火锅系列菜以及味浓的麻辣菜等。

图8-20　高考期间促销海报截图

六、职业类节假日促销技巧

职业类节假日，包括教师节、秘书节、记者节、护士节等职业类的节假日，这些节假日往往为某些特殊职业的从业人员而设，餐饮店可以在这样的节日中，通过开展主题餐饮活动联络与这部分消费者的感情。

七、特殊时段促销技巧

特殊时段主要包括的是：高考期间、年终期间、暑假期间。在这些时段内，餐饮店可以推出高考餐饮促销活动、各类宴会、暑期儿童套餐等，以此吸引不同阶层消费者的注意。图8-20所示为高考期间促销海报截图。

第五节　促销推广

讲到促销，大家脑海中第一个念头就是：优惠。的确，优惠确实是促销的最佳手段之一。一般来说，优惠促销主要包括即时优惠和延期优惠两大类。

一、即时优惠活动

即时优惠是伴随餐饮购买行为而自动生效的各种优惠，如现场摸奖、现场打折、赠送礼品等。通常来说，即时优惠的形式主要有图8-21所示的几种。

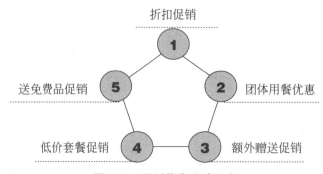

图8-21　即时优惠活动形式

1.折扣促销

提到优惠促销，就不得不说折扣，因为这是优惠促销的最常见的形式。折扣促销能得到众多餐饮店的欢迎，就是因为这种方法不但可以根据消费者的消费额多少确定折扣率高低，还可以在餐饮销售的淡季和非营业高峰期间，实行半价优惠和买一送一等优惠活动，以吸引更多的消费者，进而增加销售额。

使用折扣促销时，餐饮店一定要注重突出灵活、新奇的特点。

比如，××餐厅推出的"用餐付费自摸折扣"活动，就充分利用了人们的侥幸心理，从而掀起一股消费高潮。

2.团体用餐优惠

在某些季节内，由于成本因素，餐饮店很难对个人消费进行打折，但对团体消费，还是应当采取适当优惠，比如会议就餐、旅游团队包餐等。会议和团队就餐通常以每人包价收费，按每个包价多少提供各色菜品。

3.额外赠送促销

除了折扣促销方式以外，餐饮店还可利用额外赠送方式进行促销。餐饮店可以给消费者赠送一些小礼品，包括餐后的水果拼盘、带有餐厅标志的打火机、儿童玩具、菜单日历等。这些不仅对儿童有吸引力，大人同样也乐意接受。

如果就餐当天恰巧遇到消费者生日，餐厅可以给过生日的消费者打折或免费赠送蛋糕；对某些特殊的消费者在特殊的节日给予节日优惠，如母亲节给母亲优惠、重阳节给老人半价优惠、儿童节给儿童送免费小点心等。

4.低价套餐促销

餐饮店可将若干种菜品组合成一种套餐，按较低价格出售，以此吸引消费者，增加整体收入。

新手指南：

低价套餐一般比较适合周末家庭消费和节假日的消费者消费，这样更能吸引消费者的眼球。

5.送免费品促销

当餐饮店研发出了新的菜品时，可将菜品样品送给某些消费者品尝，以了解他们是否喜欢这种菜品，同时欢迎消费者再次光顾。当新产品和服务得到消费者的认可后，再将其列入菜单。有的餐饮店在店中陈列某些新菜品尝试点，消费者在购买之前可先尝后买，这样既能取得消费者的认可，又能使消费者放心。

二、延期优惠活动

延期优惠是消费者在下次购买餐饮产品时才能使用和享受的各种优惠。延期优惠并不像即时优惠那样有那么多种形式。它主要集中于图8-22所示的两种形式。

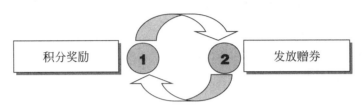

图8-22　延期优惠活动形式

1.积分奖励

对于那些经常前来餐饮店就餐的消费者，餐饮店可以对他们进行积分奖励。使用这种方法，可以提高消费者对餐饮店的忠诚度。餐饮店可以照消费额的大小计算消费者的分数，消费者每次在餐饮店消费后获得的分数可以累加，形成总积分数。接着餐饮店根据消费者的积分多少，制定和实施不同档次的奖励办法。

比如，给予较高的折扣优惠、免收服务费、免费消费等。

2.发放赠券

可以说如今利用赠券形式进行优惠促销已经越来越普遍了，尤其在营业淡季时，可以更多地采取这种方法。赠券的发放比较灵活，可以在消费者结账时向消费者赠送等价赠券，下次就餐时可按相应币值计算。

三、其他优惠促销

优惠促销的方式还有很多，除了即时优惠和延期优惠两种方式外，下面的两种方式同样属于优惠促销。它们与常规方式相比，更具针对性和合作性。

1.淡季折扣促销

每个餐厅都会有自己的旺淡季，对于淡季而言，餐厅可在这段时间举办各种促销活动，以此提高销售额。

比如，在淡季期间，餐厅可以利用饮料开展"买一送一"的促销，同时还可以加入适当的演出活动。

当然淡季折扣可以在一定程度上促进销售量的提高，但并不是每项折价政策都能提高经济效益。餐饮店需要详细记录折价前后的就餐人数和销售额等数据，比较实际销售额能否达到通过促销活动应达到的水平。如果不能达到，就应立即采取改进措施或取消这项促销活动。

2.联合促销

由于餐饮业具有行业密集的特点，因此餐饮店有时可以同邻近商家组织联合促销，以某种双方都能够接受的形式与运作手段共同进行市场沟通和菜品推销。

比如，餐厅邻家是啤酒经销商，可以共同举办"啤酒节"。促销期间，啤酒经销商提供折扣啤酒，餐厅提供折扣菜品。消费者为了得到优惠菜品和啤酒，积极就餐，由此增加了菜品和啤酒的销售量。

通过这样的联合促销，不但啤酒商获得了向餐饮市场推销产品的机会，而且带动了餐饮店菜品和服务的销售，减少了餐饮店单独促销时所负担的促销费用。因此如果餐饮店能与其他餐饮同行优势互补，那么就尽量采取这种联合促销方法。

09

第九章
食品安全，让顾客放心你的店

导言

对于一家餐饮店来说，食品安全至关重要，它会带来不可逆转的严重后果和负面影响，不仅仅是在用户体验感上，它甚至能毁掉一个知名品牌。经营者可从人员管理、设备管理、物料管理、环境管理、食品管理这几个方面加强餐饮店安全管理，让顾客吃得放心。

第一节　从业人员管理

餐饮业中近80%的食物中毒源于员工的个人卫生习惯、卫生责任心。为了保障食品安全，餐饮店务必要做好餐饮从业人员的管理。

一、健康管理

餐饮店对从业人员的健康管理要求如下。

（1）从事接触直接入口食品工作（清洁操作区内的加工制作及切菜、配菜、烹饪、传菜、餐饮具清洗消毒）的从业人员（包括新参加和临时参加工作的从业人员，下同）应取得健康证明后方可上岗，并每年进行健康检查取得健康证明，必要时应进行临时健康检查。

（2）食品安全管理人员应每天对从业人员上岗前的健康状况进行检查。患有发热、腹泻、咽部炎症等病症及皮肤有伤口或感染的从业人员，应主动向食品安全管理人员等报告，暂停从事接触直接入口食品的工作，必要时进行临时健康检查，待查明原因并将有碍食品安全的疾病治愈后方可重新上岗。

（3）手部有伤口的从业人员，使用的创可贴宜颜色鲜明并及时更换。佩戴一次性手套后，可从事非接触直接入口食品的工作。

（4）患有霍乱、细菌性和阿米巴性痢疾、伤寒和副伤寒、病毒性肝炎（甲型、戊型）、活动性肺结核、化脓性或者渗出性皮肤病等国务院卫生行政部门规定的有碍食品安全疾病的人员，不得从事接触直接入口食品的工作。

二、培训考核

餐饮店应每年对其从业人员进行一次食品安全培训考核，连锁餐饮店应每半年对其从业人员进行一次食品安全培训考核。

（1）培训考核内容为有关餐饮食品安全的法律法规知识、基础知识及本单位的食品安全管理制度、加工制作规程等。

（2）培训可采用专题讲座、实际操作、现场演示等方式。考核可采用询问、观察实际操作、答题等方式。

（3）对培训考核及时评估效果、完善内容、改进方式。

（4）从业人员应在食品安全培训考核合格后方可上岗。

三、人员卫生

餐饮店从业人员应保持良好的个人卫生，具体要求如下。

（1）从业人员不得留长指甲、涂指甲油。工作时，应穿清洁的工作服，不得披散头发，佩戴的手表、手镯、手链、手串、戒指、耳环等饰物不得外露。

（2）食品处理区内的从业人员不宜化妆，应戴清洁的工作帽，工作帽应能将头发全部遮盖住。

（3）进入食品处理区的非加工制作人员，应符合从业人员卫生要求。

（4）专间的从业人员应佩戴清洁的口罩。

（5）专用操作区内从事下列活动的从业人员应佩戴清洁的口罩。

① 现榨果蔬汁加工制作。

② 果蔬拼盘加工制作。

③ 加工制作植物性冷食类食品（不含非发酵豆制品）。

④ 对预包装食品进行拆封、装盘、调味等简单加工制作后即供应的。

⑤ 调制供消费者直接食用的调味料。

⑥ 备餐。

（6）专用操作区内从事其他加工制作的从业人员，宜佩戴清洁的口罩。

（7）其他接触直接入口食品的从业人员，宜佩戴清洁的口罩。

（8）如佩戴手套，佩戴前应对手部进行清洗消毒。手套应清洁、无破损，符合食品安全要求。手套使用过程中应定时更换，如果重新洗手消毒后应更换手套。手套应存放在清洁卫生的位置，避免受到污染。

四、手部清洗消毒

餐饮店从业人员手部清洗消毒应达到以下要求。

（1）从业人员在加工制作食品前应洗净手部，手部清洗宜符合《餐饮服务从业人员洗手消毒方法》。

（2）加工制作过程中应保持手部清洁。出现图9-1所示的情形时应重新洗净手部。

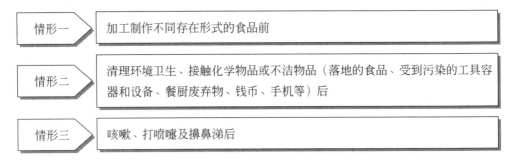

情形一	加工制作不同存在形式的食品前
情形二	清理环境卫生、接触化学物品或不洁物品（落地的食品、受到污染的工具容器和设备、餐厨废弃物、钱币、手机等）后
情形三	咳嗽、打喷嚏及擤鼻涕后

图9-1　需重新洗净手部的情形

（3）使用卫生间、用餐、饮水、吸烟等可能会污染手部的活动后，应重新洗净手部。

（4）加工制作不同类型的食品原料前，宜重新洗净手部。

（5）从事接触直接入口食品工作的从业人员，加工制作食品前应洗净手部并进行手部消毒，手部清洗消毒应符合《餐饮服务从业人员洗手消毒方法》。加工制作过程中，应保持手部清洁。出现图9-2所示的情形时，也应重新洗净手部并消毒。

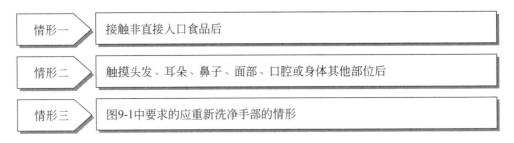

情形一	接触非直接入口食品后
情形二	触摸头发、耳朵、鼻子、面部、口腔或身体其他部位后
情形三	图9-1中要求的应重新洗净手部的情形

图9-2　应重新洗净手部并消毒的情形

五、工作服

对于厨房操作员工的工作服，应按以下要求进行管理。

（1）工作服宜为白色或浅色，应定点存放，定期清洗更换。从事接触直接入口食品工作的从业人员，其工作服宜每天清洗更换。

（2）食品处理区内加工制作食品的从业人员使用卫生间前，应更换工作服。

（3）工作服受到污染后，应及时更换。

（4）待清洗的工作服不得存放在食品处理区。

（5）清洁操作区与其他操作区从业人员的工作服应有明显的颜色或标识区分。

（6）专间内从业人员离开专间时，应脱去专间专用工作服。

第二节　设施设备管理

提供给顾客的菜品必须借助餐饮店里的相关设备，如果设备本身不干净、不卫生，那又怎么能制作出干净、卫生的菜品呢？因此经营者要加强餐饮店里设施设备的管理，为食品安全保驾护航。

一、供水设施

餐饮店的供水设施应达到以下要求。

（1）食品加工制作用水的管道系统应引自生活饮用水主管道，与非饮用水（如冷却水、污水或废水等）的管道系统完全分离，不得有逆流或相互交接现象。

（2）供水设施中使用的涉及饮用水卫生安全产品应符合国家相关规定。

二、排水设施

餐饮店的排水设施应达到以下要求。

（1）排水设施应通畅，便于清洁、维护。

（2）需经常冲洗的场所和排水沟要有一定的排水坡度。排水沟内不得设置其他管路，侧面和底面接合处宜有一定弧度，并设有可拆卸的装置。

（3）排水的流向宜由高清洁操作区流向低清洁操作区，并能防止污水逆流。

（4）排水沟出口设有金属材料制成的算子，算子缝隙间距或网眼应小于10毫米，以防止有害生物侵入。

三、清洗消毒保洁设施

餐饮店的清洗消毒保洁设施应达到以下要求。

（1）清洗、消毒、保洁设施设备应放置在专用区域，容量和数量应能满足加工制作和供餐需要。

（2）食品工用具的清洗水池应与食品原料、清洁用具的清洗水池分开。采用化学消毒方法的，应设置接触直接入口食品的工用具的专用消毒水池。

（3）各类水池应使用不透水材料（如不锈钢、陶瓷等）制成，不易积垢，易于清洁，并以明显标识标明其用途。

（4）应设置存放消毒后餐用具的专用保洁设施，标识明显，易于清洁。

四、个人卫生设施和卫生间

餐饮店的个人卫生设施和卫生间应达到表9-1所示的要求。

表 9-1　个人卫生设施和卫生间要求

序号	卫生设施	卫生要求
1	洗手设施	（1）食品处理区应设置足够数量的洗手设施，就餐区宜设置洗手设施 （2）洗手池应不透水，易清洁 （3）水龙头宜采用脚踏式、肘动式、感应式等非手触动式开关。宜设置热水器，提供温水 （4）洗手设施附近配备洗手液（皂）、消毒液、擦手纸、干手器等。从业人员专用洗手设施附近应有洗手方法标识 （5）洗手设施的排水设有防止逆流、有害生物侵入及臭味产生的装置
2	卫生间	（1）卫生间不得设置在食品处理区内。卫生间出入口不应直对食品处理区，不宜直对就餐区。卫生间与外界直接相通的门能自动关闭 （2）设置独立的排风装置，有照明；与外界直接相通的窗户设有易拆洗、不易生锈的防蝇纱网；墙壁、地面等的材料不吸水、不易积垢、易清洁；应设置冲水式便池，配备便刷 （3）应在出口附近设置洗手设施 （4）排污管道与食品处理区排水管道分设，且设置有防臭气水封。排污口位于餐饮服务场所外
3	更衣区	（1）与食品处理区处于同一建筑物内，宜为独立隔间且位于食品处理区入口处 （2）设有足够大的更衣空间、足够数量的更衣设施（如更衣柜、挂钩、衣架等）

五、照明设施

餐饮店的照明设施应达到以下要求。

（1）食品处理区应有充足的自然采光或人工照明设施，工作面的光照强度不得低于220勒克斯，光源不得改变食品的感官颜色。其他场所的光照强度不宜低于110勒克斯。

（2）安装在暴露食品正上方的照明灯应有防护装置，避免照明灯爆裂后污染食品。

（3）冷冻（藏）库应使用防爆灯。

六、通风排烟设施

餐饮店的通风排烟设施应达到以下要求。

（1）食品处理区（冷冻库、冷藏库除外）和就餐区应保持空气流通。专间应设立独立的空调设施。应定期清洁消毒空调及通风设施。

（2）产生油烟的设备上方设置机械排风及油烟过滤装置，过滤器便于清洁、更换。

（3）产生大量蒸汽的设备上方设置机械排风排汽装置，并做好凝结水的引泄。

（4）排气口设有易清洗、耐腐蚀的防虫筛网（不小于16目），防止有害生物侵入。

【案例赏析】▶▶

×× 餐饮店排烟管清洁不到位致火灾

2017年9月16日，重庆一家餐饮店装修一年后突然起火，浓烟滚滚，用了三辆消防车才扑灭火势，事后调查发现，餐饮店老板在餐饮店装修完成以后竟从未清理过排烟管，最后排烟管起火导致餐厅火灾蔓延。

1.排烟管起火原因

餐饮店每日的排油烟量特别大，因此排烟管道的油污积存很快，如果长期没有进行处理，油垢就会越积越厚，在排烟管形成油污层，一旦遇见明火或者温度过高到燃点就会燃烧，并且火势会沿着管道内壁蔓延开来。

2.排烟管起火比较隐蔽

一般情况下厨房工作人员只会注意灶台周围可燃物的清理，而比较容易忽视灶台正上方烟道的火灾隐患，另外由于烟道是一个相对封闭的空间，如果烟道清洗不及时，在明火吸入烟道以后难以及时发现，等到发现时，通常明火已经充满了整个烟道，火势开始蔓延至烟道附近，扑救难度大，所以在餐饮店装修时要注意烟道的设置一定要利于清洁。

点评：

烟道起火的主要原因是油垢的积存，所以对于像川菜、湘菜这类重油餐厅，更要加大清洁烟道的频率，清理要仔细，不要因为清洁困难而敷衍了事，要为自己和他人的生命财产着想。餐饮经营者在经营时，一定不能忽视消防安全。对于餐饮店厨房排油烟管道，很多地方其实也出台了许多相关规定，在餐饮店进行装修的时候就要严格依照规定装修，并在后期维护上定期对排油烟管道、油烟机、油烟净化器进行清洗。

七、库房及冷冻（藏）设施

餐饮店的库房及冷冻（藏）设施应达到以下要求。

（1）根据食品储存条件，设置相应的食品库房或存放场所，必要时设置冷冻库、冷藏库。

（2）冷冻柜、冷藏柜有明显的区分标识。冷冻、冷藏柜（库）设有可正确显示内部温度的温度计，宜设置外显式温度计。

（3）库房应设有通风、防潮及防止有害生物侵入的装置。

（4）同一库房内储存不同类别食品和非食品（如食品包装材料等），应分设存放区域，不同区域有明显的区分标识。

（5）库房内应设置足够数量的存放架，其结构及位置能使储存的食品和物品离墙离地，距离地面应在10厘米以上，距离墙壁宜在10厘米以上。

（6）设有存放清洗消毒工具和洗涤剂、消毒剂等物品的独立隔间或区域。

八、加工制作设备设施

餐饮店的加工制作设备设施应达到以下要求。

（1）根据加工制作食品的需要，配备相应的设施、设备、容器、工具等。不得将加工制作食品的设施、设备、容器、工具用于与加工制作食品无关的用途。

（2）设备的摆放位置，应便于操作、清洁、维护和减少交叉污染。固定安装的设备设施应安装牢固，与地面、墙壁无缝隙，或保留足够的清洁、维护空间。

（3）设备、容器和工具与食品的接触面应平滑、无凹陷或裂缝，内部角落部位避免有尖角，便于清洁，防止聚积食品碎屑、污垢等。

九、餐用具清洗消毒

餐饮店的餐用具清洗消毒应达到以下要求。

（1）餐用具使用后应及时洗净，餐饮具、盛放或接触直接入口食品的容器和工具使用前应消毒。

（2）清洗消毒宜采用蒸汽等物理方法，因材料、大小等原因无法采用的除外。

（3）餐用具消毒设备（如自动消毒碗柜等）应连接电源，正常运转。定期检查餐用具消毒设备或设施的运行状态。采用化学消毒的，消毒液应现用现配，并定时测量消毒液的消毒浓度。

（4）从业人员佩戴手套清洗消毒餐用具的，接触消毒后的餐用具前应更换手套。手套宜用颜色区分。

（5）消毒后的餐饮具、盛放或接触直接入口食品的容器和工具，应符合GB14934《食品安全国家标准消毒餐（饮）具》的规定。

（6）宜沥干、烘干清洗消毒后的餐用具。使用抹布擦干的，抹布应专用，并经清洗消毒后方可使用。

（7）不得重复使用一次性餐饮具。

十、餐用具保洁

餐饮店的餐用具保洁应达到以下要求。

（1）餐用具清洗或消毒后宜沥干、烘干。使用抹布擦干的，抹布应专用，并经清洗消毒方可使用，防止餐用具受到污染。

（2）消毒后的餐饮具、盛放或接触直接入口食品的容器和工具，应定位存放在专用的密闭保洁设施内保持清洁。

（3）保洁设施应正常运转，有明显的区分标识。

（4）定期清洁保洁设施，防止清洗消毒后的餐用具受到污染。

十一、洗涤剂、消毒剂使用

餐饮店里洗涤剂、消毒剂的使用应达到以下要求。

（1）使用的洗涤剂、消毒剂应分别符合GB14930.1《食品安全国家标准 洗涤剂》和GB14930.2《食品安全国家标准 消毒剂》等食品安全国家标准和有关规定。

（2）严格按照洗涤剂、消毒剂的使用说明进行操作。

第三节　物料及加工管理

餐饮店应从采购、运输、查验、储存、加工等方面来加强物料的管理，以达到食品安全的要求。

一、原料采购要求

餐饮店的原料采购应达到以下要求。

（1）选择的供货者应具有相关合法资质。

（2）建立供货者评价和退出机制，对供货者的食品安全状况等进行评价，将符合食品安全管理要求的列入供货者名录，及时更换不符合要求的供货者。

（3）有条件的餐饮店，可自行或委托第三方机构定期对供货者食品安全状况进行现场评价。

（4）建立固定的供货渠道，与固定供货者签订供货协议，明确各自的食品安全责任和义务。根据每种原料的安全特性、风险高低及预期用途，确定对其供货者的管控力度。

二、原料运输要求

加工原料在运输过程中，应达到以下要求。

（1）运输前对运输车辆或容器进行清洁，防止食品受到污染。运输过程中做好防尘、防水，食品与非食品、不同类型的食品原料（动物性食品、植物性食品、水产品，下同）应分隔，食品包装完整、清洁，防止食品受到污染。

（2）运输食品的温度、湿度应符合相关食品安全要求。

（3）不得将食品与有毒有害物品混装运输，运输食品和运输有毒有害物品的车辆不得混用。

三、进货查验要求

进货查验包括随货证明文件的查验、食品外观查验和温度查验，具体要求如表9-2所示。

表 9-2　进货查验的要求

序号	查验类别	具体要求
1	随货证明文件查验	（1）从食品生产者采购食品的，查验其食品生产许可证和产品合格证明文件等；采购食品添加剂、食品相关产品的，查验其营业执照和产品合格证明文件等 （2）从食品销售者（商场、超市、便利店等）采购食品的，查验其食品经营许可证等；采购食品添加剂、食品相关产品的，查验其营业执照等 （3）从食用农产品个体生产者直接采购食用农产品的，查验其有效身份证明 （4）从食用农产品生产企业和农民专业合作经济组织采购食用农产品的，查验其社会信用代码和产品合格证明文件 （5）从集中交易市场采购食用农产品的，索取并留存市场管理部门或经营者加盖公章（或负责人签字）的购货凭证 （6）采购畜禽肉类的，还应查验动物产品检疫合格证明；采购猪肉的，还应查验肉品品质检验合格证明 （7）实行统一配送经营方式的，可由企业总部统一查验供货者的相关资质证明及产品合格证明文件，留存每笔购物或送货凭证。各门店能及时查询、获取相关证明文件复印件或凭证 （8）采购食品、食品添加剂、食品相关产品的，应留存每笔购物或送货凭证
2	外观查验	（1）预包装食品的包装完整、清洁、无破损，标识与内容物一致 （2）冷冻食品无解冻后再次冷冻情形 （3）具有正常的感官性状 （4）食品标签标识符合相关要求 （5）食品在保质期内
3	温度查验	（1）查验期间，尽可能减少食品的温度变化。冷藏食品表面温度与标签标识的温度要求不得超过+3℃，冷冻食品表面温度不宜高于-9℃ （2）无具体要求且需冷冻或冷藏的食品，其温度可参考《餐饮服务业食品原料建议存储温度》的相关温度要求

四、原料储存要求

餐饮店的原料储存应达到以下要求。

（1）分区、分架、分类、离墙、离地存放食品。

（2）分隔或分离储存不同类型的食品原料。

（3）在散装食品（食用农产品除外）储存位置，应标明食品的名称、生产日期或者生产批号、使用期限等内容，宜使用密闭容器储存。

（4）按照食品安全要求储存原料。有明确的保存条件和保质期的，应按照保存条件和保质期储存。保存条件、保质期不明确的及开封后的，应根据食品品种、加工制作方式、包装形式等针对性地确定适宜的保存条件（需冷藏冷冻的食品原料建议可参照《餐饮服务业食品原料建议存储温度》确定保存温度）和保存期限，并应建立严格的记录制度来保证不存放和使用超期食品或原料，防止食品腐败变质。

（5）及时冷冻（藏）储存采购的冷冻（藏）食品，减少食品的温度变化。

（6）冷冻储存食品前，宜分割食品，避免使用时反复解冻、冷冻。

（7）冷冻（藏）储存食品时，不宜堆积、挤压食品。

（8）遵循先进、先出、先用的原则使用食品原料、食品添加剂、食品相关产品。及时清理腐败变质等感官性状异常、超过保质期等的食品原料、食品添加剂、食品相关产品。

五、加工制作基本要求

厨房在加工制作过程中，应达到以下基本要求。

（1）加工制作的食品品种、数量与场所、设施、设备等条件相匹配。

（2）加工制作食品过程中，应采取图9-3所示的措施，避免食品受到交叉污染。

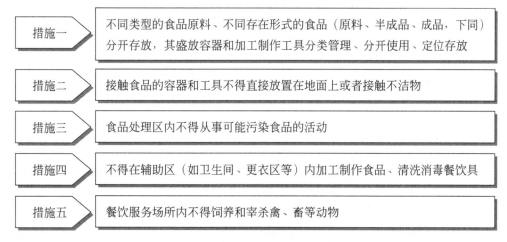

措施一 不同类型的食品原料、不同存在形式的食品（原料、半成品、成品，下同）分开存放，其盛放容器和加工制作工具分类管理、分开使用、定位存放

措施二 接触食品的容器和工具不得直接放置在地面上或者接触不洁物

措施三 食品处理区内不得从事可能污染食品的活动

措施四 不得在辅助区（如卫生间、更衣区等）内加工制作食品、清洗消毒餐饮具

措施五 餐饮服务场所内不得饲养和宰杀禽、畜等动物

图9-3　避免食品受到交叉污染的措施

（3）加工制作食品过程中，不得存在图9-4所示的行为。

行为一 使用非食品原料加工制作食品

行为二 在食品中添加食品添加剂以外的化学物质和其他可能危害人体健康的物质

行为三 使用回收食品作为原料，再次加工制作食品

图9-4

行为四	使用超过保质期的食品、食品添加剂
行为五	超范围、超限量使用食品添加剂
行为六	使用腐败变质、油脂酸败、霉变生虫、污秽不洁、混有异物、掺假掺杂或者感官性状异常的食品、食品添加剂
行为七	使用被包装材料、容器、运输工具等污染的食品、食品添加剂
行为八	使用无标签的预包装食品、食品添加剂
行为九	使用国家为防病等特殊需要明令禁止经营的食品（如织纹螺等）
行为十	在食品中添加药品（按照传统既是食品又是中药材的物质除外）
行为十一	法律法规禁止的其他加工制作行为

图9-4　加工制作食品过程中不得存在的行为

（4）对国家法律法规明令禁止的食品及原料，应拒绝加工制作。

六、粗加工制作与切配

在粗加工制作与切配环节，应达到以下要求。

（1）冷冻（藏）食品出库后，应及时加工制作。冷冻食品原料不宜反复解冻、冷冻。

（2）宜使用冷藏解冻或冷水解冻方法进行解冻，解冻时合理防护，避免受到污染。使用微波解冻方法的，解冻后的食品原料应被立即加工制作。

（3）应缩短解冻后的高危易腐食品原料在常温下的存放时间，食品原料的表面温度不宜超过8℃。

（4）食品原料应洗净后使用。盛放或加工制作不同类型食品原料的工具和容器应分开使用。盛放或加工制作畜肉类原料、禽肉类原料及蛋类原料的工具和容器宜分开使用。

（5）使用禽蛋前，应清洗禽蛋的外壳，必要时消毒外壳。破蛋后应单独存放在暂存容器内，确认禽蛋未变质后再合并存放。

（6）应及时使用或冷冻（藏）储存切配好的半成品。

七、成品加工制作

1.专间内加工制作

专间内加工制作要求如下。

（1）专间内温度不得高于25℃。

（2）每餐（或每次）使用专间前，应对专间空气进行消毒。消毒方法应遵循消毒设施使用说明书要求。使用紫外线灯消毒的，应在无人加工制作时开启紫外线灯30分钟以上并做好记录。

（3）由专人加工制作，非专间加工制作人员不得擅自进入专间。进入专间前，加工制作人员应更换专用的工作衣帽并佩戴口罩。加工制作人员在加工制作前应严格清洗消毒手部，加工制作过程中适时清洗消毒手部。

（4）应使用专用的工具、容器、设备，使用前使用专用清洗消毒设施进行清洗消毒并保持清洁。

（5）及时关闭专间的门和食品传递窗口。

（6）蔬菜、水果、生食的海产品等食品原料应清洗处理干净后方可传递进专间。预包装食品和一次性餐饮具应去除外层包装并保持最小包装清洁后，方可传递进专间。

（7）在专用冷冻或冷藏设备中存放食品时，宜将食品放置在密闭容器内或使用保鲜膜等进行无污染覆盖。

（8）加工制作生食海产品，应在专间外剔除海产品的非食用部分，并将其洗净后，方可传递进专间。加工制作时，应避免海产品可食用部分受到污染。加工制作后，应将海产品放置在密闭容器内冷藏保存，或放置在食用冰中保存并用保鲜膜分隔。放置在食用冰中保存的，加工制作后至食用前的间隔时间不得超过1小时。

（9）加工制作裱花蛋糕，裱浆和经清洗消毒的新鲜水果应当天加工制作、当天使用。蛋糕坯应存放在专用冷冻或冷藏设备中。打发好的奶油应尽快使用完毕。

（10）加工制作好的成品宜当餐供应。

（11）不得在专间内从事非清洁操作区的加工制作活动。

2.专用操作区内加工制作

专用操作区内加工制作要求如下。

（1）由专人加工制作。加工制作人员应穿戴专用的工作衣帽并佩戴口罩。加工制作人员在加工制作前应严格清洗消毒手部，加工制作过程中适时清洗消毒手部。

（2）应使用专用的工具、容器、设备，使用前进行消毒，使用后洗净并保持清洁。

（3）在专用冷冻或冷藏设备中存放食品时，宜将食品放置在密闭容器内或使用保鲜膜等进行无污染覆盖。

（4）加工制作的水果、蔬菜等，应清洗干净后方可使用。

（5）加工制作好的成品应当餐供应。

（6）现调、冲泡、分装饮品可不在专用操作区内进行。

（7）不得在专用操作区内从事非专用操作区的加工制作活动。

3.烹饪区内加工制作

烹饪区内加工制作的一般要求如下。

（1）烹饪食品的温度和时间应能保证食品安全。

（2）需要烧熟煮透的食品，加工制作时食品的中心温度应达到70℃以上。对特殊加工制作工艺，中心温度低于70℃的食品，餐饮服务提供者应严格控制原料质量安全状态，确保经过特殊加工制作工艺制作成品的食品安全。鼓励餐饮服务提供者在售卖时按照本规范相关要求进行消费提示。

（3）盛放调味料的容器应保持清洁，使用后加盖存放，宜标注预包装调味料标签上标注的生产日期、保质期等内容及开封日期。

（4）宜采用有效的设备或方法，避免或减少食品在烹饪过程中产生有害物质。

而对于不同的加工类别，其制作要求又各不相同，具体如表9-3所示。

表 9-3　烹饪区内加工制作要求

序号	加工类别	加工要求
1	油炸类食品	（1）选择热稳定性好、适合油炸的食用油脂 （2）与炸油直接接触的设备、工具内表面应为耐腐蚀、耐高温的材质（如不锈钢等），易清洁、维护 （3）油炸食品前，应尽可能减少食品表面的多余水分。油炸食品时，油温不宜超过190℃。油量不足时，应及时添加新油。定期过滤在用油，去除食物残渣。定期拆卸油炸设备，进行清洁维护
2	烧烤类食品	（1）烧烤场所应具有良好的排烟系统 （2）烤制食品的温度和时间应能使食品被烤熟 （3）烤制食品时，应避免食品直接接触火焰或烤制温度过高，减少有害物质产生
3	火锅类食品	（1）不得重复使用火锅底料 （2）使用醇基燃料（如酒精等）时，应在没有明火的情况下添加燃料。使用炭火或煤气时，应通风良好，防止一氧化碳中毒
4	糕点类食品	（1）使用烘焙包装用纸时，应考虑颜色可能对产品的迁移，并控制有害物质的迁移量，不应使用有荧光增白剂的烘烤纸 （2）使用自制蛋液的，应冷藏保存蛋液，防止蛋液变质
5	自制饮品	（1）加工制作现榨果蔬汁、食用冰等的用水，应为预包装饮用水、使用符合相关规定的水净化设备或设施处理后的直饮水、煮沸冷却后的生活饮用水 （2）自制饮品所用的原料乳，宜为预包装乳制品 （3）煮沸生豆浆时，应将上涌泡沫除净，煮沸后保持沸腾状态5分钟以上

八、食品添加剂使用

对于食品添加剂使用，应按以下要求进行操作。

（1）使用食品添加剂的，应在技术上确有必要，并在达到预期效果的前提下尽可能降低使用量。

（2）按照GB2760《食品安全国家标准 食品添加剂使用标准》规定的食品添加剂品种、使用范围、使用量使用食品添加剂。不得采购、储存、使用亚硝酸盐（包括亚硝酸钠、亚硝酸钾）。

（3）专柜（位）存放食品添加剂，并标注"食品添加剂"字样。使用容器盛放拆包后的食品添加剂的，应在盛放容器上标明食品添加剂名称，并保留原包装。

（4）应专册记录使用的食品添加剂名称、生产日期或批号、添加的食品品种、添加量、添加时间、操作人员等信息，GB2760《食品安全国家标准 食品添加剂使用标准》规定按生产需要适量使用的食品添加剂除外。使用有GB2760《食品安全国家标准 食品添加剂使用标准》"最大使用量"规定的食品添加剂，应精准称量使用。

九、食品相关产品使用

食品相关产品使用，应按以下要求进行。

（1）各类工具和容器应有明显的区分标识，可使用颜色、材料、形状、文字等方式进行区分。

（2）工具、容器和设备宜使用不锈钢材料，不宜使用木质材料。必须使用木质材料时，应避免对食品造成污染。盛放热食类食品的容器不宜使用塑料材料。

（3）添加邻苯二甲酸酯类物质制成的塑料制品不得盛装、接触油脂类食品和乙醇含量高于20%的食品。

（4）不得重复使用一次性用品。

十、高危易腐食品冷却

高危易腐食品冷却应按以下要求进行。

（1）需要冷冻（藏）的熟制半成品或成品，应在熟制后立即冷却。

（2）应在清洁操作区内进行熟制成品的冷却，并在盛放容器上标注加工制作时间等。

（3）冷却时，可采用将食品切成小块、搅拌、冷水浴等措施或者使用专用速冷设备，使食品的中心温度在2小时内从60℃降至21℃，再经2小时或更短时间降至8℃。

十一、食品再加热

食品再加热应达到以下要求。

（1）高危易腐食品熟制后，在8～60℃条件下存放2小时以上且未发生感官性状变化的，食用前应进行再加热。

（2）再加热时，食品的中心温度应达到70℃以上。

第四节　环境卫生管理

厨房是制作餐饮产品的场所，卫生不良既会影响员工健康，又会使食品受到污染。所以餐饮店应指导员工做好厨房环境卫生的管理。

一、废弃物管理

餐饮店内各类废弃物的及时、正确处理，是保证环境卫生的重要工作。

1.废弃物存放容器与设施

废弃物存放容器与设施应达到以下要求。

（1）食品处理区内可能产生废弃物的区域，应设置废弃物存放容器。废弃物存放容器与食品加工制作容器应有明显的区分标识。

（2）废弃物存放容器应配有盖子，防止有害生物侵入、不良气味或污水溢出，防止污染食品、水源、地面、食品接触面（包括接触食品的工作台面、工具、容器、包装材料等）。废弃物存放容器的内壁光滑，易于清洁。

（3）在餐饮服务场所外适宜地点，宜设置结构密闭的废弃物临时集中存放设施。

2.废弃物处置

废弃物处置应达到以下要求。

（1）餐厨废弃物应分类放置、及时清理，不得溢出存放容器。餐厨废弃物的存放容器应及时清洁，必要时进行消毒。

（2）应索取并留存餐厨废弃物收运者的资质证明复印件（需加盖收运者公章或由收运者签字），并与其签订收运合同，明确各自的食品安全责任和义务。

（3）应建立餐厨废弃物处置台账，详细记录餐厨废弃物的处置时间、种类、数量、收运者等信息。

二、有害生物防治

餐饮店内苍蝇、蟑螂、老鼠等有害生物能传播细菌、病毒，污染食物、炊具、餐具，杜绝病媒生物是保证环境卫生的重要工作。

1.防治基本要求

有害生物防治的基本如下。

（1）有害生物防治应遵循物理防治（粘鼠板、灭蝇灯等）优先，化学防治（滞留喷洒等）有条件使用的，要保障食品安全和人身安全。

（2）餐饮店的墙壁、地板无缝隙，天花板修葺完整。所有管道（供水、排水、供热、燃气、空调等）与外界或天花板连接处应封闭，所有管、线穿越而产生的孔洞，选用水泥、不锈钢隔板、钢丝封堵材料、防火泥等封堵，孔洞填充牢固，无缝隙。使用水封式地漏。

（3）所有线槽、配电箱（柜）封闭良好。

（4）人员、货物进出通道应设有防鼠板，门的缝隙应小于6毫米。

2.设施设备的使用与维护

对防治有害生物的设施设备应有正确的使用方法及正常的维护，具体要求如表9-4所示。

表 9-4　防治有害生物设施设备的使用与维护

序号	设施设备	具体要求
1	灭蝇灯	（1）食品处理区、就餐区宜安装粘捕式灭蝇灯。使用电击式灭蝇灯的，灭蝇灯不得悬挂在食品加工制作或储存区域的上方，防止电击后的虫害碎屑污染食品 （2）应根据餐饮店的布局、面积及灭蝇灯使用技术要求，确定灭蝇灯的安装位置和数量
2	鼠类诱捕设施	（1）餐饮店内应使用粘鼠板、捕鼠笼、机械式捕鼠器等装置，不得使用杀鼠剂 （2）餐饮店外可使用抗干预型鼠饵站，鼠饵站和鼠饵必须固定安装
3	排水管道出水口	排水管道出水口安装的箅子宜使用金属材料制成，箅子缝隙间距或网眼应小于10毫米
4	通风口	与外界直接相通的通风口、换气窗外，应加装不小于16目的防虫筛网
5	防蝇帘及风幕机	（1）使用防蝇胶帘的，防蝇胶帘应覆盖整个门框，底部离地距离小于2厘米，相邻胶帘条的重叠部分不少于2厘米 （2）使用风幕机的，风幕应完整覆盖出入通道

3.防治过程要求

在对有害生物防治的过程中，应达到以下要求。

（1）收取货物时，应检查运输工具和货物包装是否有有害生物活动迹象（如鼠粪、鼠咬痕等鼠迹，蟑尸、蟑粪、卵鞘等蟑迹），防止有害生物入侵。

（2）定期检查食品库房或食品储存区域、固定设施设备背面及其他阴暗、潮湿区域是否存在有害生物活动迹象。发现有害生物应尽快将其杀灭，并查找和消除其来源途径。

（3）防治过程中应采取有效措施，防止食品、食品接触面及包装材料等受到污染。

4.卫生杀虫剂和杀鼠剂的管理

卫生杀虫剂和杀鼠剂的管理应按表9-5所示的要求进行。

表9-5　卫生杀虫剂和杀鼠剂的管理要求

序号	管理类别	具体要求
1	卫生杀虫剂和杀鼠剂的选择	（1）选择的卫生杀虫剂和杀鼠剂，应标签信息齐全（农药登记证、农药生产许可证、农药标准）并在有效期内。不得将不同的卫生杀虫剂制剂混配 （2）应使用低毒或微毒的卫生杀虫剂和杀鼠剂
2	卫生杀虫剂和杀鼠剂的使用要求	（1）使用卫生杀虫剂和杀鼠剂的人员应经过有害生物防治专业培训 （2）应针对不同的作业环境，选择适宜的种类和剂型，并严格根据卫生杀虫剂和杀鼠剂的技术要求确定使用剂量和位置，设置警示标识
3	卫生杀虫剂和杀鼠剂的存放要求	不得在食品处理区和就餐场所存放卫生杀虫剂和杀鼠剂产品。应设置单独、固定的卫生杀虫剂和杀鼠剂产品存放场所，存放场所具备防火防盗通风条件，由专人负责

三、场所清洁

餐饮店各场所清洁要求如表9-6所示。

表9-6　餐饮店各场所清洁要求

序号	场所	清洁要求
1	食品处理区	（1）定期清洁食品处理区设施、设备 （2）保持地面无垃圾、无积水、无油渍，墙壁和门窗无污渍、无灰尘，天花板无霉斑、无灰尘
2	就餐区	（1）定期清洁就餐区的空调、排风扇、地毯等设施或物品，保持空调、排风扇洁净，地毯无污渍 （2）营业期间应开启包间等就餐场所的排风装置，包间内无异味
3	卫生间	（1）定时清洁卫生间的设施、设备，并做好记录和展示 （2）保持卫生间地面、洗手池及台面无积水、无污物、无垃圾，便池内外无污物、无积垢、冲水良好，卫生纸充足 （3）营业期间应开启卫生间的排风装置，卫生间内无异味

第五节　供餐、用餐与配送管理

一、供餐管理

餐饮店供餐管理应达到以下要求。

（1）分派菜肴、整理造型的工具使用前应清洗消毒。

（2）加工制作围边、盘花等的材料应符合食品安全要求，使用前应清洗消毒。

（3）在烹饪后至食用前需要较长时间（超过2小时）存放的高危易腐食品，应在高于

60℃或低于8℃的条件下存放。在8～60℃条件下存放超过2小时，且未发生感官性状变化的，应按本规范要求再加热后方可供餐。

（4）宜按照标签标注的温度等条件供应预包装食品。食品的温度不得超过标签标注的温度+3℃。

（5）供餐过程中应对食品采取有效防护措施，避免食品受到污染。使用传递设施（如升降笼、食梯、滑道等）的，应保持传递设施清洁。

（6）供餐过程中应使用清洁的托盘等工具，避免从业人员的手部直接接触食品（预包装食品除外）。

二、用餐服务

餐饮店的用餐服务应达到以下要求。

（1）垫纸、垫布、餐具托、口布等与餐饮具直接接触的物品应一客一换。撤换下的物品，应及时清洗消毒（一次性用品除外）。

（2）消费者就餐时，就餐区应避免从事引起扬尘的活动（如扫地、施工等）。

三、外卖配送服务

餐饮店的外卖配送服务应达到以下要求。

（1）送餐人员应保持个人卫生；外卖箱（包）应保持清洁，并定期消毒。

（2）使用符合食品安全规定的容器、包装材料盛放食品，避免食品受到污染。

（3）配送高危易腐食品应冷藏配送，并与热食类食品分开存放。

（4）从烧熟至食用的间隔时间（食用时限）应符合以下要求：烧熟后2小时，食品的中心温度保持在60℃以上（热藏）的，其食用时限为烧熟后4小时。

（5）宜在食品盛放容器或者包装上，标注食品加工制作时间和食用时限，并提醒消费者收到后尽快食用。

（6）宜对食品盛放容器或者包装进行封签。

（7）使用一次性容器、餐饮具的，应选用符合食品安全要求的材料制成的容器、餐饮具，宜采用可降解材料制成的容器、餐饮具。

第六节　食品安全管理

一、设立食品安全管理机构和配备人员

（1）餐饮店应配备专职或兼职食品安全管理人员，宜设立食品安全管理机构。

（2）中央厨房、集体用餐配送单位、连锁餐饮企业总部、网络餐饮服务第三方平台

提供者应设立食品安全管理机构，配备专职食品安全管理人员。其他特定餐饮服务提供者应配备专职食品安全管理人员，宜设立食品安全管理机构。

（3）食品安全管理人员应按规定参加食品安全培训。

二、建立食品安全管理制度

（1）餐饮店应建立从业人员健康管理制度、食品安全自查制度、食品进货查验记录制度、原料控制要求、过程控制要求、食品安全事故处置方案等。

（2）餐饮店宜根据自身业态、经营项目、供餐对象、供餐数量等，建立如下食品安全管理制度。

① 食品安全管理人员制度。

② 从业人员培训考核制度。

③ 场所及设施设备（如卫生间、空调及通风设施、制冰机等）定期清洗消毒、维护、校验制度。

④ 食品添加剂使用制度。

⑤ 餐厨废弃物处置制度。

⑥ 有害生物防治制度。

（3）餐饮店应定期修订完善各项食品安全管理制度，及时对从业人员进行培训考核，并督促其落实。

三、进行食品安全自查

餐饮店应结合经营实际，全面分析经营过程中的食品安全危害因素和风险点，确定食品安全自查项目和要求，建立自查清单，制订自查计划。

餐饮店还可根据食品安全法律法规，自行或者委托第三方专业机构开展食品安全自查，及时发现并消除食品安全隐患，防止发生食品安全事故。

食品安全自查包括制度自查、定期自查和专项自查。

1.制度自查

对食品安全制度的适用性，每年至少开展一次自查。在国家食品安全法律、法规、规章、规范性文件和食品安全国家标准发生变化时，及时开展制度自查和修订。

2.定期自查

特定餐饮服务提供者对其经营过程应每周至少开展一次自查；其他餐饮服务提供者对其经营过程，应每月至少开展一次自查。定期自查的内容应根据食品安全法律、法规、规章确定。

3.专项自查

获知食品安全风险信息后，应立即开展专项自查。专项自查的重点内容应根据食品安全风险信息确定。

餐饮店对自查中发现的问题食品，应立即停止使用，存放在加贴醒目、牢固标识的专门区域，以避免被误用，并采取退货、销毁等处理措施。对自查中发现的其他食品安全风险，应根据具体情况采取有效措施，防止对消费者造成伤害。

四、投诉处置

餐饮店对食品安全投诉应按以下要求处置。

（1）对消费者提出的投诉，应立即核实、妥善处理，留存记录。

（2）接到消费者投诉食品感官性状异常时，应及时核实。经核实确有异常的，应及时撤换，告知备餐人员做出相应处理，并对同类食品进行检查。

（3）在就餐区公布投诉举报电话。

五、食品安全事故处置

对于食品安全事故，餐饮店应按以下要求处置。

（1）发生食品安全事故的，应立即采取措施，防止事故扩大。

（2）发现其经营的食品属于不安全食品的，应立即停止经营，采取公告或通知的方式告知消费者停止食用、相关供货者停止生产经营。

（3）发现有食品安全事故潜在风险及发生食品安全事故的，应按规定报告。

六、公示

餐饮店经营者应按以下要求进行公示。

（1）将食品经营许可证、餐饮服务食品安全等级标识、日常监督检查结果记录表等公示在就餐区醒目位置。

（2）网络餐饮服务第三方平台提供者和入网餐饮服务提供者应在网上公示餐饮服务提供者的名称、地址、餐饮服务食品安全等级信息、食品经营许可证。

（3）入网餐饮服务提供者应在网上公示菜品名称和主要原料名称。

（4）宜在食谱上或食品盛取区、展示区公示食品的主要原料及其来源、加工制作中添加的食品添加剂等。

（5）宜采用"明厨亮灶"方式公开加工制作过程。

第七节　食物中毒预防

食品安全最重要的是要防止食物中毒事件的发生，食物中毒对餐饮店经营有极大的危害性，因此它是值得每时每刻加以重视的问题。防患于未然应该成为餐饮店的安全工作宗旨。

一、采购源头控制

在预防食物中毒方面要注意的地方很多，但其中一点在于采购源头控制。具体来看有以下方面的内容。

（1）禁止采购不能出售的食物，如河豚、野生蘑菇、新鲜木耳、新鲜黄花菜、病死或死因不明的禽畜肉、水产品等。

（2）所有采购的粮食、油料、干货等食品的包装要有QS标志。

（3）所有采购畜禽等生食品要索取卫生部门及检验部门颁发的检验检疫证明。

（4）蔬菜购买要索取农药残留证件。

（5）购买豆制品要索取国家质量标准证件。

（6）决不采购"三无产品"。

二、细菌性食物中毒的预防

（1）减少或杜绝各种有害细菌对食物的污染。

（2）凡容器、切肉刀板只要接触过生肉、生内脏的都应及时洗刷清洗，严格做到生熟用具分开、冷藏设备分开、加工人员分开、加工场所分开。

（3）生熟动物性食品及其制品，都应尽量在低温条件下保存，暂时缺乏冷藏设备时，应及时将食品放于阴凉通风处。

（4）严禁食用病死或病后屠宰的家禽畜，对肉类等动物性食品，在烹调时应注意充分加热。

（5）禁止家禽、家畜及宠物进入厨房或食品加工室，彻底消灭厨房、储存室等处的老鼠、蟑螂、苍蝇等害虫。

三、化学性食物中毒的预防

（1）禁止使用装过含砷、有机磷等农药的容器盛放粮食和其他食品，不用镀锌容器盛放、煮制、加工酸性食物。

（2）严格遵守食品卫生标准，凡食材中镉与汞含量超过国家规定标准的一律不进行菜品加工。

（3）控制食材及添加剂中的含铅量，使用添加剂时要严格按国家标准执行。

（4）蔬菜、水果食用前需清洗、浸泡或削皮，以降低有机磷农药在食物中的残留量。

四、有毒动、植物食物中毒的预防

（1）不加工出售有毒或腐败变质的鱼类食品，尤其是青皮红肉鱼类，对含组胺较多的鱼类，应注意烹调方法，以减轻其毒性。

（2）加工前应对菌类进行鉴别，对于未能识别有毒或无毒的菌种类，应该把样品送有关部门进行鉴定，确认无毒后方可食用。

（3）马铃薯应在低温、无阳光直射的场所储存，发芽较重及变黑变绿的马铃薯不得加工食用。

（4）食用芸豆时应充分熟透，避免食用沸水焯过和旺火快炒的芸豆菜肴。

（5）加工杏仁时应充分加热，敞开锅盖使其失去毒性。

（6）木薯不能生吃，加工要去皮、水浸、煮熟，新鲜木薯要剥去内皮后再进行加工，浸泡木薯的水及薯汤不宜弃于池塘内。

五、真菌毒素食物中毒的预防

1.防霉变

控制温度和湿度，粮食储存要清洁干燥、低温，要装有通风设备，根据粮温、库温及湿度采取降温、降湿措施。

2.祛毒素

如果粮食已被黄曲霉菌污染并产生毒素后，应设法将毒素清除或破坏，可采用挑选霉粒法、碾轧加工法、加碱祛毒法、物理吸附法、加水搓洗法等方法。

六、食物中毒的处理

（1）顾客在用餐时，突发不明疾病晕倒或出现其他不良症状，离患者最近的服务员应立即上前将其扶到座位上，请人照看，及时向主管报告，同时迅速告知店长赶到现场。

（2）工作人员在第一时间请一位同事陪同送往就近医院进行抢救，紧急情况要拨打"120"急救电话。同时向餐厅主管领导通报情况。

（3）若出现第二例以上症状病人，应立即停止售卖工作，做好现场保护工作，同时通知餐厅领导，听取处理意见，必要时拨打"120"急救，并通知食品卫生监督部门人员到场，配合调查处理。

（4）保存好出售食品的留样，以备相关部门化验检查。

10

第十章
搭建外卖，让顾客选择你的店

导言

目前餐饮业已经发展到了一个经营多元化、收入多元化的阶段，"堂食+外卖+可流通食品商品"成为未来的发展趋势。外卖在餐饮中的地位越来越高，竞争也日趋激烈。因此餐饮店应重视外卖业务，搭建好外卖系统。

第一节　搭建外卖平台

外卖服务已成为餐饮业必不可少的经营模式。一家餐饮店或者一个餐饮品牌如果想要开展外卖业务，就必须要了解外卖市场究竟有哪些基本运营模式，有哪些流量入口。

一、入驻第三方外卖平台

第三方外卖平台拥有市场上最大的外卖流量，是一个用餐饮业态为自己带来增值的公共平台，靠抽佣和第三方合作盈利，非常强势，餐饮业态没有话语权，本质上是第三方的餐饮代工方，完全就是为他人做嫁衣，比如饿了么、美团。适合市场上所有想开展外卖服务的餐饮商家。

1.饿了么平台

2009年4月，饿了么网站正式上线。2018年10月12日，阿里巴巴集团宣布正式成立阿里巴巴本地生活服务公司，饿了么和口碑会师合并组成国内领先的本地生活服务平台，使命是"重新定义城市生活，让生活更美好。"口碑专注到店消费服务，饿了么专注到家生活服务。两者共同推动本地生活市场的数字化，让线下没有难做的生意。

随着网络外卖的发展，越来越多的餐饮店选择在网络外卖平台开店引流，那么如何入驻饿了么呢？具体步骤如图10-1所示。

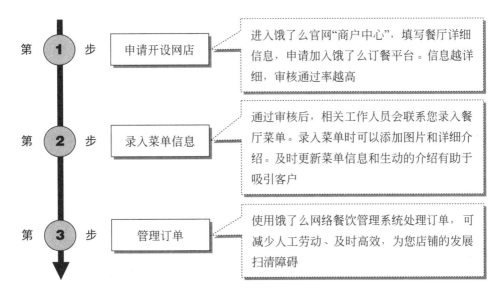

图 10-1　入驻饿了么平台的步骤

2. 美团外卖平台

美团外卖于2013年11月正式上线，是美团旗下的网上订餐平台。上线之初，美团外卖挂靠在美团网上，借其流量入口，用户可根据所在地检索附近可送外卖餐厅，并进入后台直接点餐，在下单前留下送餐地址、姓名和手机号即可，支付选择货到付款的方式结算。

（1）入驻美团外卖的步骤。商家入驻美团外卖的步骤如图10-2所示。

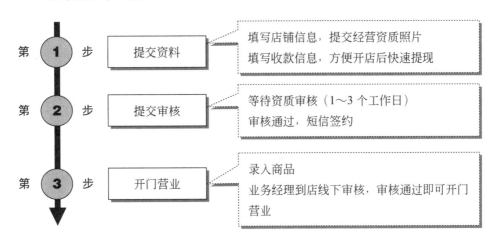

图 10-2　入驻美团外卖的步骤

（2）入驻美团外卖的条件。商家入驻美团外卖需具备图10-3所示的条件。

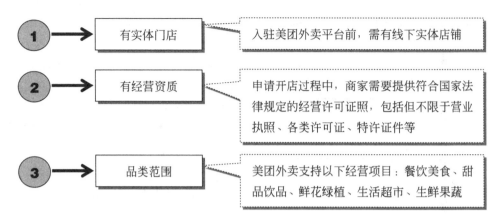

图 10-3　入驻美团外卖的条件

　　现在随着外卖这个行业的发展，第三方外卖平台开始深受欢迎。餐饮企业在准备将餐厅入驻外卖平台时，可以根据需要选择入驻哪个平台或者是多个平台，但要权衡利弊。

二、商家自建自营外卖模式

　　餐饮企业或个人采用自建自营的物流运营模式，是国内最早的外卖O2O模式，也是最适合大型连锁类餐饮企业的外卖模式。餐企通过自营电话呼叫中心获取订单，利用多门店的优势，统一调配订单，并配备专职的配送团队，为顾客提供线下送餐服务。

三、基于公众号开发的外卖平台

　　基于公众号开发的自建平台费用低、周期短，后期可以进行功能扩展。但盈利模式单一，完全靠餐饮外卖服务获得盈利，关键是流量的获取需要投入，流量及粉丝的积累更需要时间。适合有一定餐饮客群，在此客群基础上增加外卖服务、增加客群基数的餐饮商家。

　相关链接 ‹

入驻第三方外卖平台与自建外卖平台的区别与优势

1.入驻第三方外卖平台

（1）入驻第三方外卖平台需缴纳押金，一般都是按年算，且平台众多，同质化竞争较严重，长远不利于平台发展。

（2）平台要在每笔订单抽取高昂的提点以及配送费高达20%的抽点，让原本乐意使用平台的商户越来越无法接受。

（3）入驻第三方外卖平台，品牌与客户资源都是平台的，商家无法掌握用户群体。

（4）平台之间顾客随意流动性比较大，商家无法和新老顾客形成黏性。

（5）平台上商家无法建立自己独立的会员系统、营销系统。

2.自己搭建外卖平台

（1）无须缴费入驻开店，更简单。微信外卖平台相当于商家自己家的门面做生意，不需要任何平台佣金；基于微信公众号建立，只需拥有一个微信公众号即可快速建立属于自己的微信外卖平台。

（2）无需APP，更省事。用户只需关注外卖平台微信公众号即可在线浏览菜单、下单、付款。

（3）促销活动发布，更灵活。利用微信公众号平台即可打造自己的品牌、新品上市、商品折扣、促销活动等消息，提高店铺的知名度和吸引力。

（4）无同行竞争，更公平的营销环境。大型外卖平台商家众多，同质化竞争较严重。

（5）管理维护会员，更自由。用户只要关注公众号，即可成为会员，商家轻松拥有自己的会员系统、营销系统，最大限度地开发客户，提高平台订单量。

更重要的一点是微信外卖平台用户掌握在自己手里，可为以后的会员营销打下坚实的基础。而通过入驻外卖平台，所有的用户资源全部被归属平台，作为创业者只是为这些平台做数据嫁衣。

四、开发外卖小程序

点外卖已经成为很多用户的用餐方式，过去很多餐厅由于开发APP成本高，所以选择了入驻美团、饿了么等第三方外卖平台。但是小程序的出现，让很多餐厅都可以拥有自己的外卖平台。

1.开发外卖小程序的必要性

近几年，越来越多的餐企通过接入外卖平台开展外卖业务。外卖业务的开展，帮助商家扩展了经营能力，提升了门店营收。但通过第三方平台获客无法掌握核心的用户数据且需缴纳平台佣金，导致商户失去营销自主性，外卖利润越摊越薄。为解决商家在外卖业务上的现实难题，基于小程序，可帮助商户搭建属于自己的外卖平台。

餐饮外卖小程序打通"点餐—支付—出票—配送"等各个环节，实现一体化的营销管理。商户可自主创建外卖菜单，配置营业时间、配送范围、配送费用等参数，顾客在微信上就能完成下单支付，商户则可通过系统后台接收顾客订单，实现便捷的订单管理。

2.外卖小程序的优势

对于线下商户而言，利用小程序有以下几点优势。

（1）可拥有强大的流量。利用餐饮小程序，将店铺搬到用户的微信里，背靠微信10亿流量，可以快速提升餐厅的线上销量。作为微信的力推产品，小程序的入口多，既可以通过附近的小程序查看，还可以通过微信下拉框快速使用，用户体验度高。如图10-4所示。

图10-4　小程序入口截图

（2）自助点餐，节省成本。用户通过点餐小程序在微信自助点餐、支付，不需要排队等待，节省收银时间，压缩餐厅的服务时间，提升翻台率。

（3）自己的平台，留住客户。通过美团、饿了么等第三方外卖平台，用户都留在第三方，自己无法直接联系用户，而餐饮小程序属于自己的平台，用户数据自己把控。

（4）数据分析。通过餐饮小程序积累用户数据，让商户更加了解自己的顾客画像，可以进行针对性营销。

（5）会员管理。可以建立积分系统，留住老用户。如图10-5所示。

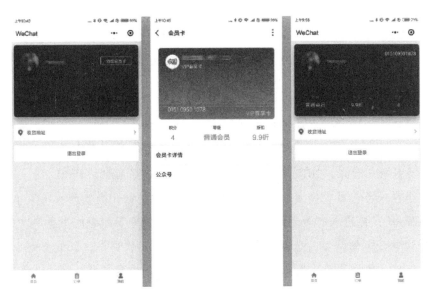

图 10-5　会员管理截图

（6）订单同步。顾客下单后，订单直接同步至后厨，省去沟通成本，控制出错率，降低用餐高峰期餐厅服务压力。如图10-6所示。

图 10-6　商家接单截图

新手指南：

点餐小程序让餐饮行业进入新的时代，自建平台已经成为潮流，目前知名的品牌餐厅已经拥有了自己餐厅的小程序，客户数量的增加是有目共睹的。

相关链接 <

入驻了外卖平台，为什么还要做小程序

互联网时代诞生的团购平台、外卖平台以及小程序，其实对商户来说都是引流工具。

经历过烧钱大战，平台流量趋于饱和，流量寒冬来临，因此许多平台纷纷开始拓展新业务，比如美团开始做新零售，整合衣食住行各方面的线下商户；微信连接的综合服务商更是数不过来，2017年上线的小程序更是凸显了腾讯的野心。

微信小程序已把餐饮美食作为第一个添加的标签。打开微信的一级菜单"发现"进入"小程序"，再进入"附近的小程序"，会发现目前除了综合的小程序之外，只有一个"餐饮美食"的标签，选择一个开通了小程序的餐饮商户，就能看到商家信息、菜品图、价格、餐厅环境、用户点评等信息，实现了对外卖平台功能的全覆盖。如下图所示。

商家小程序截图

那么，我们一起来看看小程序相较于外卖平台（美团外卖）的优势何在？

优势一：依托微信这个超级APP轻松获客，由附近小程序创造的餐饮场景可PK美团

微信作为超级APP与用户黏性非常强，兼具熟人社交、工作社交属性，用户的使用场景更加多元，它集社交、资讯、支付等各种服务于一身。

据腾讯官方公开资料显示，微信月活跃用户已经超过了10.4亿的规模。几乎是全民都在用微信相比于团购、外卖等平台还要耗费巨额成本去引流，小程序背靠微信这座大山，线上流量的获取优势十分明显。

更方便的是，小程序还开通了"附近的小程序"，这意味着其线上获取的流量可以很快变现，在线上，用户想点外卖，小程序完全可以满足，而用户如果想到线下去吃堂食，也可通过小程序进入商家页面，了解打折促销、新品上市等信息，从而决定去哪儿吃、吃什么。

优势二：小程序可帮商户建自有流量圈，餐饮商户自由度更高、可发挥空间更大

现在餐饮商家线上引流成本越来越高，而且商家花钱引来的流量并不是自己的专属，而是在无形中扩大了平台的流量，更要命的是，最后还要接受平台的抽点，要花更多的钱从平台处买回自己的流量。

也就是说，餐饮商户寻找平台合作的痛点有两个：一个是成本太高，另一个是因为没有自己的流量圈，难以留存用户。

而现在小程序出来了，它的外卖功能已基本实现。相比于外卖平台大而全的服务，小程序为每一个商家提供一个独立页面，商家自己就能进行个性化服务设置，比如提供什么优惠、选择第三方配送还是自己送、是否提供分期、做什么活动，都由商家自己决定。商家通过注册会员的方式，还可获得自己的用户，逐步建立自己的流量圈。

比如在美团上，麦当劳就只能做外卖、优惠这些简单的活动，而麦当劳在推出i麦当劳小程序后，已开始通过做活动实现线上线下联动。如下图所示。

麦当劳店面活动宣传截图

麦当劳做的活动是用积分换免费甜筒或神秘礼物，获得积分的前提是用户得到麦当劳门店，并在人工柜台通过手机扫描买单。这一活动是麦当劳为了让更多人走进餐厅，为门店引流而设置。

除此之外，小程序还有更多可发挥空间，因为商家拥有了自有流量圈就意味着有了庞大的消费数据，而数据的价值对餐饮行业来说是不可估量的。

第二节 选择外卖产品

产品的丰富程度是影响下单转化率的重要因素之一，如果店内的产品不能满足用户需求的多样性，很多消费者就不会选择在店内下单而转向别家。如果店内产品太过丰富，会对出餐时间和供应速度造成不小的压力，产品过少的话则不能满足大多数用户的需求，从而影响店铺的下单转化率。

一、外卖产品的分类

随着市场竞争越来越激烈，外卖到底是应该选择小众品类入侵市场，以便抓住市场红利，还是选择大众接受度广的产品呢？对此，经营者可以根据不同的选择优势综合考虑。

1. 大品类

肯德基、麦当劳的出现带火了汉堡、炸鸡，紧接着又出现了德克士、奈斯克、穆赫兰道等国内连锁品牌。甚至在三四线城市还有许多不知名的汉堡品牌，他们经营得也很好，活得也很滋润。

事实上，这些汉堡品牌在共同享受着汉堡、炸鸡这个热门品类带给他们的红利。所谓大品类有大品牌，大市场有大赢家。

2. 热门品类

针对外卖，热门品类应该是日常餐饮，比如米饭、炒菜、面条、麻辣烫等。虽然大家都在做这些品类，竞争很激烈，但也说明了一点，做这些品类起码不会出错。

反过来说，由于竞争较为激烈，这就需要餐饮经营者更深层次地挖掘品类特点，抓住用户痛点，推出与其产生共鸣的产品，还要给用户提供更优质的用餐体验，只有这样才能在品类中立足，并做出品牌。

3. 小众品类

小众品类一般指的是地方特色小吃和新奇的产品。选择小众品类需考虑产品是否容易标准化。

比如，串串香就是地方特色小吃，异军突起后抢占了火锅市场。其根本原因是容易标准化，虽然每家串串的味道不一样，但串串这种形式很容易复制和形成标准。

小众品类具有图10-7所示的三个优势。

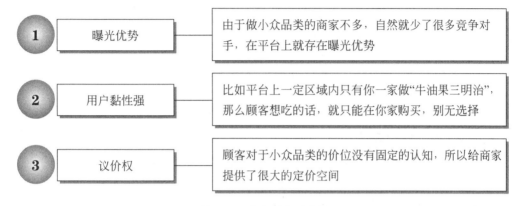

图10-7 小众品类的优势

二、外卖选品标准

餐饮经营者在选择外卖品类时，可以参考以下六个标准。

1.选择"高频"产品

快餐选品的第一要义就是高频次，选取消费者喜好的最大公约数。高频就是说这个品类"你不一定觉得多么好吃，但是一周有三四天可能都在吃这个"；非高频就是"你朝思暮想心心念念的那个味道，但是一周可能吃一次过个瘾，不可能天天吃。"

那具体什么产品是高频？

米饭就是刚需，根据外卖榜单来看，各大城市的品类排行榜上都是米饭居首位；粉面也是，面食已经流行了几千年，它不可能突然就不流行了；麻辣烫这个品类也算，因为它的生命力顽强，已经渗透到用户的喜好当中，不管在哪个城市，麻辣烫排名可能不是第一，但这个口味绝对榜上有名。

2."温度、形态"是外卖产品天生痛点

选择了高频大品类之后，接下来要注意外卖产品的痛点。选品的时候要么避开有痛点的产品，要么解决它。

业内人士分析："温度、产品形态是决定外卖产品口感的两大因素。"有些产品对温度比较敏感，比如包子、粥等，这种做外卖，口感流失度就会比较大；有些产品在形态上不适合做外卖，比如青菜系列。

粉面类产品也有粉断、面坨的问题，但有不少商家也探索出了解决痛点的方法，比如改进面条制作工艺，汤、面分开打包，可以减少面条成坨的概率。

3.供应链和出品"稳定度"至关重要

产品稳定度是品牌被信赖的根本原因之一，此决定因素有两个，如图10-8所示。

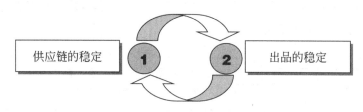

图10-8　决定产品稳定度的因素

做外卖需要供应链四季稳定，所以选品的时候，最好选择受季节影响不大的产品，或者选取有强大供应链支撑的产品。

而出品的稳定，往往通过"标准化"的出品流程来实现，也有一些商家尝试"料理包"来实现口味稳定。

4.大品类细分战里藏着"爆品机会"

或许有人会说，专业外卖米饭类品牌店不停地在开，感觉做米饭机会已经没有了。其实不然，越大的品类赛道越宽，只要找准自己的定位，机会就相当多。

比如，从成都的外卖榜单可以发现，米饭品类花样繁多，只要在细分和特色上进行深入研究，如荷叶饭、排骨饭、烤肉饭等都可以进入"万单俱乐部"。

5.从市场空白处寻找"品类品牌化"机会

比如，渝是乎想沿袭重庆的"辣"品类，但发现火锅、水煮鱼、烤鱼、麻辣香锅这些品类都全了，这个"辣"都被人用完了，怎么办？后来发现还有酸菜鱼这个品类可以做。但是华东有我家、严厨，华南有太二、禄鼎记，竞争已经够激烈，只有北方城市还有发展余地，就选了北京。

按照根据地选择品类，或者按照品类选择根据地，都是为了避开强劲对手，"发育"成为一方诸侯。

6.解决用户的痛点就是你的价值所在

当大部分餐饮商家为了"快速复制"不断追求"标准化"甚至"工业化"的时候，坚持"现炒现卖"的商家反而能以"逆流而上"创造价值。

比如，深圳的外卖之王——义泰昌正是将"现炒才好吃"作为品牌立身之本。通过强大的厨师团队、校企结合的培训体系及IT系统，在标准化的同时实现快速出餐，并且为了保证用户体验，主动缩短配送范围到3～4公里。

其创始人认为："虽然现炒模式做起来很重，不像一些比较轻的模式，可以跑得更快一些。但正是因为重，所以认真地做、用心地做，就可以成为一道护城河，成为市场竞争中的壁垒。"

相关链接

适合做外卖的产品

餐饮经营者可以从以下两个角度来考察适合做外卖的产品。

1.产品角度

（1）产品永远是基础。产品的味道要够好吃、够正宗。产品永远是基础，不能说有多好吃，至少要保证不难吃。

（2）易于操作，易于标准化。不容易操作的菜品除非做品质外卖，走高价路线，否则走量可能性不太大。容易操作的菜品，比如说热干面，可以做到2分钟出餐，味道主要靠调料保持，而且即使坨了加少许开水就行了。比较普遍的是黄焖鸡，提前压好鸡肉，标准化和速度都可以保证，除此之外当然还有麻辣烫、猪蹄、龙虾，甜品、水果、沙拉等。

（3）可配送，出餐快。可以配送而且不太影响味道，是最好的标准。如果菜品需要2个小时才能出来，那做预订可以，同样走量可能性不大。

再说配送，什么不太容易去配送？比如面条、水饺、烩面等，容易坨，容易洒，顾客的体验性比较差。

（4）利润25%以上。外卖的成本结构注定了低毛利的菜品不适合做外卖的生意。外卖的成本结构，人工配送占据了很大一块，低毛利的菜品不建议上，除非此菜品可以帮助你的店铺迅速引流，吸引人气。

2.顾客角度

（1）产品要有特色。什么叫有特色？就是有自己的特点，比如黄焖鸡、熬炒鸡、麻辣小龙虾、特色猪蹄、正宗麻辣烫。这类小吃做午餐挺合适。

（2）少选择，少即是多。这里的少并不是说一天只出一款外卖。因为人是杂食动物，口味的多样性是天生的，一天一道菜是无法满足大多数顾客的。中午的午餐选择，顾客本身就有选择困难症，如果有必要就不要增加他额外的选择空间。

少即是多，菜品没必要一下子几十个，选择大众已接受的、性价比相对比较高的，保持在15款以内，如有必要10款以内最好，有负责引流的产品，有负责利润的产品。

三、爆款产品的特征

现在的外卖市场，竞争情况日益剧烈，产品同质化严重。外卖餐厅要想脱颖而出，最为有效的办法就是要将产品做得与众不同，赋予产品明显的品牌特性，这样不仅可以吸引更多的用户莅临，还能加深用户关于外卖品牌的用餐体验和消费记忆，便于品牌传播。这就是单品爆款战略，即选择某个单品并将其做到极致，从而构成口碑。

一般来说，爆款产品应该具有图10-9所示的特征。

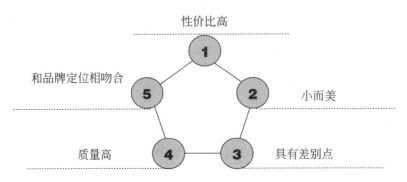

图10-9 爆款产品的特征

1. 性价比高

餐饮的本质是好吃不贵。因此爆款产品定价一定要合理，要在保留利润空间的同时，还要确保没有超出用户的预期心理价位，以营造"性价比高"的感受。通常情况下，爆款产品的价格应该满足以下条件：

产品成本＜产品定价＜顾客心理价位

2. 小而美

外卖品牌需要借助打造爆款来使品牌认知度以及用户忠诚得到显著提升，爆款对于外卖的重要意义不言而喻，而需要强调的是，爆款数量不需要很多，哪怕只有一款招牌菜，只要足够出色，无人能够效仿便足矣。外卖店铺爆款设定不必追求大而全，而是能够专注某一特定品类，将其打磨到极致，创造品牌差异化，才能实现爆款的最终目的。

3. 具有差别点

给用户留下深刻品牌记忆、让用户过"口"不忘是外卖爆款产品的主要目的，而这就要求其必须能够和其他同类菜品形成明显的差异，要特色鲜明。因此，在爆款产品的打造过程中，餐厅要不断对产品的独特卖点进行挖掘。

4. 质量高

产品的高性价比要建立在产品质量足够优秀的基础上，对于外卖商家而言，产品本身永远是最为核心的竞争力。因此在打造爆款过程中，一定不可以忽略对产品本身质量的把控。

5. 和品牌定位相吻合

爆款是品牌形象的代表，承载着品牌的文化。因此爆款的选择设定一定要和餐厅的品牌定位相吻合，一家海鲜店不可能选择一款炒菜为爆款。爆款产品的打造一定要和外卖品牌发展主线相呼应，从而使品牌势能得到有效提升。

四、打造外卖爆品

餐饮经营者可以根据爆品的特性来打造本店的爆品，具体步骤如图10-10所示。

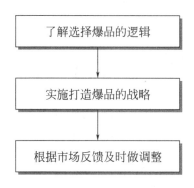

图 10-10　打造爆品的步骤

1. 了解选择爆品的逻辑

爆品的选择逻辑如图10-11所示。

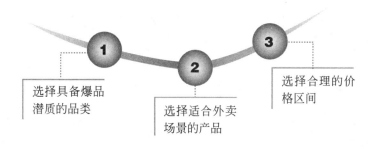

图 10-11　爆品的选择逻辑

（1）选择具备爆品潜质的品类。从口味方面考虑，可以选择现在大众比较喜欢的菜品种类。比如近几年比较火爆的川菜、小龙虾。从认知度出发，可以选择消费者比较熟悉的品类，如酸辣粉等，然后再进行产品升级。

（2）选择适合外卖场景的产品。当然并非所有消费者喜欢的菜品都可以做爆品，我们还要考虑到它是否适合外卖场景。

比如，制作时间长和操作复杂的菜品，不仅影响出餐速度，还容易忙中出错影响客户体验。

（3）选择合理的价格区间。价格是影响用户品牌感知的一个重要方面，产品的价格过高，消费者不会买账。而价格过低则会"赔本赚吆喝"。因此在打造爆品时，你需要去了解目标客群的消费能力，根据他们所能接受的价格来制定爆品价格，同时这个价格也要保证自己能盈利。

2.实施打造爆品的战略

打造爆品的战略如图10-12所示。

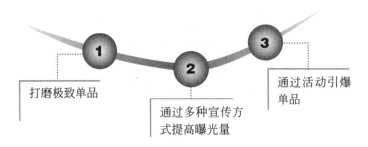

图10-12　打造爆品的战略

（1）打磨极致单品。一个爆品之所以能成为爆品，它必定是一款与众不同的产品，能给用户带来超出预想的体验。因此在打造爆品时，把菜做得好吃只是第一步，还要让产品具有独特的卖点，即差异化特征，并将产品标准化，保证质量，才能最终给用户带来极致体验。

（2）通过多种宣传方式提高曝光量。产品再好，如果不借助一定的媒介或渠道把它传播出去，别人也是无法知道的，因此在产品打磨好以后，我们要通过多种宣传方式来提高它的曝光量，比如利用微信、微博、朋友圈、抖音等。

新手指南：

在推广期间，还要重点强调爆品和品牌的对应关系，避免出现类似"歌红人不红"的尴尬局面。

（3）通过活动引爆单品。前期通过宣传获得流量后，如果不能及时转化为订单，爆品就难以形成。在爆品的推广期，应把它仅仅作为一种引流手段，而不是盈利点，配合相应的平台活动，成功打响爆品的名气。

3.根据市场反馈及时做调整

打造爆品并不是一蹴而就的过程，产品投入市场后，需要有一个反馈的过程。你需要定期收集用户的评价，来对产品进行调整。

另外从长远来说，爆品也是有生命周期的，一个产品不可能永远地火爆下去。近几年黄焖鸡、沙县小吃的市场地位下降，就说明了这点。因此在爆品发展到后期时，你需要及时选择新的爆品来代替。

第三节　提升外卖销量

对于一家餐厅而言，利润增长的关键在于客源数量，想要做好外卖市场，平台的宣传和推广是必不可少的。餐饮经营者可按以下策略来着手提升店铺的外卖销量。

一、提升店铺的曝光率

一家外卖店的曝光主要来自店铺排名、搜索功能、订单流量、为你优选、优惠专区等流量入口。其中店铺排名是带来最多曝光的，占比总曝光的60%左右；其次是搜索功能，占比总曝光20%～30%。想解决曝光问题，需从图10-13所示的两个方面入手。

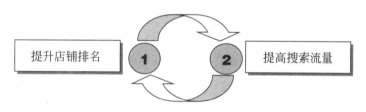

| 提升店铺排名 | ① | ② | 提高搜索流量 |

图10-13　提升店铺曝光率的技巧

1.提升店铺排名

店铺排名是由一系列复杂因素计算得出的，主要有以下几个因素。

（1）延长营业时间。当其他各因素都相同时，如果一家店的营业时长为12小时，而另一家店的营业时长为8小时，那么前者的排名会比后者高。

（2）起送价不能太高。如果你是自配送商家，你可以自由设定自己的起送价，一般来说起送价越低，排序靠前的可能性就更大。

（3）确认你的主营品类有无错误。如果你的主营品类为夜宵，那么你的店铺排名会在夜宵时段高于专做早餐的商家；而在早餐时段，你的店铺排名会低于早餐商家；如果你的主营品类是麻辣烫，当顾客搜索"麻辣烫"时，你的店铺排名会比主营品类为冒菜、烤串的店铺高。所以请确保主营品类的选择无误，如果有错误可以在后台自行修改。

（4）常做店铺活动。经常性地举办店铺活动、参与平台活动会在店铺排名上有一定优势。举办活动的数量、活动的力度也会影响店铺排名。

比如，做满减活动时，A商家满50减10，B商家满50减15，因为后者的活动力度更大，B商家的店铺排名会比A商家靠前。

（5）确保销售额足够高。销售额越高的店铺，排名越靠前。销售额=订单数量×订单均价，其中，销售额是指减去满减等优惠后商家实际得到的金额。

（6）提高店铺评分。差评多导致店铺评分降低，从而拉低排名，减少店铺曝光。不过真正能够影响店铺评分的并不是单个差评，而是一星差评率，也就是一星评价数占总评价数的比值。如果店铺的好评、中评足够多，偶尔有几个一星差评并不会带来负面影响。除此外，系统考察的是过去一段时间内的评价，很久以前的差评并不会被计算。

◈ 新手指南：

　　想要提高店铺评分，最简单直接的方法是鼓励顾客们给好评，经营者可以在外卖包装里塞小纸条，或者是在菜单中对顾客卖萌求好评。

2.提高搜索流量

顾客搜索菜品一般是以下三种情况。

第一种：直接输入店铺名称，找到店铺。

第二种：输入品类名称，比如"重庆小面"，选择一家店。

第三种：点击搜索框查看"热门搜索"的推荐，选择一家店。

对于大多数餐厅来说，最常遇到的情况是第二种。因此想要让自己的店更容易被搜到，需要做好图10-14所示的几点。

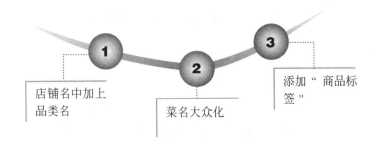

图10-14　提高搜索流量的措施

　　（1）店铺名中加上品类名。最经典的外卖店铺名是"品牌名称＋品类名称"的形式。由于店名中包含着顾客搜索的品类名称，所以更加容易被搜到。大多品牌店都使用这种命名方式。

　　比如，拿渡麻辣香锅、田老师红烧肉。

　　（2）菜名大众化。餐饮企业可以通过优化菜品名增加被搜索到的概率。优化的规则很简单：清晰易懂，是常见菜名。

　　比如，豆腐汤就叫"豆腐汤"，而不是"滋润营养汤"，那么被顾客搜到的可能性会大得多。如果觉得"豆腐汤"太普通，也可以叫"暖胃豆腐汤""荟萃豆腐汤"都可以，只要加上关键词就行。

◈ 新手指南：

　　如果菜品是套餐，可以是菜品名＋一人餐/双人餐。

（3）添加"商品标签"。填写"商品标签"是最容易提升搜索排名的方法，通过给每道菜品写上食材、做法、口味等标签，顾客在搜的时候，就算他搜的词不包含在你的店名、菜名里，只要商品标签里有，就都能搜到。

 相关链接

店铺如何优化搜索，让顾客更容易找到

有数据显示，每五个订单中，就有一个是通过搜索功能完成下单的，所以优化搜索是让顾客能找到店铺的一个重要途径，能给店铺带来更多的曝光，提升店铺的订单量。

那么，具体应该如何来优化搜索？

1.菜品取名要用常见且完整的词汇

一般顾客如果搜索菜品名称，就表明他已经想好了要吃什么，下单目的性就非常明显。

比如，一个顾客想吃韭菜鸡蛋饺子，那么他会直接在搜索框中输入"韭菜鸡蛋水饺"，然后从排名先后往下选择。而这其中，排名越靠前的菜品名称是越符合顾客搜索的内容的。

但是有一些外卖商家没有意识到这一点，把菜品名字写成"韭菜鸡蛋"，虽然顾客进店之后，也能明白具体是什么菜品，但是少了"水饺"两个字，在搜索的时候就没有办法出现在搜索结果的列表上，就白白浪费了这一部分的流量。

2.店铺名称要加上主打品类或商圈名

首先，优化店铺名称的关键是要突出主打品类，因为顾客在搜索菜品的时候，搜索结果会显示与搜索词一致或者近似的店铺，这样顾客才能在搜索时发现并找到你的店铺。比如搜索"粥"的时候，品牌名带"粥"的店铺就会出现在搜索界面上。如右图所示。

其次，优化店铺名称的时候，可以将具体的商圈的名字加在后面，比如金百万烤鸭（方恒购物中心店），肯定就会比金百万烤鸭（望京店）更合适，因为具体到

品牌名带"粥"的店铺

商圈，更容易让用户辨别位置。

3.制定标准化的LOGO，让顾客有记忆点

在外卖竞争激烈的当下，顾客的选择性太多，所以对于外卖品牌来说，一定要具备一个高度的自我识别性，那么一个足够吸睛和标准化的LOGO，正好能够实现这一点。

之所以要标准化，是因为只要顾客在下过一次单之后，下一次再看到LOGO就能有印象，能够想起来，哦，这是我曾经点过的门店、下过单的门店，所以一个标准化的LOGO能够从潜意识里来加深顾客的印象。

4.美化菜品图片，让顾客有点开的欲望

顾客从平台选择点外卖的时候，会首先看到菜品图片，那么顾客有没有点开看的欲望，就在于菜品图片的颜值高不高，够不够吸睛。

尤其外卖的核心人群是更年轻化的一类人群，这类人群需要不断的吸引力和刺激，如果你的店铺菜品介绍或者是菜品图片长期固定、长期不更新的情况下，品牌的渗透率和给顾客的预期都是达不到的，所以在菜品图的投入是非常有必要的。

比如曼玲粥店的做法是，在整体的菜品图片的规划中会定期地更换图片，保证顾客在看到图片的时候有新鲜感，有点开的欲望。

5.菜品做精细化分类，让顾客购买更便捷

门店菜品需要做精细化的分类，一方面能够让顾客购买起来更加便捷，另一方面也是组合整体菜品的一种手段，可以通过这种方式把所有的热销菜品或者主推菜品放在前面。

比如，某餐饮店里第一个是放热销产品，第二个是折扣产品，第三个是营销类型的产品。这样顾客能在第一时间看到这些产品，便能够产生购买行为。如下图所示。

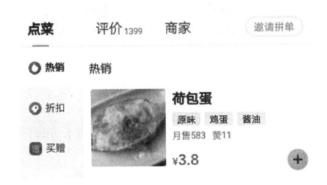

商家菜品分类截图

二、提升店铺访问转化率

访问转化率是指进店人数占店铺曝光人数的比值。访问转化率低意味着很多顾客们划过你的店铺，但是并没有点击进去。想要解决这个问题，需要做好图10-15所示的几点。

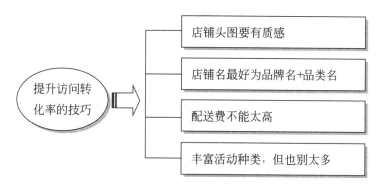

图10-15 提升访问转化率的技巧

1.店铺头图要有质感

在访问转化率中，店铺头图非常重要。很多餐饮店不重视这个小图片，对审美和设计不屑一顾。他们觉得自己是做餐饮的，只要口味好就可以，图片啥的都是唬人的。

这种想法在线下实体餐饮店可能没问题，但是在线上外卖店上就大有问题了。实体店中能吸引顾客注意的可以是香味、门头、客流、服务员的吆喝，但这些在线上外卖店中都没有。当顾客"路过"（也就是手指划过）你的店铺时，能直接吸引他们注意力的，就是这个小小的图片。

你的头图需要亮眼、有设计感、质感，用它吸引顾客的视线，从而点击进店。

新手指南：

观察周围店铺头图的颜色，然后选择一个和它们不一样的颜色作为主色调。比如，在一堆红色头图中，白色的绿茶餐厅显得很显眼。

2.店铺名最好为品牌名+品类名

为什么店铺名最好按照这种形式命名？因为它除了能提升搜索外，还能利于顾客快速了解，进而增加访问转化率。

如果你的店名叫"阿良蒸饺"，那么顾客能迅速明白你主卖的是蒸饺，"阿良"是你的品牌名。但有的人会把店铺取为"阿良家""阿良的童年味道"之类的名字。虽然很好听，但是顾客们会一头雾水。就算你的头图中有蒸饺，店铺的主营品类选择的也是"饺子"，可顾客是不会注意的。

需要注意的是，虽然外婆家、真功夫、麦当劳这些店光看名字也不知道具体卖的是什么，但是这些品牌在餐饮界已经拼杀多年，早已在人们心中塑造出了品牌形象，一家普通的外卖店不应该在取名方面借鉴它们。所以写明餐厅的品类，让顾客做直线思考，这样才能提升店铺的访问转化率。

3.配送费不能太高

相较于起送价、人均价，很多顾客对配送费更为敏感。这是因为顾客想完成的只是"吃饭"这个动作，起送价和人均价包含在"吃饭"中，但是配送费是另外加的。

如果配送费太高，尤其是配送费占人均价的比值太高，会让顾客们觉得不值得，从而放弃进店点餐。

想要吸引顾客们进店，自配送商家可以适当降低自己的配送费；非自配送商家可以参加营销活动，设置"减配送费"。

4.丰富活动种类，但也别太多

想要吸引不同类型的新客老客，餐饮企业可以设置不同种类的活动。除了最常见的满减，还有折扣菜、代金券、新顾客立减××元等。如图10-16所示。

图10-16　店铺活动截图

新手指南：

餐饮企业不宜开设过多优惠活动，4个左右就足够了。因为过多的活动文字介绍也会太多，顾客根本不会仔细去看，只会让他们觉得眼花缭乱、不明所以。

三、提升顾客下单转化率

下单转化率是指下单顾客数占进店顾客数的比值。如果店铺的下单转化率低，说明店铺的装修、菜单栏设计、评论管理等方面很可能出现了问题。到底该如何吸引更多的顾客下单？可参考图10-17所示的技巧。

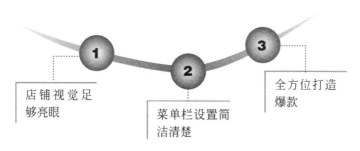

图10-17 提升下单转化率的技巧

1.店铺视觉足够亮眼

随便翻翻几家品牌外卖店，哪怕不看店名，光看装修都能感受到它的品质。普通餐饮企业不是不能做到这些，他们能，因为外卖店装修和实体店装修比成本微乎其微。装修不好的店铺基本都是经营者个人意识问题。

在店铺装修中，最重要的是美食照片。照片是外卖店中唯一一个能直观感受食物的媒介。通过视觉刺激引发味觉刺激，它可以快速诱惑顾客下单。

好的菜品照片有图10-18所示的几种拍摄法。

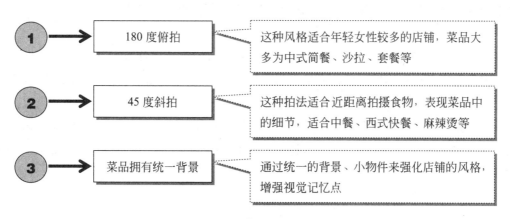

图10-18 菜品的拍摄方法

除了菜品图外，餐饮企业还需要重视店内海报。海报承担的不仅仅是引诱顾客流口水的作用，它还能做节日热点营销、新品上市宣传、套餐分类等功能。店铺最想主推的是什么菜？想做什么活动？就需要将这些重要信息通过视觉，也就是海报向顾客传达出去。这种方法是最迅速明了的。

2.菜单栏设置简洁清楚

（1）控制菜单长度。外卖店的菜单栏绝对不能过长，最好控制在8个类目，40或50个菜左右。太长的菜单会让顾客陷入选择恐惧症，最终放弃点餐。

（2）规划菜单栏目。除了常规的"热销""折扣"，剩下的菜单栏可以按照招牌菜、主食、套餐、小菜、酒水饮料等大类来划分。如图10-19所示。

图 10-19　菜单栏分类截图

新手指南：

　　要像管理军队一样规划好店中的菜品，将它们放入最合适的类目，并把最重要的菜品放到最前面。这样菜单栏清晰明了，方便顾客查找。

　　（3）菜单栏名称最好为4个字。很多热门外卖店的菜品栏总是一溜排的4字名称，这不是因为大家都喜欢四字词语，而是因为一旦超过4个字，多的字就会出现在第二行，显得很不整齐。

　　餐饮企业可以按照"两字形容词"+"两字品类名"的形式给菜单栏取名，比如"精致凉菜、精品杭菜、经典川菜"，这种写法规范感很强，又不会显得过于干巴巴。如图10-20所示。

图 10-20　菜单栏名称截图

3.全方位打造爆款

爆款菜品是一家外卖店的吸金石。顾客们总是"懒"的，他们"懒"得思考，"懒"得选择，又害怕吃亏，所以打造一款在价格和味道上都很有吸引力的主推菜十分有必要。爆款菜必须和店铺的主营品类一致（这是为了增加被搜到的概率）。

比如，冒菜店里的爆款菜可以是"毛血旺冒菜套餐"。当顾客点击进入店铺后，看到店铺招牌上的第一位是这道菜，店铺海报有这道菜，菜单第一位还是这道菜，在这种氛围下，顾客自然会觉得"哦，这道菜是这家店最牛的，我也应该试试"。

◆ 新手指南：

打造爆款菜，特别是爆款套餐，本质上是减少顾客选择的难度，能有效拉高下单转化率。

4.管理顾客评论

对普通顾客来说，只要外卖店的评分不低于4分，其实不会觉得4.1与4.7之间有太大差别。但是顾客对描述详细的一星差评（特别是带图的）很敏感，如果餐饮企业不对差评进行回复，就会影响下单转化率。

想要降低过往差评对其他顾客的影响，在回复中需要做到图10-21所示的几点。

要求一	不同的评价给出不同的回复
要求二	给出一个具体的预防/改善/补救措施
要求三	提到详细的人或事，增加可信度
要求四	回复长于5行字，让人感受到自己的认真态度
要求五	语言有逻辑有条理

图10-21　回复顾客差评应达到的要求

　相关链接

如何做好评价管理

用户评价成为外卖店铺整体产品、服务质量的呈现，不仅在很大程度上决定着新用户是否进店，对店铺排名也有很大影响。管理外卖评论是外卖店铺的一项重要工作。引导用户好评、避免产生差评、评价回复技巧这三个方面，是评价管理的三个重要维度。

1.引导用户好评

外卖用户精力有限，而且白领一族变得"越来越懒"，顾客很少会评价菜品，更多的是对餐品不满意才想起来评价。我们如何才能调动用户积极性，让他们主动评价？

（1）通过媒介提示顾客评价。在平台介绍或随餐附赠的餐垫纸中，增加引导用户评价的内容，提醒用户做出评价，或采取群发短信等方式，提示用户做出评价。

如果产品和服务能获得用户的认可，那就有较高的概率获得好评。

（2）通过许诺红包、返券、抽奖等利益，吸引用户评价。设置小额代金券，定向发送给五星好评的用户，并在外卖平台展示信息，提示用户好评返券。如果店铺有微信群，还可以有更多玩法，比如定期让用户在群里晒好评、群主发红包或把所有好评的用户集中起来进行抽奖。

红包、抽奖等活动需要付出一定的金钱、人力成本，好处是用户的黏性会更高，在收获好评的同时，也提升了复购率。

（3）用超出用户心理预期的产品和服务，争取用户好评。具有高性价比的产品和贴心的服务会给用户带来惊喜，让用户在感动之余默默奉上评价。使用好的食材，保证菜品口味和随餐附赠小菜、软饮都是不错的方法。服务方面则更多是对细节的把握，如包装结实、小菜独立包装、提供一次性手套等。

2.避免产生差评

辛辛苦苦积攒了几百条好评，结果因为两三条差评，评分瞬间掉到4.5！相信很多店铺都遇到过这种情况。那么如何才能避免差评的出现？

（1）留下店家信息。完善的客服体系、细心的引导能够将差评扼杀在摇篮里。在外卖平台上留下客服电话、微信等信息，提示用户一旦有问题可联系客服解决，客服方面在接到用户投诉后快速地处理问题，与顾客协商一致，可避免差评的产生。适当地示弱，也会让用户谨慎给出差评。

（2）提前沟通。对于店面的一些突发情况，提前沟通是非常有必要的。如顾客点的菜品卖完了、送餐员取餐迟到等，一定要马上打电话告知顾客，表示歉意并给予补偿，争取获得顾客谅解。

（3）对症下药。但如果是差评已经出现，就要了解差评出现的原因，对症下药。统计平台用户差评的原因，出现频率比较高的包括以下这几个方面。

① 不新鲜、有杂物、分量不足——产品因素。

② 不看备注、餐品送错或缺少、餐具缺少——服务因素。

③ 配送慢、食物洒漏——配送因素。

除了这些，还有一些莫名其妙的恶意评价。比如，客人说她是过敏体质不能吃辣，过敏了……商家也表示很郁闷："不明白不能吃辣为啥要点辣的？过敏跟我有什么关系？过敏又不是中毒……"，"备注说肥肠面多加汤没给他加"，然而商家并没有肥肠面。当然还有一些评价可能来自竞争对手。

但是有一些差评确实是因为商家自己做得不够好，所以在差评出现的时候，第一时间要先找出不足之处，可以的话，还应该跟给差评的顾客沟通一下。

如果是因为店铺原因产生的差评，客服人员要第一时间赔礼道歉，并且给予反馈，做好安抚工作，争取让顾客修改或删除评价，不过由于平台评价有规定期限，如饿了么是7天，所以要在顾客的评价期限内解决。

（4）加强品控。商家对于差评要进行反思，特别是某个经常出现差评的因素。差评在一定程度上反映出了店铺管理方面的问题，所以要针对顾客差评的内容做出改善。如下图所示。

匿名用户 2017-09-27
商家服务：☹吐槽　商品：☹吐槽

不看备注

匿名用户 2017-09-27
商家服务：☹吐槽　商品：☺满意

不看备注
相思薯：新鲜

匿名用户 2017-07-04
商家服务：☹吐槽　商品：☺满意

不看备注

顾客评价截图

如果是产品存在问题，要加强品控和出餐时的检查，产品分量备注清楚，给出点餐建议；如果是服务方面，则要加强人员培训，比如可以通过赏罚制度避免类似事件的发生。

（5）解决配送问题。对于配送方面，采取平台配送的外卖老板可能会表示不愿"背锅"。因为无法控制配送时间，特别是遇上配送高峰、恶劣天气，外卖骑手不接单，店铺干着急也没办法。但当配送延迟发生时，外卖用户很容易连带着责怪商家，

<table>
<tr><td>← Q 搜索店内商品</td><td>拼单 ○○○</td></tr>
</table>

点菜　　　评价(532)　　　商家

匿名用户　　　　　　　2017.07.21
评分 ★☆☆☆☆

差评给骑手的。。。。

商家回复(当天)：我们替骑手向您道歉了，不管谁的问题也影响到您的就餐体验了，我们会多多拍骑手马*，让各个骑手小哥能快速安全开心的将餐送到您的手中！对您再次说声抱歉，期待下次能给您带来完美的用餐体验！

顾客评论与商家回复截图

给出差评。

商家不能将责任一股脑推给平台，而是想办法通过缩小配送范围，采取商家自配送等措施，解决特殊时间配送慢的问题。对待顾客则要先道歉安抚，再告知这是骑手方面的问题，并保证以后会尽量保证准时送达。如左图所示。

（6）改善包装。至于食物洒漏，可通过改善包装、改变餐品摆放位置、给汤类裹上保鲜膜等措施来改善。

对于恶意差评，店铺可以搜集证据，联系平台客服解决。但是千万不要在回复中谩骂，否则会给用户造成不好的印象，应该条理清晰地指出对方言辞不当之处，博取其他用户的同情。

3.评价回复技巧

很多经营者都有一个认知误区：只有差评才需要回复评价。其实评价回复会影响店铺评分，进而影响排名，用好评价回复还能达到和用户有效互动、宣传品牌的效果。所以无论是好评还是差评，都应当天给予回复。那么评价回复有哪些技巧？

（1）及时地回复评价。想要更加及时地回复评价，那就少不了回复模板。店铺应针对好评、差评等不同情况，以及用户评价中经常出现的问题，整理一套回复的话术。

对好评表示感谢，差评的表示抱歉，留下联系方式。比如，客人备注了不辣，但是收到的却是辣菜。这确实是商家做得不对，所以商家要在第一时间表达歉意，找出自己的不足之处，有则改之无则加勉。

（2）评论区可用作广告宣传。如果用户对某款产品表示满意，店家在表示感谢的同时，还可以告知用户产品是独家秘方或经过复杂的工艺制作的，或者借机宣传店铺同类其他产品。如右图所示。

bxC857857227　　　　　2017.09.04
评分 ★★★★★

好吃好吃！咖喱特别好吃！

商家回复(1天后)：嘿嘿，现在上线的咖喱是我们改良过很多次之后的菜品，越来越多人爱上了咱家的咖喱，后续有可能还会推出其他咖喱类菜品，要多关注哦！

商家回复截图

总之，外卖评价对于外卖店铺来说是一个重要的维度。店铺想要得到五星评价，吸引新用户下单，并得到更高的排名，就需要对评论进行管理。通过以上三大核心技巧，店铺就能够有效地改善评价，成为高分店铺。

四、提升顾客客单价

客单价是指每一个顾客平均消费的金额，客单价也即是平均交易金额。餐厅的销售额是由客单价和顾客数（客流量）所决定的，因此要提升餐厅的销售额，除了尽可能多地吸引进店客流，增加顾客交易次数以外，提高客单价也是非常重要的途径。具体方法如图10-22所示。

方法一　设计热销品类

将爆款产品和爆款配套产品贴近排放，可以有效提升顾客客单价

方法二　减少同类型同价位非爆款产品

有些店铺为了增加顾客选择性，将同价位不同产品放置很多，这样会严重降低客单价，因为其忽略了外卖客户意见领袖对下单的影响力

方法三　设置套餐选项

为顾客提前规划好套餐内容，一次下单直接购买套餐。比如，肉夹馍、凉皮、稀饭套餐，原价20元，套餐价18元，这将有效提升客单价

方法四　为高利润产品加上图片标签

上传菜品的时候图片是可以自己编辑的。为高利润产品标记上菜品标签，如推荐等，可以有效提升店面意愿产品的销量

图10-22　提升顾客客单价的方法

餐品组合出售的原则

1.套餐价格不低于单品总价格的80%

套餐价格一定要比单品总价低，这是最为基本的，但是却不能低太多，一是因为利润会过低，二是因为太低的价格会让只买单品的人感觉不愉悦。

根据统计，肯德基大部分套餐的价格都是单品总价格的84.4%，因此建议套餐的价格不低于单品总价格的80%。

2.搭配单品不宜过多

作为套餐，其主要作用除了提升客单价外，就是让顾客能拥有更好的餐饮体验，所以套餐内的单品不宜过多，因为过多的单品让顾客感觉没有必要，因此不想去点。

餐饮店一定要给顾客带来"这个套餐是为了我好"这种印象和感觉。一般的单人套餐内的单品在3～4种为最佳。

3.搭配单品不冲突

我们去肯德基店里可以发现，没有一份单人套餐是带有两个汉堡或两杯饮品的；同理在面馆内，也不可能出现一份单人套餐有两碗面。

套餐内的单品之间不能冲突，要能互补，否则顾客就失去了点套餐的意义，除非真的有人想自己吃两碗面。

4.不要把最火热的单品组合在一起

有些餐饮店老板会把卖得最火的几种单品组合在一起出售，殊不知这样会少赚很多钱。因为这些单品非常好吃，你不管做不做成套餐，顾客都会去点。

所以最好的做法应该是：把最火的某个单品和普通单品进行组合出售，这样顾客很可能在点完这个套餐后，还会去点其他火热的单品。

五、提升顾客复购率

复购率是指消费者对该品牌产品或者服务的重复购买次数，重复购买率越多，则反映应出消费者对品牌的忠诚度就越高，反之则越低。对于餐饮企业来说，拉新并不是什么难事，只要做一些活动，就可以获得不少的客户。难就难在如何去留住这些新客户，引导他们的第二次消费，甚至是第三次、第四次，因此提高复购率才是企业运营的难点。具体来说，顾客复购率提升办法如图10-23所示。

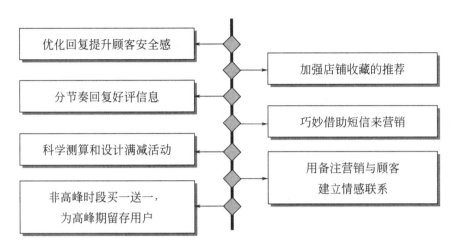

图10-23　顾客复购率提升办法

1.优化回复提升顾客安全感

很多店铺并不关注顾客回复，认为购买过了就不需要好好回复，只设置机械的回复话术，让顾客始终感觉在和机器人自动回复对话，感觉店家不够用心。好的回复话术应该至少向图10-24所示的三个目标努力。

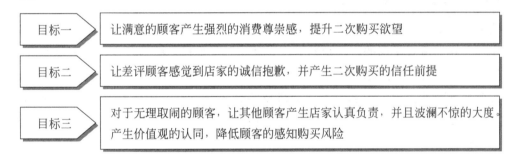

图10-24　好的回复话术目标

2.加强店铺收藏的推荐

我们都知道平台是一个逐利的战场，新店、品牌推荐等曝光手法层出不穷，让顾客轻易找到我们唯一可以凭借的就是店铺收藏率。那么回复内容中、活动推介中都可以大力度加强店铺收藏的推荐环节。

🌀 **新手指南：**

从线下店的角度来说，网络平台的店铺收藏甚至可以媲美店面会员卡的作用，提升复购率不言而喻。

3.分节奏回复好评信息

这是一个隐藏技巧。很多平台具有新评论和新回复优先显示的规则，因此对于好评，特别要设计好评信息的分步骤回复，并适当提醒收藏店铺，是邀请顾客二次消费的有效保障。

比如，顾客今天吃了你家的龙虾，明天继续吃的可能性并不大，但是2天后二次点单概率会增加。而你的回复将像一条广告信息一样提醒顾客，您可以再次点击我们了。这是平台内唯一的用户信息推送广告形式之一。

4.巧妙借助短信来营销

传统做餐饮的都用过短信营销，逢年过节发个祝福短信什么的，给顾客温暖和关怀。

某餐厅曾经做过一次短信营销，用很低的成本达到15%转化率。怎么操作的呢？就是给曾经在店内点过餐的顾客发短信，在点单的时候只要备注写上"隐形的翅膀"，就可以免费获赠一个鸡腿，活动持续一周。当时给800多个人发短信，一共回来118单复购，甚至有超过60%的用户点单两次以上。

实际上很多时候用户不选择这家餐厅，不是因为餐厅有问题或是菜品不好吃，有可能就是因为忘记餐厅的存在了，餐厅只需要在合适的时候给用户一个小小的提醒，让他觉得这家餐厅有趣好玩、对餐厅印象深刻，他就会回到餐厅的常规购买用户群体里。

5.科学测算和设计满减活动

几乎每一个外卖平台、每一个商家都会有满减活动，这是一种优惠营销。但满减的设计实际上是非常有学问的，不是拍脑门看竞品做多少自己就做多少，一定要根据自身产品的价格结构做测算和设计。

某餐厅新店开业时，同品类商家的满减各种各样都有，10减5，25减10，30减18，40减20等。这个外卖店的满减设计最低就是30这个档，因为设计在什么档位用户就会重点点击什么档位。

如果设在25这个档，第一利润空间会变小，第二现金流会变小，最重要的是，一份麻辣香锅，用户在25这个档可能会吃不饱，那么下次他可能就不会点了。30这个档再加上满减，用户其实不会多花几块钱，却可以吃得很好。

外卖满减虽然看起来是很简单的优惠营销，但每一个设计的背后，对用户行为会有什么影响，自己的毛利空间是多少，都要根据自己的情况去测算。盲目模仿竞品的后果就是，赔本还不赚吆喝。

6.用备注营销与顾客建立情感联系

用户点外卖都是通过手机，由外卖员把餐送到用户手中，可以说用户跟商家之间没有任何直接的沟通，冷冰冰的。如果用户不能跟你的餐厅建立情感联系，你在他的记忆里没有留存，怎么会复购你的产品呢？那么外卖商家应该怎么与顾客建立情感联系呢？

某外卖店的做法是，给员工放权，让员工可以有权力给顾客赠送多少元之下的东西，有了这个权力之后，员工就可以非常大胆地在外卖单的备注栏写字。

某餐厅有一次接到一个订单，顾客点了一百多元钱的菜，但是只点了一份米饭，员工直接写了"大姐看你点了这么多菜，怕你不够吃，再多送你一盒米饭"。这样当顾客看到这些文字，看到餐厅多送的一盒米饭，他是有一种温暖感的，下次再点这家的可能性就大大增加。

7.非高峰时段买一送一，为高峰期留存用户

一般外卖订单都会集中在中午，那么怎么利用下午2点到4点这段单量比较少的时间呢？

比如，某餐厅在这个时间段对部分食材做买一送一的活动，用户进入店铺首页就能看见这个活动。因为用户在这个时间看到买一送一可能会关注或者下单，虽然一开始是为了优惠下单，自己的成本也高了一些，但了解到口味之后，觉得还不错，就有可能下午或晚上继续点。